DANS LA PEAU D'UN MATON

Arthur Frayer

Dans la peau d'un maton

Fayard

Ce livre est édité sous la direction de José-Alain Fralon.

ISBN : 978-2-213-66238-1

Couverture : création graphique © un chat au plafond
photo © Bernard Bisson/Sygma/Corbis

À Gaëlle
À mes parents

Il n'accuse pas l'homme en tant qu'individu.
Il accuse le système.

RYSZARD KAPUŚCIŃSKI,
Mes voyages avec Hérodote.

Fleury-Mérogis

11-22 mai 2009

1

« Vous n’avez pas idée de ce que vous allez voir »

Ma voiture s’engage dans la large rue qui mène à Fleury-Mérogis. À travers la vitre, je devine, sur le bas-côté, des bandes noirâtres d’asphalte fondu, des pneus et des palettes de bois carbonisés, derniers vestiges des barricades érigées récemment par des surveillants en colère. À ma droite, des petites barres d’immeubles sans âme. À ma gauche, des terrains en friche, des parkings vides. Sur le trottoir, un flot continu d’hommes en uniforme. Tout cela m’a l’air bien triste.

Une centaine de mètres plus loin, la maison d’arrêt émerge, gigantesque, derrière un interminable mur d’enceinte coiffé de barbelés. Le grillage blanc se perd au point de fuite, le parking ressemble à celui d’un hypermarché. J’entends les croassements des corbeaux, les cris des prisonniers aux fenêtres. L’atmosphère est pesante. La voici donc, la plus grande prison d’Europe, fierté de la France des années 1960 ! Pas une semaine sans qu’on l’évoque dans les journaux. Yvan Colonna, Michel Fourniret, les militants d’Action directe, tous ont vécu derrière ces murs. Jamais, pourtant, je ne l’aurais imaginée si grande, si monstrueuse.

Il fait déjà chaud en ce début de printemps. Les premiers bourgeons sont apparus sur les rares arbres alentour. Je descends de voiture et jette un rapide coup d’œil sur la foule compacte et bruyante qui se presse à l’entrée. Des femmes aux mains encombrées de sacs en plastique pleins de linge, des enfants, des adolescents côtoient des hommes mieux habillés, avec des dossiers sous le bras, et des gardiens qui grillent une cigarette en attendant l'heure de prendre leur service.

Avant de les rejoindre, je vais me changer dans la chambre que l'Administration pénitentiaire m'a prêtée dans un bâtiment situé à quelques centaines de mètres de là.

J'y entre, civil, en jeans et en chemise ; j'en ressors, maton, en treillis, rangers et polo bleu siglé « Administration pénitentiaire ». J'ai accroché à ma ceinture la paire de gants et le petit sifflet en plastique réglementaires. Rien de métallique, pour ne pas sonner au portique de détection. Pas d'arme ni de matraque comme on en voit dans certains films : c'est interdit.

Après trois semaines de formation à l'École nationale de l'Administration pénitentiaire (Enap), me voici au pied du mur. Dans tous les sens du terme ! Durant les deux semaines que va durer ce stage d'observation à Fleury-Mérogis, je n'aurai pas les clés des cellules – symbole du pouvoir – et je me contenterai d'observer les « vrais » gardiens.

Je rejoins les surveillants aperçus tout à l'heure. Un petit garçon me regarde avec de grands yeux apeurés. Deux femmes qui attendent à proximité cessent de parler quand je m'approche d'elles.

D'autres stagiaires sont déjà là. Fébriles. Un garçon allume une cigarette à la braise de la précédente. Un autre ne sait pas quoi faire de ses mains. Une fille, les cheveux relevés en chignon, espère ne pas être affectée à la maison d'arrêt des femmes : « Il paraît qu'on s'y ennuie. » Un autre stagiaire, lui, aimerait travailler au quartier des célébrités, « celui de Joey Starr ».

Me reviennent des images de rentrée des classes quand les nouveaux, groupés dans un coin du préau, arboraient des sourires de façade et une décontraction forcée.

J'ai, moi aussi, le ventre noué. Un mélange de peur et d'excitation. Peur de ce que je vais voir, de ce que je vais faire. Peur, aussi, d'être découvert. J'ai l'impression que tous les regards sont rivés sur moi. Si j'ouvre la bouche, je vais éveiller les soupçons.

En même temps, j'ai tellement envie de passer de l'autre côté. Un an que j'attends ce moment...

Ce projet d'enquête est né en juillet 2007. À l'époque, je suis encore étudiant en journalisme, en stage pour deux mois à *Ouest-France*, à Fontenay-le-Comte, en Vendée. Il ne se passe rien, ou pas grand-chose. J'apprends le métier en couvrant les fêtes de village, les visites guidées, les accidents de la route. Rien de vraiment passionnant.

Un matin, en parcourant les dépêches, je découvre avec surprise que le taux d'occupation de la prison de la ville atteint 285 %, soit près de trois détenus pour une place. Le cinquième rang hexagonal ! Fontenay-le-Comte n'est pas si calme que l'on croit. Je propose à mon chef de rédiger un article. Il me répond aimablement que je vais perdre mon temps : « Le directeur de la prison ne parlera pas, ni personne de l'Administration. Ils ne rencontrent pas les journalistes et nous n'avons jamais les autorisations pour y entrer. Et, de toute façon, ceux qui l'obtiennent sont strictement surveillés. »

Déçu, je retourne à mes fêtes de village. En entrant à l'école de journalisme, je rêvais de grands reportages ; mon chef me renvoie à une certaine réalité du métier.

L'idée d'enquêter sur les prisons m'est restée. En fait, la Pénitentiaire s'efforçait, depuis 2000 et la parution du rapport du Sénat « Prisons : une humiliation pour la République », d'ouvrir davantage ses portes aux journalistes pour redorer son image. Mais toujours au compte-gouttes. Et toujours en contrôlant soigneusement le travail des reporters. Très vite, j'ai compris que la meilleure manière d'entrer dans cet univers, à moins de se faire condamner, était de se faire embaucher comme maton, tout simplement. J'en parle à une de mes professeurs. Elle trouve l'idée intéressante, mais me met en garde contre le risque de « m'éloigner du circuit professionnel ». Je persiste. J'envoie un mail à une journaliste du *Canard enchaîné*. Elle trouve l'idée formidable. Sa réponse me convainc de tenter l'aventure. À l'été 2008, mon diplôme de journaliste en poche, je m'inscris donc au concours de surveillant. L'écrit est prévu à l'automne.

Pour l'heure, il s'agit de noyer le poisson. Je viens tout juste de devenir journaliste : comment ne pas éveiller la suspicion de la Pénitentiaire ? Une seule solution : me créer de toutes pièces un profil de « jeune diplômé précaire ».

À vingt-six ans, je retourne donc habiter chez mes parents, à côté d'Orléans. Enthousiastes, ils m'ont soutenu dès le début. Comme Gaëlle, mon amie. Mes copains, en revanche, ont rigolé : « Alors, tu vas jouer de la matraque ! »

Chez mes parents, je retrouve l'incroyable bric-à-brac accumulé depuis mon enfance, mes récompenses sportives et mes posters d'adolescent.

Je fais une demande de RMI, m'inscris à l'ANPE et dans une agence d'intérim de la région. Nous sommes en octobre 2008, la crise économique est à son paroxysme. L'agence me trouve des missions au jour le jour.

Elle m'envoie d'abord dans une scierie où, huit heures par jour, je dois porter des planches pour fabriquer des cercueils. Puis dans une entreprise d'ensachage de salades où je vide des caisses de laitue et de roquette sur un tapis roulant, dans le bruit des machines. L'eau glacée s'infiltre sous ma combinaison en plastique. Je travaille aussi quelques jours chez Phoscao, qui produit du chocolat en poudre : plus d'eau glacée, mais des particules de chocolat dans le nez et les plis de ma peau. Difficile de respirer. Mes Kleenex ressemblent à des fonds de bol de Banania. Je vends enfin des viennoiseries sur la place principale d'Orléans.

– C'est quoi, un bon vendeur ? me demande d'entrée de jeu le patron.

Je balbutie :

– Quelqu'un qui sait être poli et qui renseigne le client ?

– Non, c'est quelqu'un qui augmente le chiffre d'affaires !

Je ne l'ai pas aidé à faire recette.

À la fin de mes journées, je me demande souvent si tout cela n'est pas vain. Je ne suis même pas certain d'être reçu au concours de gardien.

En novembre, je passe l'écrit. Je me présente aussi à d'autres examens de la fonction publique, toujours pour brouiller les pistes : commissaire, officier de police, lieutenant de prison, conseiller d'insertion et de probation (CIP, les travailleurs sociaux de prison). Des inscriptions de pure forme. Je me contente d'émarger les feuilles de présence et de griffonner quelques paragraphes sur mes copies avant de repartir.

Bien évidemment, j'échoue à tous les concours, sauf à celui de surveillant – de niveau brevet des collèges –, et, le 29 janvier 2009, je suis convoqué à la prison de Fresnes pour mon oral. Une psychologue analyse ma personnalité à partir des réponses que j'ai faites à un questionnaire. Elle m'explique que je suis attaché au respect des valeurs et à la parole donnée. J'acquiesce. Un directeur et trois personnes en uniforme à la mine sévère me reçoivent ensuite. On me questionne sur mon cursus scolaire. Je raconte le parcours de jeune diplômé précaire que je me suis fabriqué quelques mois auparavant : l'intérim, la fatigue, le chocolat en poudre... Au sujet de mon diplôme, je leur explique que le journalisme n'était qu'un cours parmi d'autres, que je rêvais de devenir chroniqueur sportif, que tout cela est bien loin. Je tente de les convaincre que j'ai surtout envie de stabilité, et que la fonction publique est une aubaine. « Je sais que mon diplôme est trop élevé pour le concours de surveillant, mais j'ai passé d'autres concours plus en rapport avec mon niveau d'études. Simplement, je n'ai pas été reçu. »

Un mois et demi plus tard, la réponse tombe : admis. J'oscille entre la joie et l'inquiétude. Tout reste à faire. Je vais devoir partir pour de longs mois à Agen, où se trouve l'École nationale de l'Administration pénitentiaire. Loin de chez moi, loin de Gaëlle.

Le 20 avril, je prends mes quartiers à l'Enap. On me donne un uniforme et des rangers. On me dispense trois semaines de cours, puis on m'attribue mon premier lieu de stage : Fleury-Mérogis. Ce premier stage arrive très tôt dans la formation pour que ceux qui ne supporteraient pas la prison puissent démissionner aussitôt. Je ne peux pas être de ceux-là : j'ai déjà beaucoup trop donné.

Me voici donc à Fleury-Mérogis. Plus possible de reculer.

Après quinze minutes d'attente, un surveillant nous fait signe de pénétrer dans l'enceinte de la prison. Un premier sas, où je présente ma carte d'identité. Un gardien inscrit mon nom sur un registre. Un portique détecteur de métaux. Puis une porte. Puis un tourniquet en fer-blanc. Puis une autre grille. Un escalier, et nous nous retrouvons dans la partie administrative de la prison.

De futurs collègues, affables, nous saluent d'un signe amical de la main. On leur répond en se forçant à sourire. Quelques minutes plus tard, nous nous retrouvons dans une vaste salle poussiéreuse aux murs tapissés d'une moquette brune, la « salle de la casquette », où sont accueillies les jeunes recrues.

Cinq gardiens en uniforme nous font face, mains dans le dos, regards perçants. Ils nous dévisagent un à un. Ils m'ont l'air plutôt rassurants. Loin, en tout cas, de l'image du maton brutal des films de gangsters. « Asseyez-vous ! » nous intime celui qui doit être le chef, un grand type bronzé qui paraît encombré par ses longs bras. Nous nous glissons en silence sur nos chaises. Je fixe le mur en face de moi pour ne pas avoir à soutenir le regard des formateurs. Inutile de se faire remarquer dès le premier jour.

Le chef nous souhaite la bienvenue : « Bonjour, je m'appelle Richard et je serai votre formateur pour les quinze prochains jours. » Il entre aussitôt dans le vif du sujet : « Je préfère vous prévenir tout de suite : de la misère, vous allez en prendre plein la gueule. Autant vous y habituer tout de suite, car vous n'avez pas idée de ce que vous allez voir. »

2

« Le meilleur d'entre eux ne vaut rien »

Richard nous explique : Fleury-Mérogis est un établissement hors normes, une « Cocotte-Minute prête à exploser » où « six heures de travail correspondent à douze, voire dix-huit heures dans un autre établissement ». Prison modèle à sa construction, dans les années 1960, elle a vieilli très rapidement, gangrenée par la surpopulation carcérale et ses pics à 4 000 détenus pour un peu moins de 3 000 places. Beaucoup de surveillants sont des jeunes de moins de trente ans, venus faire leurs premières armes ici et qui retourneront chez eux dès qu'ils auront suffisamment d'ancienneté. Quant aux prisonniers, « l'immense majorité d'entre eux a moins de vingt et un ans ».

Il poursuit sur les différents types de prison. Il en existe trois. D'abord, les centres de détention et les maisons centrales, qui accueillent les condamnés à de longues, voire très longues peines. Là-bas, il n'y a jamais de surpopulation. « Pour ne pas que ça pète. » Et puis il y a les maisons d'arrêt, « comme Fleury ». Elles n'accueillent « en théorie » que les prévenus (détenus en attente de jugement) et les condamnés dont le reliquat de peine est de moins d'un an. « Je dis bien "en théorie", précise-t-il. Dans les faits, on nous case aussi les longues peines quand il n'y a pas de place en centrale ou en centre de détention. Ce qui fait que des assassins se retrouvent avec des voleurs de poules. »

Nous hochons la tête en silence, comprenant que tout cela ne présage rien de bon.

Dans un coin de la salle, une maquette de la prison vue du ciel fait ressortir la géométrie parfaite, stalinienne, des cinq tripales réparties en étoile. Au D1, la première tripale, s'entassent les travestis, les « médiatiques » et les détenus de Seine-Saint-Denis et du Val-de-Marne. Le bâtiment est surnommé le « petit commissariat », parce qu'il accueillait les policiers véreux. Le D2, fraîchement rénové, là où je vais effectuer mon stage, reçoit les détenus de l'Essonne et des Yvelines. Le D3, en cours de réfection, est fermé pour le moment. C'est là qu'a été tourné le documentaire polémique filmé en caméra cachée par des détenus et diffusé dans *Envoyé spécial* en avril 2009. À cette évocation, un des formateurs s'énerve : « Ce genre de reportage, j'appelle ça de la merde ! Il n'y a pas d'autre mot. L'Administration pénitentiaire est absente, et de toute façon on ne nous laisse jamais parler ! » Je baisse les yeux. Le D4 accueille les primo-arrivants et les services médicaux. Quant aux détenus les plus dangereux, comme Antonio Ferrara, autoproclamé le « braqueur de tirelire », ils sont regroupés dans le D5.

Les cinq formateurs nous emmènent visiter la prison. Direction : les parloirs. Des box vitrés sont alignés les uns à côté des autres. Un petit muret en guise de table et deux chaises, sans aucune vitre de séparation. On nous explique que Robert Badinter a fait disparaître les « parloirs Hygiaphone » dans les années 1980. Ils n'existent plus qu'en cas de sanction frappant le détenu, ou si le juge le demande.

« On les laisse faire un petit bisou à leur femme, poursuit un gardien, mais pas question que ça aille plus loin. Sinon, on les rappelle à l'ordre en tapotant au carreau. Certains ne sont franchement pas gênés, ils se feraient faire des gâteries juste à côté d'un box où il y a des gamines de six ans ! »

Un autre nous raconte qu'un détenu fait parfois venir une prostituée au parloir en la faisant passer pour sa femme. Un stagiaire s'étonne : comment parviennent-ils à ne pas se faire repérer ? « Il faut les prendre sur le fait, c'est compliqué. Quand le surveillant passe, ils sont simplement enlacés, à se faire des papouilles, et dès qu'il disparaît, ils vont plus loin. Et puis, les putes, elles savent y faire, c'est leur boulot ! »

Les détenus n'ont donc pas droit au sexe. Passe encore pour un condamné à quelques mois, mais comment fait quelqu'un qui en a pris pour vingt ans ? Vingt ans d'abstinence ? L'absurdité me paraît tellement énorme que j'en oublie de poser la question. « Ça doit y aller de la branlette », murmure un stagiaire.

En fait, la loi proscrit les relations sexuelles, mais sans les nommer : « Constitue une faute disciplinaire du 2e degré le fait pour un détenu "d'imposer à la vue d'autrui des actes obscènes ou susceptibles d'offenser la pudeur". » Pour une telle faute, un taulard peut être envoyé au quartier disciplinaire pendant plusieurs jours. Pourtant, la distribution des préservatifs est tolérée…

Une heure à l'intérieur d'une prison, et déjà des paradoxes plein la tête.

Nous poursuivons par la visite d'une cellule. Personne à l'intérieur. Le détenu est parti travailler aux ateliers.

L'aménagement est sommaire : un lit superposé, un Coran sur une table, des boîtes de conserve, des fruits en voie de pourrissement dans une petite corbeille en osier, quelques paires de chaussures, des placards artisanaux fixés au mur et un « toto », un thermoplongeur fabriqué maison, posé au sol. Scotchée sur la porte, la Déclaration des droits de l'homme de 1789 !

Les formateurs nous pressent : « N'hésitez pas ! Entrez ! Regardez comment c'est fait. » À l'intérieur, tout est étriqué. Nous n'osons toucher à rien. Avec mille précautions, pour ne rien renverser, nous tournons sur nous-mêmes. Je me sens gêné. J'ai l'impression de pénétrer subrepticement dans la chambre d'un inconnu. Je vais devoir m'y habituer.

Nous arrivons ensuite au quartier disciplinaire (QD), le « mitard », la prison de la prison, où sont isolés les détenus punis, et qui fut longtemps le « trou noir » de l'Administration pénitentiaire. Les formateurs nous disent que la sanction maximale est de quarante-cinq jours, mais que la future loi pénitentiaire pourrait l'abaisser à trente. Un mois et demi à l'isolement total, sans aucun contact avec les autres ; vingt-deux heures en cellule, deux heures de promenade. Les activités et le travail sont interdits. La télé est supprimée, mais on a de quoi lire et écrire. Compensation bien maigre quand on sait qu'un quart de la population carcérale est analphabète. Depuis peu, le détenu peut aussi bénéficier des parloirs et de la visite d'un aumônier.

Le quartier disciplinaire se trouve au D2, un bâtiment tout juste rénové, remis en service au mois de janvier. Malgré la modernité des locaux, 18 des 78 cellules sont déjà hors service. « La faute aux détenus qui y mettent le feu, explique un formateur. On dit toujours que tout est cassé, que rien ne fonctionne, en prison. Les médias adorent ça ! On oublie de dire que ce sont les détenus qui les foutent en l'air, la plupart du temps ! » Je sens que je n'ai pas fini d'entendre critiquer « les médias ». Un de ses collègues enchaîne : « Souvent, quand ils mettent le feu, ce n'est pas pour se suicider, mais juste histoire de nous faire chier. Par exemple, si on leur refuse une sortie, c'est leur moyen de nous dire : “Tu ne veux pas me faire sortir ? Eh bien, tu vas être obligé de le faire quand même !”»

Le surveillant responsable de l'étage nous ouvre la porte d'une cellule en nous mettant en garde : « Attention ! Ne vous adossez pas aux murs ! » Je me retourne. De haut en bas, la paroi est maculée d'excréments séchés. Du sang coagulé est étalé au plafond, juste au-dessus des toilettes. Après l'immédiat sentiment de répulsion, la première question qui me traverse l'esprit est saugrenue : « Comment a-t-il fait pour aller badigeonner le plafond à cette hauteur ? »

Richard, le chef des formateurs, nous fait visiter une seconde cellule, qui a brûlé. Les murs sont carbonisés. Les alentours des latrines sont d'un noir charbonneux. Bras croisés, parcourant des yeux le haut des murs, il nous explique que beaucoup de détenus perdent tous leurs repères psychologiques quand ils entrent au quartier disciplinaire. « J'ai même été accueilli par des bols de pisse ou des petites boulettes de merde séchées qu'on me jetait à la gueule quand j'ouvrais la porte. D'autres se mettent à poil, s'enduisent de leur propre merde, ou perdent l'usage de la parole. »

Une jeune stagiaire à côté de moi fait une moue dégoûtée.

Un autre gardien raconte l'histoire d'une femme, détenue à la Maison d'arrêt des femmes, qui mangeait son matelas. « On a dû le lui retirer. Aussitôt après, les travailleurs sociaux nous ont reproché une "atteinte à la dignité humaine". Pourtant, c'est ça ou la personne se suicide ! Qu'est-ce que vous feriez, à ma place ? Je laisse le matelas : on m'accuse de non-assistance à personne en danger. Je le retire : on m'accuse d'atteinte à la dignité humaine ! Dans les deux cas, c'est le surveillant qui se fait avoir. »

La visite matinale se termine par un rapide passage dans la salle de fouille. Officiellement appelée « fouille à corps » et rebaptisée « fouille à cul » par les surveillants, elle est strictement encadrée et aucun contact physique n'est autorisé. Un surveillant adipeux d'une cinquantaine d'années nous explique très poétiquement son travail : « Ici, c'est simple, on voit passer des kilomètres de bites ! Et puis, quand on reçoit des travelos, je laisse le petit nouveau s'en occuper », lâche-t-il dans un éclat de rire en désignant du menton le surveillant stagiaire assis sur une chaise en face de lui.

L'heure du déjeuner. Nous longeons un bâtiment décrépi. Des herbes folles sortent des craquelures du bitume au milieu des canettes rouillées et des Coton-Tige sales. Le mur a pris une teinte incertaine, entre le gris et le brun poussière ; tout a l'air abandonné. À l'abord des fenêtres, une bordée d'injures nous tombe dessus : « Enculés ! Salauds ! Pédés ! » « Alors, la bleusaille, on va vous former ! »

Nous tendons le cou, mi-terrorisés, mi-fascinés, pour tenter d'apercevoir quelque chose. D'autres voix reprennent les insultes. Nous ne voyons rien. Les cris continuent jusqu'à ce que nous disparaissions. Ce sont les tout premiers mots que j'aurai entendus des prisonniers.

Retour l'après-midi dans la salle de réunion, où les formateurs nous montrent différents objets retrouvés en détention :

une chaussure dont le talon a été évidé de sa mousse pour y glisser un téléphone portable (« on a réussi à le trouver parce que les gardiens se sont étonnés de voir le détenu repartir du parloir avec des chaussures neuves ! ») ; un stylo à bille dont l'encre a été remplacée par de très fines lames de scie à métaux (« on ne l'a trouvé que parce qu'un détenu en a balancé un autre pour se venger ») ; une raquette de tennis de table au manche escamotable qui se transforme en poignard ; *idem* d'une boucle de ceinture métallique.

Une fois que les objets sont passés de main en main, un des surveillants marque un silence, balaie la salle du regard et nous met une nouvelle fois en garde : « Pour exercer ce métier correctement, je vous déconseille d'aller voir ce qu'ont fait les détenus pour être condamnés. En théorie, nous n'avons pas accès aux dossiers, mais il y a toujours moyen de savoir. Cela altérera votre façon de travailler. Savoir qu'un détenu est là pour meurtre suffit ; n'allez pas chercher les détails, parce qu'une fois qu'on les connaît le regard devient forcément différent. Certains sont là parce qu'ils n'ont pas payé leur pension alimentaire. Mais comment réagirez-vous quand il vous faudra traiter de la même manière, avec le même respect, un pédophile qui a sodomisé une gamine de trois ans et qui, pour lui élargir l'anus, le lui a agrandi au cutter avant de la crucifier sur les volets de sa maison ? Vous n'êtes pas là pour les juger une deuxième fois. Sinon, il fallait passer le concours de magistrat, ou alors devenir député pour changer la loi. »

Nous restons tous silencieux, impressionnés, confus. Je ne m'attendais pas à ce genre de discours dans la bouche d'un maton. La tirade humaniste résonne encore dans nos têtes pendant quelques secondes. Mais j'ai tôt fait de déchanter quand le surveillant conclut : « N'oubliez pas, quand même, que le meilleur d'entre eux ne vaut rien ! »

Richard reprend la parole : « Il y a des barjots en prison, des mecs complètement cinglés ! » Il nous parle d'un Gitan dont personne ne veut, qui reste en moyenne quinze jours dans une prison avant de se faire transférer dans une autre. Au total, une trentaine d'établissements dans l'année !

« Dans l'avant-bras, il a une plaie qui suppure. En fait, il l'entretient. Parfois il racle la couche de pus en surface et enfonce ses doigts à l'intérieur pour jouer avec ses veines et ses tendons. Un jour, on l'a retrouvé dans sa cellule avec une brosse à dents enfoncée dans la plaie, en train de faire des pompes tout en nous répétant : "Sales bâtards ! Sales bâtards ! Sales bâtards !" » Tout le monde est horrifié en imaginant la scène. L'image de la plaie suppurante flotte devant mes yeux.

Se tournant vers les quelques filles qui font partie du groupe, Richard enchaîne : « Mesdemoiselles, attention à vous : la tentation sera forte, pour certaines… Je me rappelle une surveillante vraiment moche à qui un détenu faisait du gringue en lui répétant à longueur de temps qu'elle était belle. Forcément, la nana, à qui ça n'arrivait jamais, a fini par succomber. Inutile de vous dire qu'aujourd'hui elle ne fait plus partie de la Pénitentiaire ! Rien qu'à Fleury, trois sont déjà "tombées amoureuses". » Ce genre d'histoire peut rapidement tourner mal : lors d'un stage, une jeune élève surveillante de la promotion antérieure à la mienne a attrapé une MST.

Il est près de 17 heures. Ma première journée de « presque maton » touche à sa fin. Nous n'avons pas bougé de nos chaises de l'après-midi et mes membres sont ankylosés. Les autres élèves ne cessent de consulter leur montre. Un des formateurs conclut avant de nous laisser partir : « Un jour, un détenu m'a dit : "Vous savez, surveillant, moi, je vais partir d'ici avant vous ! Vous, vous y êtes encore pour trente ans !"»

Nous sortons enfin. Un vent frais nous caresse le visage et gonfle nos uniformes, nous donnant l'air de bibendums empotés. Nous rigolons : « Ça y est ! Nous venons d'être libérés ! » Étrange sensation de se retrouver dehors après cette succession sans fin de portes et de sas.

Je passe me changer rapidement dans la petite chambre que m'a prêtée l'Administration, et je file prendre mon RER. J'ai encore une heure et quart de transport avant de rentrer chez moi.

Assis à l'étage supérieur de la rame, je profite du fait qu'il n'y ait personne à proximité pour sortir mon petit carnet et prendre des notes. Je regarde par la fenêtre : les bourgades de banlieue succèdent aux petits paquets de verdure. La lumière oblique de fin de journée incendie les façades. Ma tête bourdonne légèrement. J'ai mal aux pieds. L'étrange odeur de la prison m'est restée dans le nez. Bercé par le cahotement du wagon, je commence à sombrer. J'entends encore des bribes de la conversation de deux adolescents assis quelques sièges plus loin, qui comparent leurs téléphones portables, puis je m'endors.

3

« Après on devient taré, un peu comme eux »

Me voici en chemin pour ma première journée au D2, la deuxième tripale. Avec quatre autres stagiaires, nous suivons le long mur gris du bâtiment en veillant à rester à bonne distance des fenêtres. On ne sait jamais : des détenus pourraient nous cracher dessus. Nous marchons en silence, pas vraiment rassurés, en jetant de brefs regards inquiets vers les cellules. Soudain, la même pluie d'injures que la veille nous assaille : « Enculés ! Bâtards ! » « Salut, les bleubites ! Bienvenue en enfer ! » « Voilà les SS ! » « SS ! SS ! »

La mise en condition est immédiate. Un des stagiaires, d'origine marocaine, nous explique que les prisonniers ne nous traitent pas de « SS » mais de *hesses*, qui veut dire « gardien » en arabe. « C'est un mot assez vague. Normalement, on l'utilise pour désigner un gardien de parking. C'est dégradant, parce que c'est un petit boulot. »

À l'intérieur, un gradé, affable, nous rassure. D'ici quelque temps, nous ne prêterons plus attention aux insultes. En deux mots, il nous explique que le D2 est le plus moderne des bâtiments de Fleury-Mérogis. Il a été entièrement rénové quelques mois auparavant, et, pour la première fois, des douches ont été installées à l'intérieur des cellules. Devant notre incrédulité, il précise : « Les anciens établissements n'avaient pas de douches en cellule. Le surveillant d'étage devait envoyer se laver les 80 ou 90 bonshommes de sa coursive alors qu'il n'y avait souvent qu'une dizaine de douches. »

Un nouveau type de grillage a aussi été installé aux fenêtres pour empêcher les détenus de « yoyoter », c'est-à-dire de s'envoyer des objets en se servant de cordes (les yo-yo) confectionnées à partir de draps. « Le système est encore imparfait, j'imagine que vous avez vu en arrivant qu'il y a toujours des yo-yo qui traînent. »

Il m'envoie au deuxième étage suivre un gardien au travail. Je découvre pour la toute première fois la coursive, un long couloir sans fenêtres. Il y en a trois par étage, qui forment une patte-d'oie. À leur jonction, le « rond-point » : une cabine ultrasécurisée d'où un gardien ouvre les portes à distance.

Je me crois à l'hôpital. La coursive n'a rien à voir avec l'extérieur sinistre. Tout y est propre et lumineux. Le revêtement de sol est impeccable, les murs immaculés. Un alignement de néons baigne le tout d'une lumière intense et aseptisée. On ose à peine risquer un pied dans l'immense couloir, qui fait presque cent mètres de long. Tout au bout, minuscule point noir, un gardien est en train de refermer une porte. Le point se rapproche. Rougeaud, essoufflé, le gardien se présente : « Moi, c'est Yves. » Les yeux en amande, un large front, on dirait un guerrier mongol de retour du combat. Il est sur la coursive depuis deux heures, déjà, à « faire l'essuie-glace » : d'incessantes allées et venues entre les cellules pour envoyer les détenus au sport, aux cours, à la bibliothèque, et, parfois, faire passer un peu de tabac ou de nourriture d'une cellule à l'autre. Il me précise qu'il y a 75 détenus sur cette coursive, et qu'il est seul pour s'en occuper : « Comme d'habitude. »

Des feuilles de papier dépassent de l'interstice de certaines portes de cellule. « On appelle ça des "drapeaux", m'explique-t-il. Les voyous les mettent quand ils ont quelque chose à nous demander. Mais attention, hein ! Faut pas y aller sans arrêt, parce que plus on répond, plus ils en mettent ! On passerait notre journée à ça. »

Il jette un coup d'œil à sa montre. C'est l'heure des « sorties bibliothèque ». Il ouvre une première porte en me faisant signe de rester derrière lui : on ne sait jamais. Un vieux monsieur à la barbe de Père Noël en sort. Cheveux en pagaille, œil vitreux, odeur d'humidité et de cigarette. C'est le tout premier détenu que je vois « en vrai ». Est-ce qu'il fait partie de ceux qui nous ont traités de « bâtards » et d'« enculés » tout à l'heure ? Il n'a pas l'air d'avoir toute sa tête. En nous voyant, il se fige, mime le garde-à-vous et décampe en poussant un petit rire aigu.

Un surveillant ouvre une deuxième porte. Cette fois, un garçon d'à peine vingt ans, à la barbe brune, se plaint d'une douleur à la main. En l'écoutant, Yves s'énerve : « Tout à l'heure, tu avais trop mal pour aller en promenade, et maintenant tu demandes à sortir. C'est non ! » Il referme la porte.

Autre porte, autre détenu. Je suis toujours posté en retrait, inquiet. Cette fois, un type de cinquante ans au visage grêlé s'avance. Un toupet gris sur l'avant du crâne, une longue queue-de-cheval à l'arrière, une voix de fumeur de gitanes.

– Surveillant, est-ce que vous pouvez passer un poste de radio à une autre cellule, s'il vous plaît ?

– Non, c'est interdit par le règlement.

Un Arabe d'une cinquantaine d'années, qui semble tout juste sorti du lit, demande s'il peut aller chez le coiffeur aujourd'hui ou demain. Il a été convoqué chez le juge d'application des peines (JAP) et tient à être présentable.

– Impossible, il faut prendre rendez-vous plusieurs jours à l'avance, vous le savez.

– Bon, tant pis. Merci quand même, surveillant !

Je m'attendais à trouver derrière chaque porte un fou furieux ; et voilà que je découvre des prisonniers donnant du « s'il vous plaît » et du « merci » au maton. Passé la stupeur à l'ouverture des premières portes, je me ressaisis et me promets qu'à la prochaine je me risquerai à adresser un mot à l'occupant.

Un des autres stagiaires vient me chercher pour aller visiter les ateliers. Je laisse Yves à sa coursive sans avoir dit un mot.

Un entrepôt vaste comme un hall de gare s'étend devant moi. Une centaine de détenus s'activent autour de longues tables encombrées de cartons et de chutes de plastique. Ça braille, ça crie. Les voix sont démultipliées par l'écho. Les taulards confectionnent des présentoirs en carton pour la Française des jeux, mettent en caisse des boîtes d'emballage pour la marque de vêtements Brice, enlèvent les films plastique autour de DVD qui seront ensuite revendus moins cher en grande surface. « Ils travaillent même pour Dior, mais il ne faut pas le dire : c'est mauvais pour l'image de l'entreprise ! » hurle le surveillant pour couvrir le brouhaha ambiant. Il reprend, un ton plus bas : « Les détenus qui travaillent ici ne posent pas de problèmes. Ils peuvent bénéficier de remises de peine : sept jours pour un mois travaillé. Je fais un rapport au juge d'application des peines à la fin de chaque mois. » Malheureusement, le travail se fait rare à Fleury-Mérogis. Il y a quelques années, l'entreprise Bic a décidé de se délocaliser en Moldavie : la main-d'œuvre y est encore moins chère.

On rencontre un jeune surveillant, le visage défait, des poches sous les yeux, à croire qu'il n'a pas dormi depuis plusieurs jours. Un rapide regard alentour pour vérifier que personne ne l'écoute, et il nous avertit : « C'est la merde, ici, vous n'avez pas idée. Ça n'arrête jamais. Les détenus sont toujours dans la confrontation. C'est dur, très dur, et pourtant Fleury est ce qui se fait de mieux en région parisienne, alors je vous laisse imaginer le reste ! On ne se repose jamais, on n'a pas le temps. Et puis il y a la tension permanente, ça use. En un an et demi de boulot ici, j'ai déjà évité deux "patates" dans la gueule. J'occupe un logement de fonction à côté de la prison. Dans mon immeuble, il y a déjà deux collègues qui se sont suicidés cette année. » Il serre les dents. Il sait que dans six mois il aura suffisamment de points d'ancienneté pour demander sa mutation dans l'Est et se rapprocher de sa femme.

Retour sur la coursive, où Yves continue de « faire l'essuie-glace ». Un détenu veut savoir combien d'argent il reste sur son compte. Il a commandé des disques qui ne sont toujours pas arrivés, alors que son argent a été encaissé. Le gardien promet de se renseigner. « Merci, chef ! »

Yves m'explique le code des noms. Les détenus nous appellent le plus souvent « surveillant ». Les nouveaux, qui découvrent la prison, nous donnent parfois du « monsieur », mais pas bien longtemps. Quand le gardien est apprécié, il a droit à un « chef » respectueux. On nous appelle aussi « *hesses* », comme je m'en suis déjà rendu compte. Ce n'est pas vraiment un compliment mais, entre eux, c'est le mot qu'ils emploient pour nous désigner. Un jeune Noir malingre profite de ce que le surveillant a le dos tourné pour discuter avec un ami à travers la porte de ce dernier. Puis il se baisse et ramasse une feuille de papier que l'autre vient de glisser dessous.

– Qu'est-ce que tu fais là ? Qu'est-ce qu'il vient de te refiler ?

– C'est seulement du tabac, surveillant !

Yves lui arrache la feuille des mains pour contrôler.

– La prochaine fois, tu me demandes, mais vous ne vous passez rien sans mon autorisation !

Nous repartons vers l'entrée de la coursive. Yves me conseille de ne passer aucun objet dans un premier temps, « parce que les voyous, c'est sûr, ils vont te tester ! Attends de voir au moins une semaine s'ils la jouent réglo avec toi ; là, tu pourras commencer à faire passer un peu de tabac, éventuellement de la nourriture, mais, s'ils te font chier, tu ne passes rien. Il vaut mieux être dur au départ et relâcher un peu la pression après. Tu vas voir comme c'est dur, de dire non. Tu n'as pas idée ! »

Il m'explique qu'il tutoie les détenus. « Bon, il faut surtout pas le faire, c'est interdit ! » C'est même inscrit dans le Code de procédure pénale, le but étant de bien marquer la distance avec les prisonniers. Lui a commencé dès le début, et maintenant il n'arrive plus à les vouvoyer.

Deux détenus m'interpellent : « Hé ! Faut sourire ! On est des êtres humains, on n'est pas des animaux ! » Je ne sais pas quoi leur répondre, je n'ai pourtant pas l'impression de faire la tête. Du coup, je me force à les regarder dans les yeux pour leur montrer que je n'ai pas peur. Ça m'a l'air d'être un jeu prisé par les taulards : haranguer les jeunes recrues pour les déstabiliser.

Il ne reste plus qu'un petit quart d'heure avant la fin de la journée quand des cris se font entendre sur une autre coursive : « De la merde, les Neg'marron ! » Deux rappeurs, invités de l'atelier radio de la prison, s'apprêtent à sortir du local d'enregistrement.

Yves soupire : « Les voyous ne respectent rien. Même ça, ils s'en foutent ! Ici, on fait trop de social. Ils peuvent faire de la magie, du théâtre, de la lecture, du sport... alors qu'il y a des SDF qui n'ont rien fait et qui sont bien plus dans la merde qu'eux. »

J'ai envie de lui répondre que ce sont peut-être les mêmes personnes. Les deux chanteurs partent. Yves ferme la porte de son bureau et lâche avant de me quitter : « Il faut faire trois, quatre ans sur la coursive, pas plus. Après on devient taré, un peu comme eux. »

4

« Surveillant, jouez pas votre King Kong ! »

Un matin comme les autres. J'enfile rapidement mon uniforme dans ma chambre et file à la prison. J'ai pris l'habitude de m'acheter un pain aux raisins dans les sous-sols de la gare d'Austerlitz, juste avant de franchir les tourniquets du RER. Je le grignote à petites bouchées pour en avoir encore le goût dans la bouche lorsque je pénètre dans la maison d'arrêt. Un petit souvenir du « dehors » quand je rentre « dedans ».

Ce matin, on m'envoie surveiller la promenade. Un long corridor aux vitres teintées borde la cour. Les détenus sortent au compte-gouttes après être passés sous un détecteur de métaux qui fonctionne une fois sur deux. De toute façon, mes collègues ne contrôlent pas vraiment. Je découvre tout cela avec des yeux étonnés. La cour se remplit. À vue de nez, je dirais qu'il y a là 200 détenus. Certains tournent en rond ou font des pompes sur l'asphalte. D'autres discutent et jouent aux cartes. Un homme, qu'on me désigne comme un terroriste de l'ETA, commence à faire son jogging en maillot de l'Athletic Bilbao.

Tout au fond, de jeunes garçons, en casquette et survêtement, discutent par petits groupes. Beaucoup sont là pour trafic de drogue ou pour vol, m'indique un gardien. Ils viennent tous de la Grande Borne, des Ulis, des Tarterêts et des cités de la grande couronne parisienne. Un peu naïvement, je lui demande comment font les surveillants quand une bagarre éclate. Regard incrédule : « Tu te vois, toi, aller là-dedans ? » Même en tenue de protection, les matons se feraient « défoncer ». « On attend que ça se calme, et on récupère les morceaux. »

Un surveillant plus âgé s'approche de nous, grand, massif, les moustaches en crocs, un ballon sous le bras. N'était l'uniforme, on pourrait le prendre pour un arbitre de football. Un prisonnier retardataire accourt avant qu'on ne ferme l'entrée de la promenade. À la vue du ballon, il se fige, le regard électrique, et demande pourquoi il ne peut pas l'avoir. Le surveillant : « Vous vous renseignerez auprès de vos collègues à propos de ce qui s'est passé hier. » L'autre s'énerve. Il n'était pas là, hier. « Je m'en fous ! » rétorque le surveillant.

Un silence pesant s'installe. Trois nouveaux retardataires arrivent à leur tour. Les autres surveillants aussi. Je ne dis rien. Une longue coulée de sueur froide me glisse dans le dos. Est-ce qu'ils vont se battre ? Cela a démarré au quart de tour. Une minute avant, tout était encore calme. Le prisonnier, les yeux rouges de colère :

– Surveillant, putain, pourquoi vous me chauffez comme ça ? Vous avez le ballon, là, juste devant moi, et vous voulez pas le donner ! C'est un truc de malade ! C'est un truc de ouf ! Putain, surveillant, jouez pas votre King Kong comme ça ! Je vous jure, je vous croise dehors, je vous défonce !

Le géant à moustaches ne cille pas.

– Si vous voulez le ballon, venez le chercher, il est là !

Je crois un instant que le détenu est sur le point de le frapper. Je suis hypnotisé par son regard, le sang figé dans ses yeux. Une bête traquée. Après une nouvelle bordée d'injures, il disparaît dans la cour. La pression retombe.

Un autre maton m'explique ce qui s'est passé la veille. Deux détenus se sont violemment battus pour savoir auquel reviendrait l'unique ballon de foot. L'un des deux, le corps couvert de bleus, le visage en sang, la bouche élargie d'un bon centimètre, a été hospitalisé. « Une histoire à la con, résume mon collègue. Ce sont des gamins capables de se mettre sur la gueule pour une histoire de baballe ! »

Quinze minutes plus tard, nous rendons le ballon. À travers la vitre, je vois le prisonnier de tout à l'heure mimer sa conversation devant une assemblée de casquettes Lacoste.

Au retour de promenade, le taulard s'énerve à nouveau. Toujours le même regard animal. Le gardien à moustaches se rapproche. Chacun reprend son rôle.

– Putain, pourquoi vous avez fait ça, surveillant ? C'est qu'un ballon !

– Justement, ça n'est qu'un ballon, c'est ce que j'essaie de vous faire comprendre ! Des gars se sont mis sur la gueule pour ça, hier !

L'autre fait mine de partir en donnant un coup de pied dans une grille.

– Calmez-vous, on croirait que vous pourriez tuer pour ce ballon !

– Bien sûr que je pourrais tuer pour ce ballon, quand on me parle comme ça !

– Voilà : c'est exactement ce que je voulais vous démontrer ; vous êtes capable de tuer pour un ballon, vous vous rendez compte !

La promenade de l'après-midi est plus paisible. En milieu de journée, un détenu demande à quitter la cour. On vient de le frapper. Une grosse larme coule sur sa joue. De mauvais gré, un collègue le fait rentrer en lui enjoignant de montrer l'auteur des coups à travers la fenêtre.

Peu après, un autre surveillant me désigne du menton un détenu crasseux, une chaussure à un pied, une tong à l'autre. Le gars regarde les barbelés en poussant de petits cris : « Hin ! hin ! hin ! » comme un singe, un vague sourire aux lèvres. « C'est Marcos, un toxicomane, complètement taré », m'explique mon compagnon. Les autres détenus ont jeté une de ses chaussures par-dessus le grillage et il essaie de la récupérer.

Un autre surveillant rigole :

– Tu n'as qu'à le laisser grimper à la clôture !

– Ouais, c'est ça, et après, qui va aller le décrocher, une fois qu'il sera coincé dans les barbelés ?

Je risque la question qu'on m'a pourtant déconseillé de poser : pourquoi est-il là ? Meurtre, me répond-on. Il a attaqué deux personnes dans la rue. Sans raison. Il était en manque. Depuis qu'il est à Fleury, il essaie de se faire passer pour fou afin d'éviter la condamnation. Tout le monde est persuadé qu'il joue un rôle.

Qui croire ? Il continue à crier : « Hin ! hin ! hin ! »

16 heures. Je quitte la prison sous les injures habituelles : « Enculés ! Pédés ! Salauds ! Gueules de chien ! »

De retour à Paris, j'essaie de mettre mes notes à jour. En vain. Le souvenir de la prison est trop vif, trop ancré en moi. J'ai besoin d'un moment de réacclimatation pour me débarrasser de l'odeur et des cris. Un sentiment de trop-plein m'envahit. Déjà.

Je pars faire un footing le long du canal Saint-Martin en dévorant des yeux tout ce qui m'entoure : le bord de l'eau ; les amoureux qui se bécotent ; les étudiants qui prennent leur premier apéro en terrasse ; le soleil couchant. J'ai besoin de vérifier que tout cela est bien réel. Que la prison n'est pas la norme.

5

« Chaque fois que quelqu'un me regarde au supermarché, je crois que c'est un ancien voyou »

Je viens de passer ma première nuit dans la chambre prêtée par la Pénitentiaire. Comme il me faut au moins une heure et quart pour arriver à Fleury, et que je prends mon service à 6 h 30 ce matin, j'ai préféré dormir sur place.

Hier soir, des prisonniers ont longtemps hurlé à leur fenêtre. Je crois qu'ils se parlaient entre eux. Peut-être s'insultaient-ils ? Je ne sais pas très bien. La distance et l'écho déformaient leurs voix.

Je prends une douche rapide, enfile mon uniforme et cours au D2 sous de gros nuages qui alourdissent le ciel. Dans l'enceinte de la prison, des chats replets somnolent en bande. Dans la journée, ils errent d'un bâtiment à l'autre, à la recherche de leur pitance.

Réunis dans le petit local qui tient lieu de cuisine, une dizaine de surveillants discutent. Certains boivent un café. Un numéro de *L'Équipe* traîne sur la table. Le lieutenant de service m'envoie au troisième étage. Michel, le gardien que je dois suivre ce matin, est déjà là : menton en galoche, mains de bûcheron, démarche pataude d'un gros ours.

Il ouvre pour la première fois de la journée les portes des cellules. On dirait qu'il a fait cela toute sa vie. Sa clé entre de moitié dans la serrure, un quart de tour à droite, puis s'enfonce jusqu'à la garde. Il la fait tourner complètement, le pêne se retire de la gâche, la porte s'ouvre. Un « bonjour » rapide, un regard furtif à l'intérieur, puis la porte se referme.

Il m'explique que chaque prisonnier doit lui faire un signe ; il s'agit pour lui de vérifier que personne ne s'est fait la malle ou ne s'est pendu durant la nuit. « On ne sait jamais. »

Chaque fois je me contorsionne derrière lui pour tenter d'apercevoir quelque chose dans la pénombre. Faute de volets, les fenêtres sont calfeutrées grâce à des serviettes de toilette. Bien souvent, une âcre odeur de moisi et de nourriture flotte entre les murs. « Je te passerais bien les clés, me dit Michel, parce que tu vas sacrément te faire chier à me suivre pendant des heures. Mais si un chef se pointe et te voit avec le trousseau, je vais me prendre une soufflante ! »

Il marche à grandes enjambées et je suis obligé d'allonger le pas pour ne pas être distancé.

7 h 40. Un Maghrébin d'une vingtaine d'années doit être envoyé au rez-de-chaussée. Michel le sort de sa cellule pour le faire patienter dans un local situé de l'autre côté de la coursive. Le détenu demande s'il ne peut pas plutôt rester dans sa cellule et boire son café en attendant. Le gardien refuse : le jeune Maghrébin n'est pas le seul à devoir aller au rez-de-chaussée, et Michel risque de prendre du retard dans ses « mouvements ». En réponse à mon regard interrogateur, il m'explique : « On parle de *mouvement* chaque fois qu'un détenu doit circuler dans la prison : pour aller en promenade, voir le chef, à l'infirmerie... »

J'ai déjà dû faire une bonne vingtaine d'allers-retours entre les cellules, le bureau du surveillant et le rond-point. Je calcule approximativement : près de huit kilomètres. Un surveillant m'a dit qu'il en parcourait plus de vingt par jour. Un semi-marathon !

Mes pieds me font déjà mal. Une malfaçon à ma chaussure gauche rend chaque pas douloureux. On m'a expliqué quelques jours plus tôt que ce sont les détenus qui fabriquent nos uniformes. « Si ça n'est pas confortable, ne sois pas surpris : c'est tout simplement qu'ils ne nous aiment pas ! » a affirmé un surveillant en rigolant. Celui qui a confectionné mes chaussures doit me détester.

Un détenu en bleu de travail débarque sur la coursive derrière un chariot. « C'est l'auxi, me dit Michel. Le détenu auxiliaire. Il y en a un par coursive. Il est chargé de distribuer la gamelle et de ramasser les poubelles. »

Michel se remet à ouvrir les cellules. Au numéro 47, il me conseille de rester à l'écart. Nkruma, le « voyou » enfermé à l'intérieur, n'est pas un tendre. Le bonhomme a une fâcheuse tendance à se battre pour un rien et à finir au mitard. Il y a bien une note de service, punaisée dans le bureau, précisant que sa cellule doit être ouverte en présence de deux matons et d'un chef, mais « si on appelait chaque fois le gradé, on se ferait engueuler ». Pas de gradé, donc.

La porte s'ouvre. Nkruma est campé juste derrière. « Putain ! Il est où, mon sweat ? » La question est adressée à l'auxi qui, penaud, marmonne un semblant de réponse. « Il est où, putain ? »

Mon estomac se noue. La même peur panique que lors de la scène du ballon. La même interrogation : est-ce qu'ils vont se battre ? Michel conseille à Nkruma de se calmer. « D'où je m'énerve ? C'est vous qui m'agressez en me disant que je suis énervé. Là, je suis calme. Si je m'énerve, vous allez voir ce que ça fait, putain ! Faut pas me faire chier ! » Le gardien referme. Nkruma continue de parler tout seul.

Je m'éclipse cinq minutes pour prendre un thé et une barre de chocolat au distributeur. Je n'ai rien avalé ce matin et je meurs de faim. Un surveillant qui passe par là m'avertit : « Évite ce genre de petite pause. Les chefs n'aiment pas ça, et s'ils te voient ils risquent de te faire une remarque. C'est juste un conseil d'ami. » Je le remercie tout en me disant que, après quelques allées et venues sur la coursive, n'importe qui comprendrait l'utilité du petit déjeuner.

Retour à l'étage. Au bout de l'aile, la grille s'ouvre. Un nouveau détenu s'engouffre dans le couloir, un sac à la main. Il revient du QD. Michel traverse au pas de course la longue allée pour lui ouvrir sa nouvelle cellule. Le prisonnier refuse d'y pénétrer : « Y a pas moyen que je rentre là-dedans, surveillant ! Le gars, c'est un toxico ! Il faut pas s'étonner que je sois envoyé au mitard, quand on voit avec qui vous me mettez ! »

Soupir exaspéré : « Eh bien, retourne au QD ! Qu'est-ce que tu veux que je te dise ? »

Les toxicomanes, souvent sales, sont enfermés la plupart du temps ensemble pour éviter les infections.

Michel ne s'est pas encore reposé une seconde. Entre deux portes, il me raconte que, la veille, il a dû décrocher un détenu en train de se pendre, et que dix minutes plus tard il a dû revenir pour éteindre un feu de cellule. « Une vraie journée de merde ! » Alors, aujourd'hui, c'est franchement de la rigolade. Je le soupçonne d'en rajouter un peu.

Peu après, alors qu'il se trouve de l'autre côté de la coursive, il se met à crier : « Surveillant ! Tu peux aller me chercher la liste du sport dans mon bureau ? » Je me retourne : pas l'ombre d'un surveillant derrière moi. À qui parle-t-il ? Il répète sa question en me désignant du doigt : « Surveillant, c'est à toi que je parle ! »

Je pige le truc : les matons ne s'appellent ni par leur prénom ni par leur nom, de peur de se faire entendre des détenus qui pourraient, une fois à l'extérieur, chercher à leur régler leur compte. Plusieurs formateurs ont d'ailleurs lourdement insisté sur la question de l'anonymat : « Dites-en le moins possible sur la coursive. Les voyous écoutent tout ce que vous dites. Ils n'ont que ça à faire de leurs journées. »

Depuis qu'il est maton, Michel a fait une croix sur certains lieux des environs, comme le centre commercial Évry 2 ou le Leclerc de Grigny : « Pour ne pas rencontrer de voyous. » Il y a d'anciens détenus qui seront supersympas s'ils le croisent dans la rue, ils pourraient même aller boire un verre ensemble, mais d'autres lui chercheront des embrouilles. Impossible de savoir. La semaine dernière, il était au supermarché quand il en a aperçu un. Il a demandé à sa femme, qui l'accompagnait, de se cacher dans les rayons, du côté des produits de toilette, et il a fini seul les courses.

Et si cela m'arrivait, à moi aussi, dans quelques mois ? Journaliste ou pas, celui d'en face ne cherchera pas à vérifier.

Trois Maghrébins me proposent de « visiter » leur cellule. Je les fais répéter. « Oui, surveillant : ça vous dit de voir comment c'est fait, à l'intérieur ? » Regard interrogatif en direction de Michel. Ça sent le piège, non ? Il me fait signe d'y aller. J'entre avec réticence, de nouveau avec la sensation de violer l'intimité d'inconnus.

Le plus grand des prisonniers me détaille les lieux. Une première pièce, propre et bien rangée. Des posters du film *Mesrine*. Trois lits poussés contre la cloison. Une table de fortune. Puis une seconde pièce que je n'avais pas remarquée. Des assiettes, une poêle, une éponge au bord de l'évier. « Ça, c'est comme le salon. C'est la seule pièce où on peut fumer. »

Mis en confiance, je leur demande si la cohabitation à trois se passe bien. « Oui, il n'y a aucun problème, on s'entend très bien, surveillant. » Ce serait ça, la surpopulation ? Pas du tout : cette cellule toute neuve est bien prévue pour accueillir trois détenus, me répond Michel. Elle fait plus de neuf mètres carrés. Le D2 est une exception par rapport aux autres tripales.

Une dizaine de matons viennent donner un coup de main pour palper les quelque 80 détenus de l'aile à l'heure de la promenade. À chaque sortie de cellule, les prisonniers doivent être fouillés.

Dans une des cellules, envahie par une vilaine odeur de moisi et d'excréments, nous tombons sur Marcos, le fou de la promenade. Les surveillants se regardent du coin de l'œil pour décider lequel d'entre eux va le fouiller. Une jeune recrue est désignée « volontaire »...

Un matin, trois surveillants sont venus chercher Marcos pour l'emmener chez le juge. « C'était marqué sur la convocation qu'on devait l'emmener de gré ou de force. » Quand ils ont ouvert la porte, ils l'ont découvert nu comme un ver qui se dandinait, le corps enduit d'excréments, un étron dans chaque main. Après l'avoir lavé comme ils pouvaient, ils lui ont enfilé un pantalon. Marcos s'est débattu en gueulant comme un veau : « Non, pas celui-là, je veux le blanc ! » Les gars sont ressortis avec de la merde plein l'uniforme et les chaussures. Forcément, depuis cet épisode, nul n'est ravi de devoir le toucher.

La routine s'installe. Je ne peux toujours pas prendre les clés. Je suis et j'observe. Un détenu veut changer de cellule de peur d'être frappé par son codétenu. D'autres demandent à faire passer des cigarettes et quelques bonbons. Quatre cellules n'ont plus d'électricité depuis hier. L'électricien n'arrive qu'en fin de matinée.

Un autre a besoin d'un formulaire pour les parloirs. Michel cherche en vain dans le bureau. Encore et encore des allers-retours. Les pieds me brûlent, mes jambes me font mal. Michel continue ses va-et-vient sans broncher. Question d'habitude, sans doute.

La journée se termine enfin. Une amie stagiaire me ramène en voiture à la station RER la plus proche. J'ai les pieds enflés, les muscles tétanisés. Le défaut de ma chaussure a laissé une marque rouge sur le dessus de mon orteil. Je n'ai plus qu'une envie : dormir.

6

« Une bonne détention est une détention sans vagues »

On m'envoie assister aux parloirs. Cette partie-là du bâtiment n'a pas été rénovée, contrairement au reste de la prison, et conserve un aspect sinistre : vilain carrelage, plafond bas, lumière jaune agressive. Un décor de film noir.

Dans un minuscule local, six surveillants apathiques végètent sur des chaises, face à un bureau derrière lequel siège un de leurs collègues penché sur un cahier ouvert. Une large baie vitrée permet de garder un œil sur les box dans lesquels sont déjà installés des détenus et leurs familles.

Je me présente rapidement, serre des mains, échange quelques mots convenus avec les surveillants, qui semblent à peine remarquer ma présence et retombent dans leur torpeur. Je reste debout, attendant une invitation à m'asseoir qui ne vient pas. L'un des surveillants m'explique le fonctionnement : les « voyous » pénètrent dans les box, on ferme à clé, les familles viennent ensuite. Une fois l'entrevue terminée, tout le monde sort. Une demi-heure au total.

Dans le langage de l'Administration pénitentiaire, les détenus sont appelés « PPSMJ », c'est-à-dire « population placée sous main de justice ». Pour les surveillants, ce sont les « voyous », les « bandits » ou les « brigands ».

« Et vous les fouillez ? »

Un garçon au visage émacié qui, jusque-là, jouait avec ses clés lève les yeux vers moi et me répond d'une voix traînante : « Ouais, et fouille intégrale quand ils en ressortent. »

Je demande si un gardien ne devrait pas jeter un coup d'œil du côté des détenus. L'espace de quelques secondes ma question les fait sortir de leur apathie, et l'un d'eux me dit, le sourire aux lèvres : « En théorie si, mais on ne le fait pas. Enfin, ça, il faut surtout pas le dire à tes formateurs, hein ? »

Charles, un grand gars à la mine endormie, jette un regard réprobateur à ses collègues et propose de me faire visiter les lieux.

D'un côté du petit local, les parloirs des familles, une vingtaine de box derrière des portes vitrées ; de l'autre, les box des avocats. Contiguës aux box familles, les « salles d'attente ». C'est là que les détenus, une fois sortis, patientent avant de passer à la fouille intégrale. C'est là aussi, depuis la suppression des préaux de la promenade, qu'ils règlent leurs comptes ; les surveillants le savent, sans pour autant chercher à les contrôler. C'est là également qu'ils cachent, juste avant la fouille, tous les objets illicites que leur ont confiés leurs familles.

Et puis il y a la salle de fouille : un large couloir divisé en trois, où les surveillants font se déshabiller entièrement les prisonniers. Une odeur de sueur et de tabac froid me donne un haut-le-cœur quand je passe la tête par l'encadrement de la porte. Pour atténuer la puanteur, un surveillant vaporise un désodorisant à la rose.

Charles me raconte qu'il n'y a pas si longtemps un détenu s'est mis à battre sa femme dans le box. Ses collègues et lui ne sont pas intervenus. Je reste médusé. « Si elle voulait arrêter le parloir, me dit-il, elle pouvait le faire, mais elle ne nous a rien demandé, alors on a laissé faire ; je me suis contenté d'écrire un rapport d'incident à la hiérarchie. »

Je découvre pour la première fois la « logique parapluie » de la Pénitentiaire. Au moindre faux pas, au moindre incident, les têtes tombent, et les gardiens multiplient les rapports, davantage à titre préventif que dans un réel souci de faire évoluer les choses. Comme le dit un de mes futurs collègues : « Une bonne détention est une détention sans vagues. »

« En tant que surveillant, ajoute Charles, il faut faire encore plus attention aux parloirs qu'ailleurs, parce que c'est ici le seul contact avec l'extérieur. » Un jour, un jumeau s'est substitué à son frère ; quarante-huit heures plus tard, une fois son frère dans la nature, il a donné sa véritable identité. « Le surveillant a été dans la merde, parce que la hiérarchie savait qui était en poste ce jour-là. »

Charles s'étend ensuite sur les mille et une astuces des « bandits » pour introduire des objets illicites dans la prison : de l'argent, de l'alcool, de la drogue. On a même retrouvé trois téléphones portables dans l'anus d'un détenu. « C'est fou, ce qu'on peut mettre là-dedans ! Il y a même des femmes qui cachent des barrettes de shit dans leur chatte ! » Lui n'a été agressé qu'une fois en six ans. « C'est inévitable. Et, honnêtement, ça fait parfois du bien, quand ça pète. Ça fait redescendre la pression. Comme pour une Cocotte-Minute. »

La demi-heure réglementaire se termine et les surveillants se sont levés pour faire sortir les détenus. Familles et prisonniers s'embrassent, s'étreignent. Un surveillant commence à palper un jeune Noir devant le box où patiente encore sa famille. L'autre recule, le regard grave, et murmure : « Pas devant la famille, surveillant, s'il vous plaît ! » Les deux hommes font quelques pas de côté pour se soustraire aux regards des visiteurs.

Une mère n'en finit plus d'adresser des recommandations à son fils. Pour l'argent, il faut encore attendre : la paye du père n'est pas tombée.

Un Gitan édenté embrasse sa fille de cinq ans sur les deux joues.

Une fois de plus, je me sens mal à l'aise. J'observe tout ce petit monde en témoin impudique. J'ai envie de disparaître. En même temps, il suffit de vivre cet instant pour comprendre que rien n'est sans doute perdu, que la prison n'est en somme qu'un terrible malentendu. Mes idées et mes sentiments s'embrouillent.

La fouille intégrale suit, mais je n'y assiste pas. Je ne le souhaite pas. Pas encore. Je préfère attendre le tout dernier moment, quand j'y serai obligé.

Un peu plus tard, deux policiers en civil viennent interroger un détenu. Un des gardiens râle. Le « voyou » lui a dit qu'il ne voulait pas parler aux flics. Un autre propose de le faire venir en lui faisant croire que son avocat lui rend visite. Un troisième lève les yeux au ciel : « Fait chier, qu'est-ce que je fous ici ? »

Deux nouveaux policiers se présentent, accompagnés cette fois d'un gradé. Mes collègues se rembrunissent. Ils n'aiment pas voir les chefs traîner dans le coin. On me dit que les policiers viennent probablement placer un micro dans un parloir. Cela arrive tout le temps. Encore un tour de parloir, et la matinée se termine.

Je m'apprête à aller déjeuner, quand un vieux détenu revient à pas lents d'un entretien avec son avocat. Le seul surveillant encore présent est en train de téléphoner. D'un signe de tête, il me fait comprendre que je dois palper le prisonnier.

Mon cœur s'emballe. J'ai peur. Je ne sais pas pourquoi, mais j'ai peur. Peut-être parce que, pour la toute première fois, je suis réellement maton, je dois faire des gestes de maton. J'attrape une paire de gants en caoutchouc. Le vieux bonhomme lève les bras comme un automate, sans même un regard pour moi. Combien de fois s'est-il fait fouiller, depuis qu'il est ici ? Des centaines ? Une de plus ou de moins, que lui importe ! Alors que moi, c'est ma toute première fois. Je mime comme je peux les gestes que j'ai vu faire aux autres gardiens. Je lui palpe les bras, les aisselles, les flancs, les poches de pantalon. Je ne sais pas trop ce que je suis censé contrôler. Je sens seulement ses bras décharnés, ses os pointus. Mes mains passent sur ses épaules. Puis sur ses jambes : deux rameaux secs. J'ai l'impression de violer le peu de dignité qui lui reste. L'opération n'a duré que quelques secondes : une éternité. Le vieillard disparaît dans le couloir. Je jette à la poubelle les gants enduits d'une fine pellicule de crasse. Je me sens moche. J'ai l'impression d'être un salaud.

7

« Un vieux n'est pas forcément un violeur »

Pour la dernière fois de mon stage, je me présente à la porte de la prison. Un crachin matinal rend le sol luisant, presque visqueux. La foule habituelle s'abrite sous de vastes parapluies. Je remonte le col de ma veste. J'ai hâte que cette première immersion se termine. Les heures passées sur la coursive m'épuisent, la routine des journées me frustre. J'ai l'impression de n'avoir parlé qu'à des gardiens depuis que je suis arrivé. J'aurais aimé être seul avec un détenu au moins une fois.

Je franchis quelques grilles et me voici de nouveau au D2. Un gardien que je n'ai encore jamais vu se présente. Petit, rustaud, l'uniforme défraîchi, les cheveux coupés très court, les yeux noirs, il travaille ici depuis des années. Comme je l'ai fait avec les autres, je lui emboîte le pas en faisant un brin de conversation.

Sauf qu'après quinze minutes il me propose de prendre les clés ! Je n'ai pas le temps de répondre : je me retrouve avec son trousseau dans les mains. Lui s'éclipse dans le bureau en m'indiquant la cellule d'un détenu à envoyer à l'infirmerie. Me voilà seul au milieu de la coursive. Le large couloir aux murs bleutés me paraît soudain très inquiétant.

Pour la première fois j'exécute les gestes mille fois observés depuis mon arrivée : le « contrôle œilleton » pour vérifier où se trouve le détenu dans la cellule, puis mon pied contre la porte au cas où l'occupant tenterait de me l'envoyer en pleine figure. Tout est OK. Le prisonnier, un Maghrébin décharné, est assis derrière sa table. Son codétenu est encore sous les draps. L'habituelle serviette masque la fenêtre.

D'un ton mal assuré, je dis à l'intéressé de se préparer pour l'infirmerie. Voûté sur sa table, il finit de se rouler une cigarette. « Cinq minutes, surveillant ! S'il vous plaît ! » Je les lui accorde. Mal m'en prend : une fois la cigarette roulée, il l'allume et se sert un café ! Une longue minute s'écoule. Est-ce que je dois le brusquer ? Est-ce qu'il se fout de moi ? Est-ce que les autres matons lui laissent autant de temps ? Je n'en sais fichtrement rien.

Je jette un coup d'œil à ma montre en signe d'impatience, sans oser rien dire. Le codétenu s'énerve en humant l'odeur de tabac et me conseille de le houspiller, « sinon, il ne va jamais sortir ! ». Je demande à l'autre de se dépêcher. Le bonhomme écrase sa cigarette, enfile ses chaussures, part enfin pour l'infirmerie. L'opération aura pris cinq minutes. Je commence à comprendre l'angoisse des autres gardiens à l'idée de « prendre du retard sur les mouvements ». S'il faut à chaque fois négocier, cela devient rapidement un casse-tête. Surtout avec 80 prisonniers par coursive.

Mon collègue revient et je lui rends ses clés, pas mécontent de m'en séparer. Deux heures s'écoulent durant lesquelles nous faisons une fois de plus l'« essuie-glace ». Aller. Retour. Aller. Retour. Aller. Retour. Les pieds me brûlent.

Un gringalet refuse de réintégrer sa cellule. Il affirme que son codétenu le menace : « Il arrête pas de dire que je touche à ses affaires alors que c'est pas vrai. Je veux changer de cellule ! » On le regarde, ennuyés. S'il refuse de rentrer, ce sera le mitard. « C'est pas grave. Je préfère encore ça ! » Mon collègue s'agace. Il me l'expliquera plus tard, le « refus de cellule » est l'exemple typique de ce qui fait perdre du temps sur les mouvements, et ça peut foutre une matinée en l'air : il faut faire un rapport, appeler les chefs, voir s'il y a de la place au QD… La merde, quoi !

Le surveillant demande si le paquetage du détenu est prêt. Non ? Alors, qu'il le prépare, et on repassera le chercher. Le prisonnier ne voit rien venir et entre à l'intérieur. On lui claque la porte dans le dos. Un tour de clé. Le collègue jubile : « Ah, le con ! Je n'aurais pas cru qu'il y serait rentré ; maintenant, il s'agit de ne plus lui ouvrir ! »

Encore une fois, je dois être bien naïf, mais le détenu a dit qu'on le menaçait. Ne risque-t-il pas de se faire frapper ? « Ça, c'est pas notre affaire, me répond carrément le gardien. En tout cas, pas encore. Avec un peu de chance, on ne sera plus de service si ça doit arriver. » Je serre les dents. Avec des matons comme celui-là, pas étonnant que la Pénitentiaire ait une si mauvaise image.

Les heures passent. Un autre surveillant, surnommé « l'Ancien », vient nous saluer. Ses veines dessinent de petits canaux bleutés sur ses puissants avant-bras. Un détenu qui l'aperçoit le salue d'un signe de tête. On me raconte l'origine de sa légende et de son surnom : « Un détenu s'était énervé dans sa cellule, il avait tout renversé. L'Ancien est allé le voir. Seul. Il s'est mis sur la gorge deux fourchettes qui traînaient sur la table. Si le détenu voulait le tuer, il n'avait qu'à appuyer ! L'autre n'a pas bronché. C'est depuis ce jour qu'il se fait appeler l'Ancien. »

L'Ancien est soucieux : un « jeunot » qu'il connaît bien a fondu en larmes dans sa cellule. Quelques jours auparavant, il s'est même tailladé le bas du ventre avec une lame ! Je fais la grimace en imaginant la scène. L'Ancien soupçonne un autre maton de mener la vie dure au petit jeune, lequel refuse de dire de qui il s'agit. Il sort dans cinq semaines et ne veut pas d'emmerdes supplémentaires. « Putain, c'est trop con ! Mais j'ai ma petite idée sur qui fait ça, et je vais le trouver ! » En plus, le détenu a hérité un appartement de sa grand-mère. Une chance inespérée pour quelqu'un qui souhaite se réinsérer. « Il a tout pour s'en sortir, ce petit gars ! »

L'après-midi, changement de décor : on m'envoie suivre Pierrick, un surveillant gominé au sourire si immaculé qu'on le croirait sorti d'une publicité pour une marque de dentifrice. Les chefs l'ont chargé de superviser le nettoyage du toit qui surplombe la cour de promenade. Les prisonniers y jettent n'importe quoi, l'odeur devient intenable. Pierrick maugrée : « Si les gradés nous font nettoyer cet endroit, c'est uniquement parce que l'odeur pénètre dans leur bureau ! »

Un soleil timoré peine à percer les nuages qui font flotter leurs grosses ombres au-dessus de la cour de promenade. Il fait un peu froid. J'ai envie de rentrer chez moi. Il y a un an, à la même époque, j'étais encore étudiant, en stage à *Libération.* Aujourd'hui, me voici habillé en maton, prêt à escalader le toit de la plus grande prison d'Europe. Je croise les doigts pour qu'il ne se mette pas à pleuvoir.

Pierrick réapparaît avec trois « auxis » chargés de l'entretien : un grand dégingandé, un tout petit au visage adolescent et triste, et un troisième à l'air stupide qui a un filet de bave sèche collé à sa barbe ; je ne le comprends pas quand il parle.

Nous nous engageons dans un couloir qui débouche sur un minuscule sas extérieur. Il faut encore grimper le long d'un mur et nous serons sur le toit, au-dessus de la cour.

Le « très grand » refuse de monter sur le toit tant que la cour ne sera pas vide. Des gars qui sont à l'intérieur lui « cherchent la merde ».

– S'ils me voient là-haut, ils vont me faire chier !

– Déjà qu'une fois qu'on sera sous les fenêtres, les autres vont pas arrêter de nous demander des trucs qu'ils ont fait tomber ! ajoute le tout-petit.

On attend donc la fin de la promenade en discutant de l'été à venir, des futures libérations, du foot… L'ambiance est décontractée, on plaisante. La prison, en dessous, est un autre monde.

Les nuages qui obscurcissaient le ciel ont disparu quand la cour se vide enfin. Nous escaladons le mur tous les cinq. Je suis abasourdi par ce que je découvre. Devant nous s'étalent cent mètres de déchets qui exhalent une odeur de vomi. Des centaines de barquettes en plastique servant aux repas des détenus jonchent la surface ; des fourchettes, des CD, des briquets, un exemplaire de *Carnets 1978* d'Albert Cohen que le bibliothécaire doit encore attendre, des boîtes de conserve vides, des restes de nourriture moisis et qui empestent.

J'aperçois pêle-mêle des coquillettes, des haricots verts, du thon, des petits pois, des quignons de pain, un ouvre-boîte, des Coton-Tige usagés, des vêtements, une montre sans bracelet, du maïs, des bons de commande...

L'odeur écœurante se répand au fur et à mesure que les auxis rassemblent les ordures en tas. Des nuées de moucherons, attirés par le remugle, virevoltent dans les airs. Un rat disparaît sous un paquet de chips. Je n'arrive pas à en croire mes yeux. À qui la faute ? Aux détenus ? À la Pénitentiaire ? Sûrement un peu aux deux.

Rapidement, des voix interpellent les auxis depuis les fenêtres. Est-ce qu'ils ne verraient pas un sweat ? une montre ? Quand ils se font passer des objets d'une fenêtre à l'autre, il arrive souvent que les détenus en fassent tomber certains.

Une voix : « Vous avez pas trouvé une enveloppe ? J'ai deux cents grammes de shit dedans ! » Pierrick ne prête même pas attention à la question. L'habitude, sans doute.

La cour se remplit d'un nouveau tour de promenade. Le spectacle de deux surveillants et trois auxis juchés sur les toits est une distraction inespérée pour les détenus, qui chambrent gentiment leurs collègues : « Faut que ça brille, les gars ! Allez, frottez plus fort ! » Tout le monde rigole. Même Pierrick et moi, qui faisons semblant de houspiller les trois travailleurs.

Un cri fuse au-dessus de nous : « Enculés, surveillants ! Vous êtes des enculés ! Vous êtes tous des enculés ! » La voix s'éteint. Je commence à être habitué. Les auxis continuent de charrier les déchets. J'ai la nausée.

Tout en faisant les cent pas sur son bout de toit, Pierrick lance de temps à autre un coup d'œil aux fenêtres qui nous surplombent. « Quand tu es surveillant, m'explique-t-il, il faut faire bien attention à ce qui vient d'en haut. Des fois que les voyous nous balanceraient de l'huile bouillante sur la gueule... C'est déjà arrivé ! »

Un vieux Maghrébin à la peau tannée s'est arrêté de tourner dans la cour pour saluer mon collègue. Pierrick lui rend la pareille avec déférence. Tous deux se connaissent depuis longtemps, maintenant. Ahmed fait des passages réguliers en prison depuis vingt ans. Fleury est sa résidence secondaire. « C'est le genre de gars sur lequel il faut s'appuyer pour gérer la détention. Il calme les jeunes. S'il y en a un qui te fait chier sur la coursive, tu vas voir Ahmed : il te réglera le problème. »

Je joue une fois de plus les ingénus. Est-ce qu'il veut dire par là qu'Ahmed ferait casser la gueule de celui qui m'ennuie ? « On ne peut pas dire ça comme ça, mais il va faire comprendre au gars qu'il a tout intérêt à se calmer. Après, s'il continue… »

En revanche, poursuit Pierrick, il vaut mieux ne pas chercher Ahmed. Il me « pourrirait » la coursive en montant les autres contre moi. « Un petit jeune qui est là pour six mois te fera toujours plus chier qu'un vieux qui fait sa peine. »

Fin de journée : je raccompagne les auxis qui vont jeter leurs sacs-poubelle quand nous nous trouvons bloqués à une grille. D'autres prisonniers reviennent des ateliers et il ne faut pas les croiser. Un des auxis désigne aux deux autres un homme dépenaillé, d'une cinquantaine d'années, au regard craintif. Il a l'air perdu. Il vient tout juste d'arriver. L'auxi :

– Il va mourir, il s'est fait une gamine ; il va se faire défoncer !

– Faut faire gaffe, tempère un autre, c'est pas parce que c'est un vieux que c'est forcément un violeur !

– Lui, c'est sûr, il va se faire manger.

Je quitte enfin la prison. Mon stage est terminé. En passant à quelques mètres du mur extérieur défraîchi, les mêmes hurlements que d'habitude en guise d'au revoir : « Enculés ! Pédés ! Fils de chiens ! » Quinze jours de stage, et déjà tout a vacillé : mes certitudes et mes appréhensions. Ce qui m'a le plus dérouté, dans tout cela, ç'a été de palper un vieillard inoffensif qui sentait la gitane.

Les insultes répétées et les kilomètres parcourus m'ont certes marqué, mais j'ai aussi passé de bons moments. Des petits riens. Quelques mots échangés avec un détenu, un collègue. Un prisonnier qui m'a fait visiter sa cellule. Un autre content d'une bonne note à l'école.

Dans les journaux, il faut faire court, ne pas s'embarrasser de nuances. Tout le contraire d'ici, où tout change en une fraction de seconde : le détenu affable qui s'énerve, le surveillant sympathique qui se vante d'une vacherie... Je ne regrette pas une seconde mon immersion, je n'aurais jamais pu voir tout cela sans mon habit de surveillant. Pourtant, l'idée de devoir poursuivre dans quelque temps, et seul en coursive cette fois, m'angoisse. Est-ce que je tiendrai le temps de la formation et des autres stages ? Je ne sais pas.

Je passe en coup de vent à Paris et repars le lundi à l'aube pour Agen, où se trouve l'École nationale de l'Administration pénitentiaire.

Agen

École nationale de l'Administration pénitentiaire
24 mai-24 juillet 2009

1

« Moi, j'ai vu tout ce qu'on m'a dit de ne pas faire »

Trois jours après avoir quitté Fleury-Mérogis, me voici de retour à l'Enap d'Agen pour deux mois. Je redoute peut-être plus ce moment que la prison elle-même. Je vais devoir vivre vingt-quatre heures sur vingt-quatre avec les autres élèves surveillants, suivre des cours avec eux, manger avec eux, dormir à côté d'eux, tuer le temps avec eux… tout en restant journaliste. Tout en prenant mes notes à l'abri des regards. Tout en paraissant le plus « normal » possible.

Ce qui m'inquiète, surtout, c'est la vie à deux dans la chambre de neuf mètres carrés où nous loge la Pénitentiaire. Comment faire pour ne pas attirer l'attention de mon compagnon de chambre ?

Adrien est un garçon de vingt ans doux et rêveur. J'ai déjà passé trois semaines avec lui avant de partir en stage à Fleury-Mérogis. Lui a été envoyé à la maison d'arrêt de la Santé. Nous nous sommes promis de reprendre une chambre ensemble à notre retour de stage. J'ai hésité un moment à lui confier la vérité. Mais c'était trop risqué. Plus tard, peut-être.

Je retrouve donc les locaux propres de l'Enap, les salles de cours, le gymnase, la cantine et les « trois villages », comme les a joliment appelés la direction, où sont logés les futurs surveillants. Un petit air de club de vacances, mais surpeuplé, avec des lits superposés ajoutés en catastrophe dans des chambres prévues à l'origine pour une seule personne.

Comme si on voulait déjà nous faire expérimenter le surpeuplement carcéral !

Un professeur accueille les vingt élèves de ma classe pour faire le bilan de nos stages. L'homme, un austère lieutenant, nous prévient d'emblée : « Vous revenez du terrain, vous avez vu que, parfois, la théorie n'a pas grand-chose à voir avec ce que vous avez rencontré dans les établissements. Ici, à l'Enap, nous vous donnons le cadre légal. Après, il y a toujours un ajustement à faire ! »

« Ajustement » ? Le mot peut prêter à sourire. « Grand écart » conviendrait mieux, si l'on en croit les premières réactions des élèves.

« Moi, à la maison d'arrêt de Troyes, j'ai vu tout ce qu'on m'a dit de ne pas faire ! » annonce un premier. Un deuxième : « Là où j'étais, les surveillants passaient leurs journées à jouer aux cartes ! » Un troisième : « À la maison d'arrêt de Villepinte, je peux vous dire que la réinsertion, je n'en ai pas entendu parler pendant les quinze jours ! » Un autre : « Moi, là où j'étais, il y avait beaucoup de shit. Les surveillants laissaient faire parce que ça calmait la détention. »

Le professeur se lasse et finit par hausser le ton : « Pour ce qui est du cannabis, c'est une hypocrisie collective, on ne cesse de changer de position sur ce problème. Moi, je reste collé à la règle. C'est interdit. Point ! »

À mon tour de prendre la parole. J'ai déjà « répété » vingt fois dans ma tête ce que j'allais dire, mais j'ai peur de paniquer et de perdre le fil. Je me lance, l'air le plus décontracté possible : « J'étais à Fleury-Mérogis, au D2, la deuxième tripale. J'ai eu de la chance parce que le bâtiment a été rénové et qu'il y avait moins de surpopulation que dans les autres. » Le professeur hoche la tête avec un petit sourire, satisfait que je n'en rajoute pas sur les mauvaises pratiques. Déjà, l'élève assis à ma droite prend la parole. Les regards se détournent de moi. Je me détends. Je sais que mon profil de surdiplômé détonne par rapport à celui des autres élèves, et j'ai tendance à croire que tout le monde me soupçonne de ne pas être réellement ce que je prétends être. Inquiétude légitime ou début de paranoïa ? Les deux, sans doute.

Ce serait trop idiot de me faire démasquer ici alors que je suis parvenu à déjouer la vigilance de la Pénitentiaire lors du concours d'entrée.

2

« Qu'est-ce que tu fous ici, avec ton bac plus je sais pas combien ? »

Je n'ai pas à attendre longtemps avant la première alerte sérieuse. Quelques jours après mon arrivée, alors que je prends mon petit déjeuner au réfectoire, un garçon de ma classe s'assoit en face de moi, son café à la main. « Franchement, qu'est-ce que tu fous ici, avec ton bac plus je sais pas combien ? T'as pas réussi à trouver un autre boulot ? T'aurais pu te dégoter un taf tranquille dans un bureau, ou un truc comme ça, non ? »

Je me suis préparé de longue date à cette question. Je reprends une gorgée de thé, repose mon bol et lui réponds que mon diplôme est trop général (« Sciences politiques et sociales, ça fait bien, mais ça n'intéresse personne »), que je n'ai pas trouvé de travail, que j'ai raté les concours de direction dans la police et la Pénitentiaire, et que je vais en repasser d'autres en interne. Il opine du chef et se met à tartiner son pain de confiture. Il me raconte qu'il a passé, sans trop savoir pourquoi, son bac pro électronique, « un truc chiant, parce qu'il fallait bien faire quelque chose » ; il a ensuite été engagé pendant cinq ans dans la gendarmerie, mais a raté la titularisation de peu, « à cause de l'orthographe ». Il retentera le concours, mais pas tout de suite.

Les semaines passent. Au gré des conversations avec mes nouveaux « collègues », je me rends compte qu'aucun de nous ne s'est véritablement imaginé devenir maton un jour.

Ironie de l'histoire, je suis peut-être le seul à me retrouver dans cette voie de mon plein gré. Tous sont là « par hasard », « faute de mieux », « en attendant autre chose ».

Beaucoup sont d'anciens gendarmes ou militaires qui ont raté leur titularisation ou voulaient changer de métier. Ils ont passé les concours de la police, de la gendarmerie, des douanes, les ont ratés, et se sont alors résignés à la carrière de surveillant. D'autres ont des diplômes, mais pas de travail. Bref, je ne rencontre aucun surveillant qui le soit par vocation.

Avec le temps, plusieurs d'entre eux deviennent presque des amis. « Presque », car je ne leur ai jamais dit qui j'étais réellement. Je rigole bien avec eux. Il vaut mieux, parce que les journées ici paraissent longues. Peu de cours, beaucoup d'attente. Nous avons souvent deux ou trois heures de pause à midi, et nous terminons à 16 heures. Du coup, nous tuons le temps comme nous pouvons : les repas s'éternisent au réfectoire, nous faisons du jogging, nous nous lançons dans d'interminables parties de *Mario Kart* sur la Wii qu'a rapportée Adrien et dans des discussions à n'en plus finir. Nous parlons de tout et de rien. De la vie, du futur boulot, de ce qui nous a amenés là. Très rarement de politique. Au cours de ces deux mois, Michèle Alliot-Marie a remplacé Rachida Dati à la Justice, notre ministère de tutelle, et nous n'en avons pratiquement jamais parlé.

J'ai proposé une fois ou deux d'aller au cinéma. C'était trop cher pour beaucoup. Parfois nous allons boire quelques bières à la Bodega, le bar du centre-ville.

Je passe le plus clair de mon temps avec Adrien, qui a choisi de devenir surveillant après deux années infructueuses en fac de biologie à Lille. Son père était déjà dans la Pénitentiaire. Adrien m'a demandé si j'étais communiste le jour où j'ai acheté *Le Canard enchaîné.* On en a bien rigolé tous les deux.

Je traîne aussi avec Fabien, un conducteur de char qui a quitté l'armée parce que « la paye n'était pas bonne ». Un soir, il a vu à la télévision le spot de recrutement de la Pénitentiaire et s'est inscrit au concours de surveillant. Pour changer. À vingt-quatre ans, il ne compte pas faire ça toute sa vie. Il espère surtout devenir un jour travailleur social. « C'est plus facile que maton pour draguer les filles. »

Il y a aussi Magalie, une grande jeune fille de vingt-cinq ans qui a une maîtrise de droit, mais pas de travail. Mon histoire imaginaire de diplômé précaire est la sienne – bien réelle, celle-ci.

Miguel, trente-six ans, est le « papa » du groupe. Il a une femme, deux enfants, et passe ses vacances d'été au Portugal pour revoir le pays et les cousins. En venant à Agen, il a dû laisser sa petite famille dans l'est de la France. Avant la Pénitentiaire, il fabriquait des tubes métalliques en usine. « Le patron me gueulait toujours dessus, j'en avais marre. » Il a aussi conduit des bus dans une banlieue à problèmes. « Je me suis fait agresser deux fois parce que les types ne voulaient pas payer. » Il a claqué la porte et passé les concours de la fonction publique. Son père et son frère sont déjà dans la police.

Un soir, nous avons vécu tous les deux une scène étrange. Nous étions en voiture quand un de mes anciens camarades de l'école de journalisme est passé à la radio. Un sujet sur la crise économique, si je me souviens bien. Deux mondes se rencontraient soudain, dont j'étais le témoin unique et silencieux ; deux univers qui s'entrechoquaient et que je m'efforçais de tenir à distance l'un de l'autre pour ne pas me faire découvrir. Je n'ai rien dit, Miguel ne s'est rendu compte de rien. La frontière était tellement ténue...

Christophe, lui, vient de Rouen, « la plus belle ville du monde », et déteste Le Havre, l'ennemie héréditaire, « la ville la plus moche de France ». Il a une licence de droit et espère bien gravir les échelons jusqu'au poste de directeur. Jean-Baptiste, en revanche, vient du Havre et déteste les « bourgeois de Rouen ». Il redouble son année à l'Enap après un mauvais stage. Les deux lurons passent leur temps à se charrier.

Il y a aussi quelques drôles de loustics qui hantent chaque week-end les boîtes de nuit agenaises pour « lever de la belette » et boire des mojitos. À les entendre, ils collectionnent les succès d'un soir. Personne n'y croit vraiment.

Durant ces deux mois à l'Enap, la conversation a plusieurs fois dérapé sur « les Noirs et les bougnoules qui foutent le bordel ». Il y a ceux qui s'indignent de ce genre de propos. Et ceux qui ont une anecdote : une petite amie chahutée dans la rue « quatre fois par des Arabes », un ami agressé au travail « par un Noir », etc. Des vérités, selon eux, qu'on ne peut pas dire : « Sinon, on est traité de raciste. » Il suffisait pourtant de voir, en prison : « Il n'y avait que ça ! »

Je les écoute, attristé, en essayant de leur expliquer que les choses sont plus compliquées. Que la couleur de peau n'a rien à voir, qu'il suffit de regarder le niveau scolaire, l'accès à la santé, pour comprendre que le problème ne se résume pas à « trop de Noirs et trop d'Arabes ». Que les premiers à être en taule sont les pauvres, les sans-travail, les sans-diplôme. Que, souvent, ces mêmes pauvres sont fils d'immigrés, mais que cela n'a rien à voir avec leurs origines.

À chacune de mes interventions, on m'a répondu la même chose : « Tu devrais faire travailleur social ! »

Mon double jeu me pèse. Au fil du temps, il devient même épuisant, et je crois parfois devenir fou à force de me dédoubler en permanence. Pour prendre mes notes, je m'installe dans des cafés d'Agen où j'ai mes habitudes. Notamment dans un petit salon de thé où des professeurs à la retraite se retrouvent, le jeudi soir, pour des « jeux de langue » calqués sur l'émission de France Culture *Des Papous dans la tête*. Au PMU de Layrac, une commune située à quelques kilomètres d'Agen, les turfistes sont devenus indifférents à ma présence. Plus rarement je travaille sur mon lit, tard le soir, quand Adrien est endormi.

3

« L'Enap, c'est le monde des Bisounours »

Les cours se succèdent, toujours plus ou moins les mêmes. Psychopathologie pour apprendre à déceler les troubles mentaux ; gestion des conflits et communication pour savoir calmer un prisonnier qui s'énerve. Du droit pénal, aussi : on nous explique le système judiciaire français et le déroulement d'un procès. Certains s'emmêlent les pinceaux et ne comprennent pas toujours. « Entre le siège et le parquet, il y a quelle différence ? », « C'est quoi, déjà, le délai maximum pour faire appel ? », « Et le nombre de jurés en procès d'assises ? » Christophe, qui a fait du droit, fournit quelques explications. Un autre s'énerve : « Arrête de ramener ta science ! »

Nous suivons également un cours d'histoire pénitentiaire. On apprend qu'au début du XXe siècle l'Administration pénitentiaire se trouvait encore dans le giron du ministère de l'Intérieur. Et qu'avant l'abolition de la peine de mort les matons étaient chargés de ramasser le corps des guillotinés. Un professeur a vu son père, surveillant lui aussi, revenir du boulot avec du sang de condamné sur son uniforme.

On nous explique qu'il faut garder ses distances avec les prisonniers pour éviter tout soupçon de corruption. Il faut les vouvoyer, « c'est dans le Code de procédure pénale », et ne rien accepter d'eux, même un café, « parce que après ils l'utilisent contre nous comme moyen de chantage ». Il ne faut pas se lier d'amitié, sans toutefois « se transformer en monstres glacés, insensibles et hermétiques à leurs demandes ». En somme, il faut être humain, mais pas trop. Un sacré casse-tête.

Les professeurs nous ressassent tous les jours le double rôle de la prison : sécurité et réinsertion. En précisant bien, chaque fois, que la prison n'est pas un monde d'absence de lois, mais un monde de droit. Le discours est humaniste et généreux, bien loin de ce que j'ai vu à Fleury-Mérogis.

Nous avons un cours spécialement consacré aux droits de l'homme. C'est le directeur du département de droit, un homme brillant et lucide, qui s'en occupe. Un jour, nous raconte-t-il, la direction centrale l'appelle. Elle a besoin de toute urgence de nouveaux surveillants, car elle manque d'effectifs dans les prisons. La formation sera donc raccourcie de quelques semaines. « En clair, on me disait que mon cours sur les droits de l'homme allait être supprimé. Moins essentiel, pour l'administration, que le tir ou la self-defence ! » Pourtant, quelque temps plus tard, on le contacte à nouveau : TF1 vient tourner un reportage dans l'école et, comme par miracle, son cours est rétabli. « C'est même ce cours que TF1 a filmé, parce qu'il donnait une image positive de la Pénitentiaire ! »

À la sortie du cours, même si nous n'avons effectué que quinze jours de stage, nous sommes déjà tous plus ou moins d'accord : le vrai problème, c'est que les moyens ne suivent pas, et qu'en prison on fait face au quotidien avec des bouts de ficelle et des heures supplémentaires. Quant au couple sécurité/réinsertion, personne n'y croit vraiment. Sur le terrain, la seconde n'existe pas. « L'Enap, c'est le monde des Bisounours ! » conclut un garçon de ma classe.

À l'école de journalisme, on nous laissait disparaître des journées entières dans la ville pour effectuer des reportages. Personne ne se souciait de nous jusqu'au soir. Ici l'Administration scrute nos moindres faits et gestes. Nous devons nous rendre aux cours en uniforme, avec obligation de respecter les tenues d'été (polo manches courtes) et d'hiver (manches longues), sous peine de sanction. Et c'est très sérieux : il faut attendre qu'une note de service tombe de l'Administration centrale pour pouvoir troquer les manches longues contre les courtes.

Les garçons doivent être rasés de près, les filles ont ordre d'attacher leurs cheveux. Interdiction formelle de transgresser la règle : des « formateurs » sont là pour nous surveiller. Durant les cours en amphithéâtre, ils circulent dans les rangs pour garantir le silence et font de temps à autre des « contrôles de présence » pour vérifier que nous sommes bien tous là. L'un d'entre nous s'est même fait engueuler parce qu'il avait été surpris avec une grille de Sudoku et le dernier numéro d'*Entrevue* !

4

« Je ne pourrais jamais tirer sur quelqu'un »

Nous allons avoir un cours sur la prévention du suicide en prison. Les chiffres sont mauvais (115 suicides en 2009), et l'Administration centrale s'est résolue à sensibiliser les futurs gardiens à la question.

Chacun d'entre nous se poste en silence derrière sa chaise en attendant que l'on nous autorise à nous asseoir. Un des professeurs nous avertit d'emblée : il ne faut pas croire que les détenus qui menacent sans arrêt de se tuer ne passeront pas un jour à l'acte. « On ne sait jamais, même s'ils nous font vingt fois le coup dans la journée, vingt fois il faut y aller en courant : c'est notre taf, on est payés pour ça ! »

Il allume un vieux rétroprojecteur qui fait un bruit de ventilateur. Sur le mur blanc apparaît un diagramme montrant les quatre phases qui mènent au suicide (idéation du suicide, rumination de l'idée, cristallisation, passage à l'acte). Il nous les énumère une première fois à haute voix. Puis une deuxième, une troisième, une quatrième fois. À la cinquième, les mots perdent leur sens. À la sixième, il ne reste plus que des syllabes qui flottent dans l'air. Tout le monde suit attentivement. Après avoir énoncé une fois encore les quatre phases, le professeur nous demande de les répéter. On ânonne, la bouche en cœur, comme une récitation apprise à l'école : « Idéation, rumination, cristallisation, passage à l'acte. »

Un second professeur nous raconte une histoire : un détenu menaçait de se taillader le bras avec sa lame Bic parce qu'il voulait du pain, puis des pâtes, puis encore autre chose. Chaque fois il tambourinait « comme un mort » à la porte. « Au bout d'un moment, je pète un câble et j'appelle un collègue pour voir si, lui, peut le calmer. »

Son collègue, sarcastique, avait conseillé au prisonnier de se taillader l'intérieur de la cuisse plutôt que le bras : c'était plus efficace. En refermant la porte, il avait rassuré son collègue : « T'inquiète, ils font toujours semblant. » Et puis plus rien : le gars avait soudain cessé de tambouriner à la porte.

Inquiet, mon professeur a fini par jeter un coup d'œil. Le détenu s'était tailladé la cuisse : « C'était la fontaine de Jouvence, ça pissait sec, des mares de ketchup. Alors, ne déconnez jamais avec ça, il y a une chance sur deux pour qu'ils passent à l'acte. Ne prenez pas de risques ! »

On lui avait aussi rapporté l'histoire d'une femme qui menaçait de se couper le doigt en se le mordant. La surveillante lui avait dit qu'elle n'avait qu'à le faire. La fille s'était arraché le doigt d'un coup de dents ! « Je sais que ça paraît incroyable, mais on ne peut jamais savoir ; certaines personnes dérangées développent une résistance phénoménale à la souffrance, vous n'avez pas idée ! »

Le cours se termine. Nous nous rendons tous ensemble au bâtiment de « reconstitution », un vaste hall où de fausses cellules ont été reproduites. Des petites pièces grillagées équipées d'un lit, d'un bureau et d'une chaise s'alignent devant nous. Il y a même un téléviseur factice.

Nous nous calons dans le petit amphithéâtre qui fait face aux « cellules ». L'un d'entre nous est enfermé : il sera le « détenu dépressif » qui vient de recevoir par courrier une mauvaise nouvelle et qui menace de « se foutre en l'air ». Un second élève récupère un trousseau de clés : il sera le « surveillant ». L'un des professeurs décrit à l'oreille du « prisonnier » l'attitude à adopter. Le jeu commence. Le détenu se plaint. Le surveillant tente d'avertir sa hiérarchie, incarnée par le professeur, qui l'envoie paître. La scène dure quelques minutes. Le surveillant doit insister, recracher les phases apprises une demi-heure plus tôt. Le professeur consent enfin à venir voir le détenu. On arrête le sketch. Pour rigoler, on laisse enfermé quelques secondes l'élève détenu, qui commence à s'énerver. Tout le monde pouffe, puis on regagne nos chambres. La journée est terminée.

Un autre jour, notre petit groupe se retrouve pour le cours de tir. C'est la première fois de ma vie que je touche une arme. Une vraie : l'AMD 5.56, le fusil semi-automatique utilisé dans les miradors de la Pénitentiaire. Nous mettons des casques antibruit et des lunettes de protection en Plexiglas. Sur le pas de tir, fébrile et anxieux, inondé de sueur, je m'empare de l'objet, lourd et effrayant.

À cinquante mètres de moi, au loin, j'avise un confetti trouble en guise de cible. Je mets en joue, mes mains sont moites, le fusil pesant. Un instructeur donne le signal. Je presse la détente. Un bruit assourdissant retentit dans mes oreilles malgré le casque, la gueule du canon se redresse, l'arrière de l'arme vient percuter mon épaule, la douille se perd quelque part sur le sol, l'air se sature de l'odeur de poudre. Un étrange et terrifiant sentiment de puissance m'envahit. Quand j'inspecte ensuite ma cible, criblée de seulement cinq de mes dix balles, je suis presque réconforté de constater que je ne suis décidément pas un bon tireur. Gaëlle, apeurée, m'avait demandé ce que je ferais si j'avais à tirer sur quelqu'un. Je lui avais garanti que je ne pourrais jamais tuer un homme. Je tirerais à côté. Ou pas du tout. Ma réponse ne l'avait rassurée qu'à demi.

Quelques semaines plus tard, c'est l'effervescence dans la salle de classe : on nous a réunis pour nous communiquer nos prochains lieux de stage. Tout le monde veut savoir qui va où. Pour moi, ce sera Châteaudun, en Eure-et-Loir. Pas très loin d'Orléans, où habitent mes parents. Adrien, mon colocataire, part à Fleury-Mérogis. Fabien, le conducteur de char, ira à Villeneuve-lès-Maguelone, dans le Midi, là où fut incarcéré José Bové.

L'école est finie. Nous nous disons au revoir et prenons rendez-vous pour septembre, date à laquelle nous reviendrons encore une fois à l'Enap. Aucun de nous n'est vraiment rassuré, mais nul ne le dit. Certains feignent la décontraction en répétant à qui veut les entendre qu'ils sauront se montrer inflexibles et ne feront rien passer entre les cellules. Lesquels deviendront des joueurs de cartes patentés ? Lesquels parviendront à garder la tête haute ?

Quant à moi, je sais que, dans deux petites semaines, je vais pour la première fois me retrouver seul sur la coursive. Les derniers jours, une histoire a fait le tour de l'école : un stagiaire s'est fait taillader le visage à la lame de rasoir en ouvrant une cellule. Je la garde pour moi : pas besoin d'effrayer mes proches. En attendant, je pars pour quatre jours de vacances à Barcelone.

Châteaudun

27 juillet-18 septembre 2009

1

« Un vaisseau spatial dans un désert rural »

La *bodega* barcelonaise est bien loin. Dix jours, déjà ! Un autre monde… Comme une petite parenthèse, chaude et dorée, passée avec Gaëlle sur la côte catalane, entre tapas et bière tiédie par le soleil de fin d'après-midi. Hors de la prison. Hors de cette enquête.

J'ai bien failli ne jamais partir. Quelques jours avant ces brèves vacances en Espagne, je me suis rendu dans une gendarmerie proche d'Orléans pour la fameuse « enquête de moralité » qui m'avait tant inquiété au début de mon projet. J'allais encore devoir m'expliquer et prendre le risque d'être découvert.

Un gendarme m'a reçu en bougonnant – ce n'était pas à lui de faire ce genre de choses – et, sans la moindre conviction, m'a posé quelques questions. Où étais-je allé à l'école ? Est-ce que je faisais du sport ? Depuis combien de temps ? Quel était mon travail avant de vouloir entrer dans la Pénitentiaire ?

Je lui ai raconté l'histoire du jeune diplômé précaire et de l'intérim. Il a hoché la tête, compati à propos des absurdités de notre système scolaire, avant de prendre congé. Je savais que lui ou un de ses collègues devait aussi procéder à une enquête de voisinage pour se faire une idée plus précise de ma petite personne. On verrait bien.

Me voici maintenant au cœur de la Beauce, sur la route de Châteaudun. Tout autour de moi, sous le ciel cendreux, des kilomètres et des kilomètres de champs de blé balayés par le vent. De temps à autre, une moissonneuse-batteuse silencieuse et solitaire. Il est tout juste 11 heures lorsque j'aperçois enfin une caserne militaire et ses baraquements uniformes. Puis, un peu plus loin, le long de la départementale, la prison, avec ses hauts grillages, ses murs de protection hérissés de barbelés, ses étroites fenêtres à barreaux. Mon regard s'arrête aux angles du grillage extérieur : il n'y a pas de miradors. Tout autour, à droite, à gauche, en face, à l'arrière, des champs à perte de vue. Après Fleury-Mérogis, « la plus grande prison d'Europe », voici Châteaudun, la « taule champêtre ».

Un professeur de l'Enap a qualifié les prisons ultramodernes telles que Châteaudun de « vaisseaux spatiaux posés dans un désert rural ». Au début des années 1990, ces établissements ont poussé comme des champignons, un peu partout dans les campagnes françaises, dans le cadre du « plan 13 000 » – projet de construction de 13 000 nouvelles places pour enrayer (déjà !) la surpopulation carcérale.

Comme toutes les autres prisons construites à cette époque, Châteaudun est à « gestion mixte » : la sécurité est assurée par des fonctionnaires, mais tout le reste (repas, travail, maintenance des locaux…) est géré par des entreprises privées.

Je me présente au formateur, un homme nerveux d'une quarantaine d'années. Sa lèvre supérieure est agitée de tressautements. Une poignée de main virile, un sourire légèrement crispé, et il m'entraîne jusqu'à ma nouvelle chambre… déjà occupée ! Un jeune homme en tricot de corps détourne un instant les yeux d'un petit poste de télévision pour me saluer d'un geste avant de se replonger dans *Secret Story*, la télé-réalité de TF1. Le formateur m'explique qu'il sera mon camarade de chambrée pour les deux mois à venir. La galère ! Je voulais être seul pour prendre mes notes le soir, et me voici obligé de partager quinze mètres carrés avec un accro à la télé.

Mieux vaut ne pas prendre de risques. Je décide de faire aussi souvent que possible le trajet entre Châteaudun et Orléans pour pouvoir rédiger mes notes chez mes parents en toute tranquillité. Deux heures de route aller-retour. Je resterai dormir ici uniquement les jours où je serai de service le matin à 6 h 45. Et, bien entendu, je passerai mes jours de récupération chez Gaëlle. Paris n'est qu'à une heure et demie de train.

14 heures. Je retrouve dans une salle de réunion d'autres stagiaires qui attendent, anxieux, l'arrivée du formateur de ce matin. Certains regardent, affichée au mur, une carte de France où figurent les 195 prisons de l'Hexagone.

Le formateur arrive enfin. Chacun se présente : deux anciens policiers, un ex-physionomiste de boîte de nuit, professeur d'arts martiaux, un jardinier et un vendeur. Pas vraiment de surprises. Tous veulent devenir matons pour la « sécurité de l'emploi ». Je raconte à mon tour mon histoire : mon diplôme trop général, mes galères en intérim. Quelques-uns, étonnés, font la moue. Déjà, le formateur reprend la parole : « La prison de Châteaudun est un centre de détention, pas une maison d'arrêt. » Les deux types d'établissement n'ont rien à voir. Les maisons d'arrêt comme Fleury-Mérogis regroupent les prévenus (ceux qui n'ont pas encore été condamnés) et les condamnés à de courtes peines : petits délinquants, dealers de cannabis, conducteurs sans permis, ceux qui n'ont pris que quelques mois. Les centres de détention, eux, sont tournés vers la réinsertion des condamnés à de moyennes et longues peines. « Ce sera le gros de votre travail : œuvrer à la réintégration des détenus dans la société », insiste-t-il. On le croirait en train de réciter le Code de procédure pénale ou de nous rejouer le spot télé de la Pénitentiaire.

L'établissement compte 600 places pour 595 détenus en moyenne. Il accueille surtout des condamnés de la région parisienne et des maisons d'arrêt de la région Centre, comme celles d'Orléans, de Blois ou de Tours.

Le formateur poursuit (et sa lèvre ne cesse de tressauter) : « Châteaudun a une spécificité majeure : le “régime séparé”. » Les détenus ne sont pas traités de la même façon selon leur attitude et leur dangerosité. Les plus « difficiles » sont enfermés toute la journée dans leur cellule, comme en maison d'arrêt ; on appelle ça le « régime fermé ». Les « bons éléments » sont libres de circuler sur leur coursive dans la journée et ont accès à une cuisine commune, l'« office » ; c'est le « régime amélioré ». Les « plus sages » sont placés en « régime de confiance », c'est-à-dire qu'en plus ils ont droit aux postes de travail intéressants, à un baby-foot dans l'office, à une table de ping-pong en promenade, et même à un jeu de pétanque.

En fin d'après-midi, je remonte dans ma voiture et me rends dans le village de mes parents, à une dizaine de kilomètres d'Orléans. La maison n'a pas changé depuis que j'en suis parti, il y a plusieurs années. Tout est à sa place. Si, quand même : mes parents ont fait construire un auvent et agrémenté le jardin de quelques massifs de fleurs et d'arbustes.

Je retrouve avec plaisir cet endroit où j'ai grandi : ses murs blancs, la fraîcheur de son intérieur, la grosse cheminée éteinte depuis le début du printemps et qu'on ne rallumera pas avant octobre.

Quand j'ai annoncé à ma mère que je revenais pour deux mois à la maison, ses yeux se sont mis à pétiller. Il y avait du sourire dedans, un sourire de maman heureuse : elle allait de nouveau avoir un de ses fils à la maison. Il faudrait faire des courses, et un peu de place dans la chambre du haut, transformée en bureau, mais tout irait bien. Elle a même libéré une étagère pour que je range mon uniforme. Sur la prison elle n'a pas dit grand-chose. Elle attendrait que je me décide à parler.

L'intérieur est encore plongé dans la pénombre, les volets fermés. Je me sers un grand verre d'eau. Une mouche bourdonne au-dessus de moi. Je reste longtemps à méditer en regardant l'insecte décrire des angles droits dans les airs. Je suis partagé entre l'excitation du journaliste, pressé d'aller voir à l'intérieur de la prison, et la crainte du maton, pas pressé du tout, lui, de se trouver pour la première fois, seul et inexpérimenté, face aux détenus.

Comme toujours quand mes réflexions tournent en rond, je décide d'aller courir. Je retrouve sur mes étagères ma paire de baskets et un short. Dix minutes plus tard, je disparais à petites foulées dans la campagne environnante.

2

« Caleçon, s'il vous plaît ! »

Trois jours plus tard, j'ai remis mon uniforme et récupéré à l'entrée de la prison un badge magnétique qui me permettra de circuler dans les bâtiments. Devant moi, une quinzaine de portes se font face sur la coursive défraîchie. Un néon grésille au-dessus de ma tête. Le sol est fendillé. Tout a l'air usé par le temps. Je contemple tout cela avec des yeux ahuris quand, déjà, un gardien de près de deux mètres me pousse du coude pour que je le suive. Nous allons fouiller une cellule.

Le grand échalas fait tourner sa clé dans la serrure. Nous entrons. Comme à Fleury-Mérogis, une serviette de toilette coincée dans la jointure de la fenêtre empêche le jour de pénétrer dans les neuf mètres carrés. Je reconnais tout de suite l'odeur persistante de cendres froides, de sueur, de moisi, de nuits trop longues. Dans la pénombre, j'aperçois un homme qui dort, allongé sur le ventre, un bras hors du lit, un carton retourné en guise de table de nuit.

« Bonjour ! Fouille de cellule ! »

L'homme d'une trentaine d'années émerge lentement du sommeil. Il se frotte les yeux, bougonne, repousse les couvertures et s'assied sur le rebord de son matelas, découvrant son crâne glabre, un corps gras et mat. Un bourrelet déborde de l'élastique de son caleçon à carreaux, son unique vêtement.

Il se met debout et, sans même qu'on le lui demande, nous montre le dessous de ses pieds, la paume de ses mains, ses aisselles, fait un tour sur lui-même et ouvre la bouche en nous tirant la langue pour bien montrer qu'il n'y a rien en dessous. Le surveillant : « Caleçon, s'il vous plaît ! »

Encore amorphe, le détenu ôte son sous-vêtement et le tend à mon collègue, qui le saisit et en palpe les coutures pour s'assurer qu'il n'y a pas d'argent cousu à l'intérieur.

Je reste silencieux et serre les dents. Gêné. Honteux de me trouver là, honteux d'être tout habillé, honteux de mon uniforme face à cet inconnu qui me présente ses fesses blanches et son sexe circoncis. La prison vient de me happer, là, en une seconde, tout entier. Mon premier geste au saut du lit est de me servir un thé bien chaud ; pour lui, c'est se mettre à poil devant deux surveillants.

Il y a une minute, il dormait à poings fermés. De là à penser qu'il avait un couteau ou un morceau de shit dissimulé dans le rectum... Quand je suis entré dans la Pénitentiaire, plusieurs de mes amis ont plaisanté au sujet du « doigt dans le cul » que j'allais mettre aux détenus. Au risque de les décevoir, mes mains sont toujours restées bien sagement dans mes poches. La fouille anale est un mythe : elle n'existe pas. Seul un médecin est autorisé à y procéder, et uniquement si les surveillants ont un doute.

Le Code de procédure pénale prévoit que « les détenus doivent être fouillés fréquemment et aussi souvent que le chef de l'établissement l'estime nécessaire ». Légalement, donc, rien à redire à cette fouille matinale. Humainement, c'est une autre histoire. En 2000, la commission d'enquête du Sénat sur les prisons avait déjà demandé que ces fouilles soient « limitées ».

Le détenu se rhabille, enfile un tee-shirt, un short, puis sort sur la coursive. Le surveillant entame alors une fouille méthodique de la cellule, en s'attaquant d'abord au carton/table de nuit. Je reste interdit quelques secondes, hypnotisé par ces mains qui brassent sans ménagement les lettres, les magazines, les DVD, les vêtements. Il farfouille dans le courrier du détenu, s'attarde quelques instants devant la photo de sa femme. « Eh ben, il s'emmerde pas, celui-là ! » Nous avons carte blanche. Un gardien de Fleury-Mérogis m'avait même confié qu'il lui arrivait de renverser

« malencontreusement » des paquets de riz dans les chaussures et les vêtements des prisonniers.

D'un geste, le grand surveillant me fait signe de l'aider. Je retire la serviette de bain de la fenêtre pour donner plus de lumière à la pièce. Tout en poursuivant son inspection, il m'explique sa façon de procéder : « Normalement, la fouille commence par le plus propre : le lit, pour aller vers le plus sale : les toilettes. Mais quand un détenu m'a fait chier, j'inverse le circuit ! »

Il me glisse cette phrase d'un ton complice, en l'accompagnant d'un clin d'œil, comme pour sceller un accord secret ; ne sommes-nous pas maintenant embarqués sur le même bateau ?

Il baisse la voix, juste ce qu'il faut pour ne pas être entendu depuis la coursive où patiente le détenu. « Il m'arrive aussi de trouver un téléphone portable dans le local poubelles. Je ne le dis pas aux chefs, et la fois d'après, pendant la fouille de la cellule d'un détenu qui me casse les couilles, je le ressors et je dis que je l'ai trouvé dans sa piaule. Je sais, c'est vicelard, mais bon… » Nouveau clin d'œil. Nouvel accord secret.

Sans grande conviction, je plonge le regard dans les quelques cartons remplis de papiers, tâte l'extrémité des chaussures rangées le long du mur pour vérifier qu'elles ne dissimulent pas de téléphone portable. Mon collègue, lui, inspecte le matelas qu'il tord en tous sens. Il arrive que des détenus creusent la mousse pour y dissimuler des lames, des puces de portable, des armes artisanales. À l'Enap, on nous a raconté qu'un vieux briscard de la Pénitentiaire a demandé un jour à un « petit nouveau » d'explorer les trous faits dans la mousse d'un matelas. Le jeunot y a glissé la main, et le vieux a éclaté de rire : « C'est pas des caches ! C'est pour quand le détenu a besoin de tirer son coup, il se soulage là-dedans ! »

Je regarde derrière le téléviseur, fais courir mes doigts sous la table, passe au coin toilette, dévisse les tubes de dentifrice, fouille dans la trousse, mais je n'y trouve que des rasoirs jetables, des crèmes, des brosses à dents. Je cherche une aiguille dans une botte de foin.

Nous ressortons trente minutes plus tard avec une caisse en carton et une autre en plastique, toutes deux dérobées aux cuisines, ainsi qu'une fourchette tordue devant servir de « souris », poids mort attaché au bout d'une ficelle servant à faire passer des objets sous la porte des cellules. Mon collègue montre au prisonnier les objets délictueux et l'enferme à nouveau dans sa cellule. Nous repartons avec notre maigre butin.

3

« Aux chiottes, Marseille ! »

« Pour voir à quoi ça ressemble », le formateur m'envoie assister aux premières heures des rondes de nuit. Quelques surveillants attendent déjà sous le néon du hall. Ils arborent l'uniforme de rigueur, bleu et propre, un peu délavé, mais ont remplacé leurs rangers par des chaussures de sport, plus confortables.

Nous nous engouffrons dans un long corridor grillagé reliant les bâtiments entre eux. J'aperçois des prisonniers discutant à leur fenêtre. Le soleil se noie à l'horizon, quelques oiseaux pépient, une lumière dorée caresse les bâtiments, un vent tiède soulève en petits tourbillons la terre battue du terrain de sport. C'est l'heure où tout est calme, l'heure du journal télévisé.

Les collègues se racontent leur journée. Lionel, un petit gardien rondelet, a fait croire à un détenu chinois qu'il pouvait « cantiner » du chien pour son repas. Les « cantines » sont les produits – nourriture, lettres, timbres, tabac – que peuvent acheter les détenus à l'intérieur de la prison pour améliorer leur ordinaire. Lionel s'esclaffe : « Ce con-là de Chinois m'a commandé deux cockers ! Il me les a encore redemandés il y a deux jours ! »

Les autres rient bruyamment. Pour donner le change, je fais comme eux en pensant à ce pauvre gars que je ne connais pas.

Nous arrivons au quartier disciplinaire, le QD, le mitard. À Châteaudun il est aussi appelé le « château », je ne sais pas pourquoi. Peut-être parce que le bâtiment est situé au milieu de tous les autres, un peu comme un donjon imprenable et solitaire abritant les plus récalcitrants.

L'intérieur, sombre et inquiétant, sent le moisi. Huit détenus végètent dans leur cellule. Les surveillants s'approchent des portes, se collent aux œilletons, fixent quelques instants les occupants pour vérifier que tout le monde est bien encore en vie.

Je les imite. À l'intérieur de la cellule, un détenu discute dans le contre-jour, à sa fenêtre. Je passe à une autre cellule. Personne dans mon champ de vision. Je n'aperçois que le lit, une table scellée au mur, des graffitis. Je tapote à la porte. « Je suis aux toilettes », répond une voix. Un bout de main apparaît.

L'exercice semble bien rodé. Dès que l'on frappe à la porte le détenu réagit, le plus souvent en levant seulement un bras ou une jambe, comme je viens de le voir. J'interroge un surveillant :

– On fait comme ça à chaque fois, même la nuit ?

– Ça va pas, la tête ?! Tu fais ça et t'es mort ! Tu peux être sûr qu'ils vont te pourrir ta nuit. Non, la nuit, tu fais un simple contrôle visuel en regardant trois choses. À chacun sa technique, mais moi, je fais comme ça : tu regardes si les barreaux de la fenêtre n'ont pas été sciés ; puis tu regardes s'il n'y a pas de flaque de sang sur le sol ; en dernier, tu vérifies que personne n'est pendu à la potence de la télé. C'est tout. Qu'est-ce que tu veux faire d'autre ? Imagine que tu réveilles les gars toutes les deux ou trois heures… Tu pourras toujours leur dire que c'est pour leur sécurité, ou je ne sais quoi… Ils vont vite devenir dingues, si tu ne les laisses pas dormir.

Il m'explique ensuite que, durant la nuit, les surveillants de base comme lui et moi n'ont pas de trousseau de clés. Seul le chef de service les détient. Si nous voyons un pendu, il faut le prévenir : il viendra ouvrir.

Lionel, la petite boule de nerfs, s'attarde à un œilleton.

– Hé, Petits-Pieds, ça va ? Putain, qu'est-ce que tu fous là ?

Un silence. Une seconde après, une voix répond :

– Hé, surveillant, c'est qui ?

– C'est le Marseillais.

La voix s'éclaircit :

– Ah ! Le Marseillais, c'est toi ? Allez, le PSG ! Aux chiottes, Marseille ! Aux chiottes, l'OM !

– Ouais, c'est ça, tu peux toujours rêver, mon gars !

La coursive du QD s'échauffe joyeusement. Les sept autres détenus, qui jusque-là n'avaient rien dit, commencent à leur tour à crier : « Marseille, Marseille, on t'encule ! Marseille, Marseille, on t'encule ! » Lionel n'est plus un « enculé de surveillant », mais un « enculé de Marseillais » ! Content de son coup, il hurle : « *Paris is tragic !* » Les cris deviennent assourdissants. J'ai l'impression d'entendre des gosses dans une cour de récréation.

Je rigole, tout étonné qu'un surveillant et des détenus puissent se chambrer comme des supporters. Au stade, ils se seraient tapé dessus ; ici, tous se marrent !

Je me rends compte pour la première fois que la prison n'est pas aussi terrible qu'on le croit. Il y a aussi de la complicité, des moments de franche rigolade.

Nous ressortons du bâtiment. Aux fenêtres, des voix étouffées continuent de déblatérer contre l'Olympique de Marseille.

Une heure plus tard, je sors de la taule dans l'air tiède et l'odeur des moissons. Encore cette étrange impression de retrouver une vie qui continue sans moi. Une moissonneuse travaille sous le ciel déjà piqué d'étoiles. Des voitures passent de temps à autre sur la départementale.

Il est tard, et l'idée de rentrer chez moi pour seulement quelques heures de sommeil ne m'enchante guère. Ma petite chambre fera très bien l'affaire pour cette nuit.

Mon colocataire, assis sur son lit, parle très fort dans son téléphone portable à sa fille de cinq ans qui ne veut pas se coucher. Il me fait un petit signe de tête en guise de bonsoir.

J'ai envie de silence. Je crois un instant qu'il va cesser de parler, ou simplement quitter la pièce. Je ferme les yeux. Vain espoir. Sa voix continue, puissante, nasillarde. Il ne bougera pas. J'ai mal aux jambes, aux cuisses, au dos ; le sang bat à mes tempes. Je jette mes rangers dans un coin et sors du petit frigo une boîte de tomates-cerises, une part de quiche, des chips et une bouteille de Coca bien fraîche. Je mange à lentes bouchées en essayant de focaliser mon attention sur les pages du livre que je viens d'ouvrir. J'ai déjà la tête lourde, les paupières qui se ferment. La voix de l'autre stagiaire m'empêche de me concentrer. À la deuxième page, je ne sais déjà plus ce que je lis. Je me couche. Il n'est pas encore 22 heures.

4

« J'aime ce que je fais, même si on n'est pas aimés à l'extérieur »

13 heures. Je prends mon service. Les deux chefs du bâtiment ont leur regard des mauvais jours. La mâchoire serrée, l'œil noir, les mains tapotant nerveusement son bureau, Alain se cantonne dans un mutisme qui ne présage rien de bon. Quant à Gabriel, son supérieur, il nous toise sans rien dire tout en jetant de temps à autre un regard furtif à son adjoint.

On dirait Laurel et Hardy : Alain, le maigrichon, et Gabriel, le gros tout en rondeurs dont le ventre a basculé du mauvais côté de la ceinture.

Je dégouline de sueur, coincé entre d'autres surveillants tout aussi ruisselants que moi. La température avoisine les 40 degrés, et le ventilateur posé dans un coin mouline péniblement l'air moite de la pièce.

Silencieux, en bons petits soldats, nous sommes six à attendre que la tempête éclate.

Je suis arrivé il y a peu, mais d'après ce que j'ai vu, Alain-Laurel, plutôt timoré, n'est pas du genre à se mettre à dos surveillants et détenus. Il préfère se retrancher dans son bureau et rouler tranquillement ses cigarettes. Sa machine à rouler, son pot de tabac et ses feuilles OCB traînent sur sa table à proximité de l'ordinateur.

Tout le monde se tait, tout le monde attend. Aucun des deux chefs ne se décide à parler. Enfin, Alain desserre les lèvres. La parole de Dieu descend sur nous :

– Bon, d'abord, toutes les chaises qui sont dans le PIC doivent disparaître ! Je vous rappelle que vous ne devez pas y rester durant le service !

Le PIC, ou poste d'information et de contrôle, est le local ultrasécurisé d'où un surveillant ouvre les portes à distance, l'équivalent du « rond-point » à Fleury-Mérogis. En théorie, il est interdit d'y traîner. En fait, tous les matons s'y retrouvent pour boire le café et jouer aux cartes. Alain poursuit :

– Dans les bureaux de chaque étage, je veux que vous débarrassiez tout le bordel qui traîne, c'est n'importe quoi ! Et je veux aussi que vous fassiez le tour de tous les offices avec les auxis pour dresser l'inventaire des fours et des plaques de cuisson cassés.

Nous l'écoutons, surpris, en échangeant des regards à la dérobée. C'est la première fois que je vois le chef dans un état pareil.

– Et puis, vous surveillez particulièrement les appels à la prière ! Je ne veux aucun regroupement religieux ! Il est interdit de prier à plusieurs s'il n'y a pas quelqu'un d'habilité par la Pénitentiaire pour encadrer ! C'est clair ?

Un maton risque un trait d'esprit en mentionnant la salle de prière de la taule :

– Des regroupements religieux, il y en a un tous les dimanches matin, chef ! Je peux même vous dire où…

On se décrispe un brin. Le surveillant pouffe de sa propre blague. Laurel l'assassine du regard.

Quelques minutes plus tard, je ressors avec Christian, le surveillant avec qui je travaille cet après-midi. Lui aussi est tout étonné de ce zèle inopiné. « Le chef a dû se prendre une soufflante par un supérieur, parce qu'il n'a jamais été comme ça. Si tu veux mon avis, ça sent l'inspection d'ici peu. » Christian a les yeux qui pétillent, les joues qui rosissent légèrement quand il rigole. Il est arrivé dans la Pénitentiaire un peu par hasard il y a déjà six ans. Il me raconte qu'avec sa maîtrise d'économie il avait trouvé, en août 2001, un bon emploi dans une boîte d'informatique : salaire satisfaisant, travail intéressant. Il pensait déjà à la maison qu'il s'achèterait près de Rennes. Un mois tout juste après son embauche, les avions percutent le World Trade Center. « Tout s'effondre... les tours, et ma carrière ! » La bulle Internet éclate. La crise économique s'installe. Dernier arrivé, premier parti. Son employeur le licencie. Tout est à refaire. « C'est dommage, parce que j'aurais eu un super-salaire. Certains commençaient à 6 000 euros net ! »

Avec son ancienneté et son grade de simple surveillant, il en gagne environ 1 600 net par mois. Moi, l'Administration pénitentiaire me verse 1 200 euros net tant que je suis en formation à l'Enap, et devrait me payer 1 400 euros, sans les heures supplémentaires, à ma sortie de l'école.

Ce qui fait la différence, dans la Pénitentiaire, ce sont les heures sup. Dans une maison d'arrêt bondée, certains peuvent faire jusqu'à quarante heures de plus sur un seul mois. La paye est bonne mais la vie de famille exécrable, d'autant que les surveillants n'ont pas le droit de refuser de travailler. Dans un centre de détention plus calme, comme Châteaudun, les heures supplémentaires sont plus rares.

La différence se fait surtout entre « poste normal » et « poste fixe ». Le « poste normal », où l'on met les nouveaux pour qu'ils « apprennent le métier », consiste à surveiller la coursive et à répondre aux détenus. C'est le travail le plus éprouvant. Le « poste fixe », attribué aux gardiens les plus anciens, est plus tranquille : il s'agit de superviser les ateliers, la préparation des repas, la distribution du courrier ; les surveillants sont peu en contact avec les détenus, ils ont leurs week-ends et ne travaillent pas de nuit.

En plus d'occuper les postes les plus durs, les jeunes recrues comme moi s'engagent à servir l'État durant trois ans minimum. Si nous démissionnons avant, nous devons rembourser la totalité de notre formation, soit environ 6 000 euros.

Sans travail, Christian devient donc gardien : « Pour manger. » Vu son niveau d'études, il pense un temps passer les concours de lieutenant et même de directeur de prison. Pour cela, il lui faut réviser le soir, après le travail, quand tous les autres vont faire du sport ou se calent devant leur télé. Il abandonne faute de motivation suffisante. « Je ne m'en plains pas.

J'aime ce que je fais, même si on n'est pas aimés à l'extérieur. » Dans quelques mois, il sera envoyé à la nouvelle prison de Rennes. Il a tout de même réussi à trouver une maison.

Nous profitons des heures mortes de l'après-midi pour faire le tour des quatre offices de l'étage et lister ce qui ne va pas, comme l'a demandé le chef. Nous sommes bien les seuls. En bas, tous les autres surveillants ont regagné en catimini le PIC « interdit ».

L'office est une vaste cuisine avec four, plaques de cuisson et évier où les détenus libres de circuler peuvent venir cuisiner dans la journée : ceux classés dans les régimes « amélioré » et « de confiance », ainsi que nous l'a expliqué le formateur. C'est surtout le lieu de vie, le « bistrot » de la coursive.

Nous entrons dans la première cuisine. On se croirait au camping : une table, un évier, un vaste plan de travail en Formica, des étagères encombrées de bouteilles d'huile, d'épices, de paquets de riz et de pâtes. Deux détenus nous expliquent qu'ils ne peuvent faire fonctionner simultanément le four et les plaques de cuisson. Sinon, le courant saute. Christian inscrit consciencieusement dans un cahier tout ce qui ne va pas.

Dans le deuxième office, c'est le four qui ne marche pas. Quatre prisonniers se partagent un gâteau au yaourt dans une ambiance de colonie de vacances. Le plus grand, un Gitan édenté d'une centaine de kilos, les bras couverts de tatouages, me demande si j'en veux une part. « Il est superbon ! » Je décline à regret en pensant à ce qu'on m'a dit à l'Enap : ne rien accepter.

Dans le troisième office, le câble d'une des plaques de cuisson a été sectionné. Un reste de ratatouille macère dans une casserole, des couverts sales traînent un peu partout, des dizaines d'assiettes sont empilées dans l'évier, des restes de nourriture ont séché sur le plan de travail. Christian s'énerve et décide de fermer l'office à clé : « Ils doivent le garder propre. »

Quinze minutes plus tard, un détenu m'appelle alors que Christian se trouve à un autre étage : « Surveillant ! Vous pouvez venir, s'il vous plaît ? J'ai des cafards plein ma cellule ! »

Avec un manche à balai, il tapote le luminaire en plastique fixé au plafond. Des centaines d'insectes cachés à l'intérieur s'enfuient en tous sens. Il me montre ensuite un vaporisateur d'eau javellisée aux trois quarts vide : « Je leur ai balancé tout ce que j'avais, mais ce n'est pas suffisant. Vous pouvez faire quelque chose ? »

Je promets d'appeler la maintenance. Un surveillant qui passe à ce moment-là me conseille de laisser tomber. Plus je vais en faire, plus les détenus vont me solliciter. Inutile de se tuer à la tâche. J'appelle tout de même. On m'assure qu'un technicien passera.

La cellule contaminée jouxte l'office où se réfugient d'ordinaire les bestioles. C'est un cercle infernal : pour protester contre leurs conditions de détention, les détenus jettent par les fenêtres la nourriture qu'ils ne mangent pas plutôt que de la mettre à la poubelle. Les restes de repas moisissent alors au pied des murs et attirent chats, rats et pigeons, mais aussi ces cafards qui viennent se glisser jusque dans les cellules, renforçant l'insalubrité des bâtiments. Et pour protester contre cette dégradation, les détenus jettent à nouveau leurs restes de nourriture...

Un autre prisonnier me demande quelques minutes plus tard un formulaire pour une permission de sortie. Je fouille sans succès les tiroirs et le placard de mon bureau. Rien. Je demande aux autres étages. Rien non plus. Même chose dans le bureau des chefs. Le détenu s'éloigne : ça fait déjà trois jours qu'il demande.

Je n'ai pas le temps de m'asseoir qu'un auxi du service général débarque à son tour sur la coursive en poussant un énorme chariot chargé de sacs plastique contenant des œufs, de l'huile, des gâteaux, du chocolat, des yaourts, des canettes de soda... Ce sont les « cantines » que peuvent acheter les détenus chaque semaine. Je l'aide à distribuer. Alors que nous sommes déjà passés dans une dizaine de cellules, de nouveau quelqu'un m'appelle. Le nombre de canettes qu'on lui a distribué n'est pas le bon. Il veut tout rendre. Je lui explique que ce n'est pas possible : il a déjà éventré le sac plastique contenant ses provisions, et je ne sais pas s'il dit la vérité ou s'il a caché les canettes. Avant d'ouvrir leur sac, les prisonniers doivent pointer tout son contenu à l'aide d'un ticket épinglé dessus.

À nouveau quelqu'un m'appelle. Je commence à en avoir marre. Je ne me suis pas assis depuis des heures. « Surveillant ! Pourquoi notre office est fermé ? »

Je m'approche. Ouled, une montagne de muscles et de nerfs aux bras scarifiés, qui empeste l'eau de toilette bon marché, me dévisage, le regard fixe. Son œil gauche a été remplacé par une prothèse en verre. Je m'empêtre dans un début de réponse.

Heureusement pour moi, Christian réapparaît juste à ce moment-là et répond au colosse :

– Je l'ai fermé parce que c'était dégueulasse. J'ai prévenu le chef.

– Putain, c'est l'auxi qui ne fait pas son travail, c'est pas nous !

Christian ne se laisse pas impressionner :

– Non, ce n'est pas comme ça que ça se passe. Le règlement dit que l'auxi ne doit nettoyer que le sol de l'office ; pour le reste, c'est aux autres, tous ensemble, de nettoyer ; pas à lui.

Des détenus attirés par les vociférations d'Ouled commencent à protester à leur tour. Rien à voir avec la joyeuse cacophonie de la veille, quand Marseillais et Parisiens s'insultaient. D'autres encore ne cessent de sortir de leur cellule et de nous entourer. Le groupe se resserre encore un peu sur nous quand Saker arrive. Je ne l'ai encore jamais vu. Longiligne, athlétique, la démarche assurée, survêtement impeccable signé d'un petit crocodile Lacoste, l'air impérial, il a pris quatre ans pour trafic de drogue. À ce que je crois comprendre, c'est le chef officieux de la coursive. Les voix s'éteignent à son approche. Les regards se fixent sur lui. Ouled se détend. Sourcils froncés, le menton dans une main, Saker écoute Christian en hochant la tête et en faisant de petits « mmmh mmmh ». En une phrase, il règle le problème : « Vous rouvrez l'office et on vous nettoie tout ça, surveillant ! »

Ouled, le monsieur Muscles de la coursive, se met en quête d'un balai, et les autres se dispersent pour aller chercher des produits d'entretien. Vingt minutes plus tard, l'office est remis à neuf.

Deux heures après, je quitte la prison. Pour la première fois de mon stage, je bénéficie de deux jours de repos : un vrai week-end ! Je boucle ma valise et saute dans le train pour Paris.

5

« Il s'est tout détraqué à force de s'enfoncer des trucs dans la bite »

Je m'accroche au bras de Gaëlle en descendant la rue de Charonne et son trottoir trop étroit pour nous deux. Paris a pris son visage estival avec ses rues désertes, presque silencieuses. Les pigeons colonisent le bitume et les touristes s'agglutinent aux terrasses des bistrots en mangeant des croissants à n'importe quelle heure de la journée. Le soleil tape fort sur les pavés ronds.

Je disserte sur la prison, raconte tout à Gaëlle : Ouled, le colosse à l'œil de verre, les offices, Lionel le Marseillais et « Petits-Pieds » le Parisien, ma première fouille de cellule et les fesses blanches du détenu dont j'ai déjà oublié le nom. Je lui parle du courage de quelques surveillants, de la démotivation de certains autres. Les étiquettes « gentils matons/ méchants détenus » ou « méchants matons/gentils détenus » ne collent pas avec ce que je vois, tout cela est bien plus compliqué.

Depuis que je suis arrivé à Paris, je ne parle que de « là-bas », cet autre monde perdu au fin fond de la campagne. Gaëlle m'écoute, hoche la tête en signe d'attention, sourit, me pose quelques questions. Un peu épouvantée par ce que je lui raconte, inquiète de me voir déjà fatigué. Une boucle brune lui tombe sur le visage. D'un geste, elle la glisse derrière son oreille.

Nous continuons notre marche jusqu'à la rue du Faubourg-Saint-Antoine. Personne ne nous prête attention. Je m'étonne de cette indifférence. Du sentiment de liberté ordinaire que je ressens à cet instant.

Le soir, nous allons dans un petit restaurant du côté d'Oberkampf où nous buvons du vin, trop, et je me réveille le dimanche la bouche pâteuse et le cerveau en miettes.

Je vais courir le long du canal Saint-Martin. L'air est frais, agréable. On se salue de la main entre coureurs dominicaux. Gaëlle et moi n'allons pas au cinéma, après nous être promis toute la journée d'y aller.

Et déjà je dois faire mon sac : mon uniforme, ma veste, un livre, mon rasoir et une serviette de toilette. Je prends le train de 19 h 16.

Lundi matin, retour à la prison. Je rencontre pour la première fois Josy, une surveillante qui revient de vacances. Un détenu l'aperçoit : « Vous êtes revenue, surveillante ! Comment ça va ? » Il ne m'adresse pas un regard. À côté d'elle, je suis transparent.

Josy est un bout de femme d'une cinquantaine d'années. Elle n'est pas vraiment féminine dans son treillis informe, avec sa mâchoire à angles droits, sa coupe à la garçonne, sa mèche teinte qui lui tombe sur les yeux et ses manières de chat sauvage. Un chat sauvage qui, grâce à sa voix suave et à son regard d'une incroyable gentillesse, met tout le monde dans sa poche.

Le détenu scrute le visage de la surveillante pour tenter de deviner son humeur du jour. Elle laisse planer le doute pendant une courte poignée de secondes avant de répondre de sa voix douce : « Eh oui, les vacances sont terminées : de retour au boulot. Et vous, comment ça va ? »

Comme tous les matins, la coursive sent la Javel et le désinfectant. En fermant les yeux, on pourrait se croire à l'hôpital. Josy virevolte au milieu des détenus endormis qui lui murmurent de vagues bonjours. Elle s'arrête, discute quelques instants avec un détenu qui se dirige vers l'office, lui donne du feu pour sa cigarette, remet du courrier à un autre qui la remercie d'un sourire sans dents. « Lui, me dit-elle à propos d'un prisonnier, c'est une crasse, il vient tout le temps pleurer, faut rien lui passer. » Un autre vient la saluer ; elle l'a aidé à obtenir soixante jours de remise de peine.

Elle me tend un petit sac de confiseries. Ses beaux-parents, en vacances chez elle, les lui ont apportées du Nord. Les bonbons craquent sous nos dents. Elle se ressert. Surtout, si j'ai la moindre question, que je n'hésite pas à la lui poser : elle est là pour ça. Je suis sous le charme.

On m'avait déjà dit que les femmes aidaient à apaiser la vie en détention. Elles sont plus sereines, plus détendues. Dans ce milieu viril, les prisonniers se confient plus facilement à elles.

Josy sait aussi être dure. Quinze jours avant ses vacances, un « voyou » l'a « prise pour une conne » et s'est moqué d'elle. L'affaire a tourné au vinaigre. Elle l'a renfermé sans ménagement dans sa cellule ; il a essayé d'exciter le reste de la coursive. Sans succès : Josy est trop respectée. Comme dit un détenu : « La surveillante est toujours réglo. Si elle s'énerve, c'est que l'autre en face l'a bien cherché ! »

Alors que je raccompagne Louvrier, un prisonnier souffreteux, à sa cellule, Josy prend un air affligé en contemplant le pauvre bougre. Je lui ouvre la porte. Encore cette odeur de vêtements et de pieds sales. Je remarque un quignon de pain dur sur le sol et, dans une assiette, des mégots dépiautés. Une tasse à café a laissé son empreinte brune sur la table. Aux murs : rien. Sur les étagères : rien.

Josy se désole : « Louvrier ne sait probablement même pas qu'il est en prison. » Intrigué par l'allure misérable du prisonnier, j'ai consulté son dossier peu de jours auparavant. Incarcéré pour « dégradation de biens d'autrui », ce n'est pas son premier séjour en prison. Il n'a pas de domicile et ne reçoit jamais de visite au parloir. Il a trente-huit ans, mais son visage bouffi par l'alcool et ses cernes rouges lui en font paraître cinquante.

Il vit ailleurs, dans un autre monde. Si la prison est un milieu parallèle au monde extérieur, alors Louvrier évolue dans un univers parallèle à cet univers parallèle. Quand il parle, ses mots n'ont pas de sens, sauf quand il demande un rabiot de tabac aux surveillants.

« Il est trop vulnérable, ça se lit sur son visage. Il devrait être dans un institut spécialisé. Il est totalement perdu. Il va bientôt être libéré et, à mon avis, quand il va ressortir il va se poser dans un bar et se mettre une de ces *races* ! Ça va être le coma éthylique direct ! » m'explique Josy.

Quand elle lui a demandé ce qu'il comptait faire à sa sortie, Louvrier a répondu comme une évidence qu'il irait dans un foyer. Comme toujours…

Louvrier est classé « indigent » par la Pénitentiaire, c'est-à-dire qu'il a moins de 45 euros par mois alors qu'il en faut entre 200 et 250 pour cantiner et vivre « correctement » en prison. Ils sont près de 20 000 comme lui sur les quelque 60 000 détenus des prisons françaises. Un détenu sur trois.

Je jette discrètement un regard à travers l'œilleton. Assis devant sa fenêtre, Louvrier fume la cigarette qu'il a confectionnée avec les restes de tabac contenus dans l'assiette. Il avait exactement la même position, tout à l'heure, quand je suis venu le chercher. Il vit en vase clos. Pour ne pas se faire frapper, il ne sort jamais en promenade. Il demande à être envoyé seul à la douche pour ne pas se faire racketter ses maigres effets de toilette, un morceau de savon ou un peu de shampooing, ses seuls trésors, donnés par la Pénitentiaire. Pour le protéger des autres, on l'a placé en « régime fermé », et il reste en cellule toute la journée.

« Ce gars-là, il n'a rien, et les autres essaient quand même de lui taxer du tabac », s'est insurgée quelques jours plus tôt une autre surveillante qui a pris l'habitude de lui remettre ses propres mégots, qu'elle conserve dans une petite boîte en fer.

Arrive l'« auxi des abords », un détenu en bleu de travail chargé de nettoyer chaque matin l'extérieur des bâtiments. À l'aide d'un grand râteau, il ramasse les barquettes de repas vides, les papiers gras, les mégots, les journaux et les sacs en plastique que les autres taulards ont jetés par les fenêtres. Le nettoyage doit être fait tous les jours pour éviter que mouches et corbeaux viennent occuper les lieux.

Alors que l'auxi s'active sur un bout de pelouse jonché de détritus, mon Motorola crépite : « À tous les bâtiments, blocage des mouvements ! On amène un détenu au quartier disciplinaire ! »

Le « blocage » a une signification claire : interdiction à tous les autres détenus de croiser celui que l'on « monte au château », pour éviter un début d'émeute.

Tous ceux qui sont à l'extérieur doivent rentrer. Je ne suis pas très sûr de la procédure et, dans le doute, je demande à un jeune surveillant du PIC si cela concerne aussi l'« auxi des abords ». Il me répond que ce n'est pas la peine de le faire rentrer.

Un gradé s'arrête net à la vue de l'auxi resté sur son carré d'herbe. Il me fusille du regard en me demandant ce que fout ici « ce putain de détenu », comme s'il s'agissait d'un vulgaire sac de pommes de terre. « On m'a dit de le laisser là. » L'auxi nous regarde nous expliquer à son sujet sans mot dire.

Le chef s'esquive. Je reste là, décontenancé. Un gardien parti se renseigner auprès du surveillant du PIC revient me dire le plus sérieusement du monde qu'on ne m'a jamais ordonné de ne pas rentrer le détenu.

La phrase me tue ! C'est à se taper la tête contre les murs ! Il faut donc se méfier non seulement des détenus, mais aussi de ses collègues. Ici personne ne prend de risques inutiles, surtout pas pour un stagiaire tout juste débarqué de l'école.

Un vieux gardien m'avait déjà averti : « Tu verras, quand tu arrives dans une prison, ce n'est pas facile. Tu dois faire ta place auprès des détenus, auprès de la hiérarchie, mais aussi et surtout auprès de tes collègues. »

Pour la première fois, je suis en train de me faire dépasser par mon rôle de maton. Je devrais être indifférent à ce genre de mesquinerie, et pourtant je suis vexé comme un gosse. Ce coup bas du niveau de l'école primaire me met hors de moi. C'est injuste, régressif, infantile !

Je laisse tomber cette histoire stupide. À l'intérieur, l'odeur de Javel s'est dissipée, Josy a disparu. Tout est sale et froid. Je longe les cellules en essayant de mémoriser leurs emplacements sur la coursive et les noms de leurs occupants.

Il y a un grand Martiniquais à la joue balafrée et au bonnet rasta qui ne parle presque jamais. Un gardien a noté dans le cahier de surveillance qu'il lui arrivait de « grimper sur son lit en imitant le chien ou le singe ».

Un autre, le teint blême, les joues caves, une « pleureuse », se plaint tout le temps. Il est là, me dit-on, pour avoir « pointé une gamine » : un violeur. Sa cellule empeste les oignons cuits. J'en ai la nausée. En prison, il s'est trouvé une nouvelle famille : la religion catholique. Il collectionne les images pieuses, qu'il a collées sur son mur, comme un gosse les timbres-poste. Les jours de passage de l'aumônier, il se tient tranquille et sourit à tout le monde.

Un « voyageur » de dix-huit ans, trois poils au menton, a été incarcéré pour conduite sans permis. Il fait partie d'une famille de Gitans de la région. Plusieurs de ses cousins sont incarcérés ici.

La coursive compte également un toxicomane émacié et marmoréen qui sort de sa cellule uniquement pour se rendre à l'infirmerie, et un autre, quarante ou cinquante ans, qui dort toutes les nuits sur le sol plutôt que sur son matelas, qu'il a transformé en étagère. Lui est là pour une histoire de chéquiers volés.

Un autre Gitan, teigneux, aux sourcils fournis et à la bouche pleine de chicots, ne sait pas écrire. Il vient de changer de cellule et demande très sérieusement s'il n'est pas possible de faire repeindre les murs.

Il y a enfin un inquiétant personnage aux cheveux longs et gras. Incarcéré pour viol et séquestration, il se promène toute la journée avec une sonde urinaire reliée à une poche en plastique qu'il fait vider chaque jour à l'infirmerie. « Il s'est tout détraqué à force de s'enfoncer des trucs dans la bite ! » m'a expliqué Josy.

6

« Ne touche à rien : il a le sida ! »

Dimanche. Le paysage défile, chaque semaine identique. Les champs de colza succèdent aux emblavures. Après quelques trajets en train entre Paris et Châteaudun, j'évalue, d'un simple coup d'œil jeté par la fenêtre, le temps qu'il me reste avant d'arriver. Nous approchons de Bonneval : ses constructions en pierre de taille, ses arbres touffus, l'eau sombre du Loir qui traverse la ville en plusieurs canaux. Je serai à Châteaudun dans dix minutes.

Je retourne à mon ordinateur pour mettre à jour mes notes de la semaine écoulée. Dans cette enquête, le temps est devenu un adversaire insidieux. J'essaie, autant que possible, de transcrire tous les soirs les événements de la journée. Malheureusement, je m'endors souvent, totalement épuisé, avant même d'avoir commencé. Je travaille à la prison de six à sept heures par jour, sans compter les deux heures de trajet quotidien. À cela il faut encore ajouter environ deux heures devant mon ordinateur. Alors, souvent, je me rattrape en écrivant dans le train, comme aujourd'hui, ou chez moi durant mes jours de repos.

Le TER s'arrête en gare. Je suis arrivé.

La détention tourne au ralenti, comme tous les week-ends. Pas d'activités, pas de formation, pas de travail, pas de sport. Les détenus font les cent pas sous les néons des coursives.

Dans la cour de promenade baignée de soleil, plusieurs prisonniers, allongés sur le bitume, se font bronzer, le corps enduit de crème solaire. Ce petit air de Châteaudun-Plage fait grogner les surveillants restés à l'intérieur.

J'ai chaud, et mon corps n'est déjà plus qu'une matière poisseuse à laquelle colle mon polo. Je m'éponge le front du plat de la main. La climatisation est cassée.

Lionel, le surveillant supporter de Marseille, peste contre les chefs qui menacent d'interdire définitivement l'accès aux PIC. Il parle de faire une grève du zèle, d'appliquer à la lettre le Code de procédure pénale, de fouiller les cellules à tout bout de champ. « Ah, ils veulent jouer aux cons ? C'est sûr que je vais t'en ramener, du shit et des portables ! Pour ça, ils vont être contents, les chefs ! Par contre, il faudra pas qu'ils s'étonnent si les voyous deviennent fous ! »

Les autres hochent la tête : « Faut pas que tu sois tout seul à le faire. Faut que ce soit collectif, sinon ça marchera pas ! » En théorie, chaque surveillant doit fouiller une cellule par jour. D'après ce que j'ai observé jusqu'ici, cette règle n'est pas plus appliquée à Châteaudun qu'à Fleury-Mérogis. Manière, pour les gardiens, d'acheter la paix sociale et d'éviter les embrouilles. Beaucoup ne prennent plus le risque de recevoir un coup de lame ou de se battre pour dénicher du cannabis ou une puce de portable.

Lionel s'élance hors de sa chaise en m'entraînant à sa suite : « Viens, grand, on va aller les faire, ces fouilles ! » Les téméraires de tout à l'heure préfèrent rester sur leur siège.

Dans une première cellule, un Maghrébin se lève, indolent, à l'annonce de la fouille. Il saisit sa tasse à café, une cigarette, et sort en chaussettes sur la coursive. Je lui demande s'il ne veut pas au moins mettre ses claquettes aux pieds, car le sol est sale et froid. « Non, c'est bon, me répond-il avec un sourire fatigué. J'ai l'habitude. »

À l'intérieur, Lionel me met en garde : « Ne touche à rien : il a le sida ! »

Comment le sait-il ? Nous n'avons pas accès aux dossiers médicaux, même si les nouvelles vont vite en prison. Un maton aura sûrement identifié les médicaments de la trithérapie et en aura fait part aux autres.

Lionel ne fouille jamais cette cellule, même avec des gants. Il suffit d'une seringue oubliée dans un coin pour être contaminé. Le mur bleu clair est constellé de petites taches blanches : les détenus se servent de dentifrice pour fixer leurs photos aux murs. Le mobilier est toujours le même : le lit, la table, la chaise. Les boîtes de petits pois, de maïs et de sardines à l'huile entassées sur l'étagère montrent que ce prisonnier a un peu d'argent.

Lionel soulève du bout des doigts quelques objets, dérange un dessin d'enfant accroché en haut du lit, passe rapidement la tête dans le recoin toilettes. La cellule a beau être bien rangée et plutôt propre, la température, qui avoisine les 40 degrés, rend là aussi l'odeur intenable. Le Maghrébin revient. Lionel l'attire légèrement en retrait et lui demande s'il n'a pas un « tuyau » à lui lâcher. L'autre fait non de la tête. En réalité, il a bien « quelque chose », mais ne veut pas le dire en ma présence. Pas question de jouer les informateurs devant un inconnu, même si c'est « un gars en bleu ».

Plus tard dans l'après-midi, il expliquera à Lionel que le prisonnier qui loge juste au-dessus de sa cellule a un téléphone portable avec lequel il appelle sa femme tous les mardis soir. L'autre refuse de le lui prêter. Le balancer constitue une petite vengeance.

Lionel veut me montrer quelque chose : « On va rigoler un bon coup ! » Nous nous retrouvons devant la porte de Louvrier, le clochard qui roule ses cigarettes avec des restes de mégots. Installé devant sa fenêtre, comme à son habitude, il regarde la télévision, puis le ciel. La télévision. Le ciel. Il fume un cigarillo à l'odeur de vanille grillée. Sa cellule est toujours aussi nue, le quignon de pain sur le sol n'a toujours pas été ramassé.

« Bon anniversaire, mon gars ! » lui dit Lionel en m'adressant un clin d'œil complice. Louvrier a eu trente-huit ans trois jours auparavant. Il reste interdit pendant quelques secondes, cligne des yeux comme un gros poisson-chat avant de prononcer un sourd « merci ».

Lionel lui demande comment il va. Louvrier nous regarde sans nous voir, comme s'il entendait des voix sans pouvoir en déterminer l'origine. Il tire une nouvelle bouffée de cigarillo, cligne encore des yeux, gratte une plaque rouge dans son cou. Sa réponse n'a rien à voir avec la question : « Hier soir, y avait trois pornos à la télé… trois à la suite ! »

Lionel me fait un nouveau clin d'œil, façon de dire que le spectacle commence. Il mime un homme en train de se masturber : « Et alors, t'as regardé ? C'était bon ? » Louvrier poursuit comme s'il n'avait pas entendu la remarque. Un surveillant a regardé les pornos, il le lui a dit. Et un autre est venu le voir dans sa cellule et lui a payé le café et un petit « bédo », autrement dit un joint.

Son histoire le fait sourire de toutes ses dents jaunes. Il divague à demi. Difficile de cerner la vérité. Sur une feuille de papier posée devant lui, il s'applique maintenant à recouvrir au stylo noir des lignes déjà tracées en tous sens au crayon. Il me demande si je trouve ça joli. J'acquiesce de la tête avec un sourire compatissant qu'il ne perçoit pas ; il est déjà retourné à son dessin.

Il continue en tenant des propos totalement décousus, parlant de téléphones portables et d'armes à feu. Je crois qu'il s'agit là de scènes vues à la télévision. Nous quittons la cellule.

Les parcours comme celui de Louvrier, Lionel les connaît par cœur : « Il retournera en centre d'hébergement, il se battra parce qu'on lui aura volé ses affaires, et il reviendra ici. Comme d'habitude. De toute façon, la réinsertion, c'est pas possible, ici ! T'as vu les conditions ? C'est même pire : c'est l'inverse ! »

Nous nous asseyons dans le petit bureau du rez-de-chaussée où s'accumulent les téléviseurs défectueux, toujours pas réparés. Un des postes, bricolé par un surveillant pour capter le satellite, diffuse les images du championnat du monde d'athlétisme. Le bureau est aussi spartiate que les cellules.

Mis à part les téléviseurs, il n'y a qu'une armoire, une fontaine à eau, une table avec un ordinateur et un téléphone. L'ordinateur permet de consulter le logiciel de l'Administration pénitentiaire qui sert à rédiger les rapports, à consulter la répartition des cellules et les fiches pénales des prisonniers. Elles contiennent de nombreuses informations : les interdictions de communiquer entre détenus, leur adresse, les raisons de leur emprisonnement, s'ils mangent ou non du porc, s'ils sont dépressifs ou suicidaires, qui vient les voir au parloir, les condamnations précédentes...

Un surveillant m'a dit il y a quelque temps que Guy Georges, le « tueur de l'Est parisien », était passé par Châteaudun à la fin des années 1990. « Il sortait en permission, allait tuer et revenait sagement ici. Il passait le balai dans le local où son portrait-robot était affiché ! »

Lionel regarde quelques instants les images des sportifs courant sur la piste. Dans une autre vie, il vendait des guirlandes lumineuses : « J'ai dû changer de boulot et je me suis retrouvé ici, à Châteaudun. » Je lui demande ce qu'il ferait s'il avait le choix. La question fait naître sur ses lèvres un sourire songeur. Sa femme attend un bébé pour novembre, il a acheté une maison à crédit et vient même de s'installer un « home cinéma ». Alors, penser à une autre vie... Il hasarde tout de même une réponse : « Si j'avais le choix, je ferais autre chose. Les mecs qui vendent des lumières, aujourd'hui, ils n'y connaissent rien. Moi, je m'y connaissais, j'aimais vraiment bien ça. Je referais un truc là-dedans. »

Il se lève de sa chaise. La pause est terminée. Le temps de me servir un gobelet d'eau, et nous sommes repartis.

Nouvelle traversée de la coursive, cette fois jusqu'à la porte située tout au fond. Une petite étiquette collée par un morceau de Scotch indique : « Confiné ». Les confinés sont interdits de promenade et de télévision, punition intermédiaire quand il n'y a plus de places au mitard. Lionel connaît bien l'occupant pour l'avoir vu arriver et repartir déjà plusieurs fois. Même scène qu'une heure auparavant : « T'as un truc à me dire, avant qu'on commence la fouille ? »

Le détenu caresse la pointe de sa barbiche. Il referme le livre posé devant lui, se redresse et murmure quelque chose à l'oreille de mon collègue. En fait, il a une télé dans sa cellule, ce que lui interdit son statut de « confiné ». Je balaie des yeux la petite pièce sans voir aucun écran. Je recommence en sens inverse. Toujours rien ! Je devrais pourtant bien la remarquer, cette télé, dans ces neuf mètres carrés. Elle est cachée sous la serviette de bain qui sert de nappe à l'unique table de la pièce. Le prisonnier a ingénieusement dissimulé le fil électrique et le câble d'antenne sous des livres et des feuilles. Allongé sur son lit, un livre posé sur les couvertures, il fait semblant de lire chaque fois qu'un surveillant entre, alors qu'en réalité il regarde un film. Lionel le fixe droit dans les yeux :

– Bon, je ne vais pas te la faire. Je te l'enlève, à moins que tu me lâches une info…

L'autre secoue la tête.

– J'ai rien, surveillant.

– Bon, c'est le jeu : tu connais la règle.

– Prenez la télé, mais laissez-moi le câble de l'antenne, s'il vous plaît, parce que c'est galère d'en trouver. Il n'y en a jamais, dans les cellules.

Bons princes, nous lui laissons son câble.

7

« Vous n'êtes pas là pour les juger une seconde fois »

Beaucoup de résistants ont découvert durant la dernière guerre les conditions de vie déplorables existant dans les prisons françaises : les rats, la faim, l'humidité... En 1945, l'un d'entre eux, Paul Amor, devient directeur de l'Administration pénitentiaire. Fait inédit dans l'histoire de la prison : un ancien détenu prenait la tête de l'administration carcérale ! Objectif affiché : mettre la réinsertion au centre de sa politique. Amor instaure le « régime progressif » et quatre types d'emprisonnement en fonction de la dangerosité des détenus : observation, normal, confiance, grande confiance.

Châteaudun fonctionne encore aujourd'hui sur cette base, avec seulement trois niveaux de détention. Les prisonniers du régime de « confiance », les plus méritants, ont été regroupés dans le bâtiment C, un bloc fait de pierres et de barreaux installé à l'est de la prison, un peu à l'écart des autres, entre le terrain de sport et le mur extérieur.

Je m'y présente pour la première fois. Les autres matons m'ont prévenu que ça allait être très calme, et m'ont conseillé d'apporter de la lecture. Je traîne un livre dans mon sac.

L'intérieur a l'aspect défraîchi et vieillot de tous les autres bâtiments, à part quelques fresques colorées sur les murs, représentant des Indiens et des paysages tropicaux.

Je croise Christian, le surveillant qui a tenu tête au colosse borgne l'autre jour. Je ne l'ai pas vu depuis des semaines. Il m'explique qu'il revient d'arrêt-maladie : il s'est fait agresser.

Voilà l'histoire : un détenu refuse d'aller à son parloir. Christian et ses collègues insistent, deux, trois fois, puis le laissent là, dans sa cellule. Cinq minutes plus tard, le taulard se met à taper dans sa porte. Les matons y retournent, accompagnés d'un chef. Le bonhomme sort sur la coursive. Il se tient debout le long du mur, le gradé en face, les gardiens en demi-cercle autour de lui. Tout à coup, il fait un mouvement du bras vers le chef, comme pour le frapper. Les surveillants lui sautent dessus. Dans la précipitation, Christian reçoit un coup. Le prisonnier est immobilisé au sol. Christian se rend alors compte que le « voyou » a une arme : un manche de brosse à dents garni de deux lames de rasoir. Christian saigne. Il a été coupé derrière l'oreille. Quelques centimètres en dessous et c'est la gorge qui était touchée !

Il m'explique qu'il a porté plainte et qu'il suit depuis l'agression un traitement préventif contre le sida : « La lame était peut-être contaminée. » Je le quitte, rageur : pourquoi faut-il que ce soient les bons surveillants qui se fassent planter, alors que ceux qui jouent aux cartes sont épargnés ?

Je rencontre le surveillant du PIC, le sas sécurisé, qui m'avertit que je devrais « plaire aux détenus » du bâtiment, vu mon jeune âge… Je grimace un semblant de sourire ; je n'aime pas ce surveillant, un tas de muscles sans cervelle qui, le premier jour, nous a accueillis en nous demandant si nous préférions une turlute ou une petite sodomie des anciens pour commencer la journée. Il avait continué en racontant comment il avait proposé à d'anciens collègues de « s'arracher les poils de bite » pour les donner à fumer à un prisonnier qui demandait du tabac, et comment, une autre fois, il leur avait suggéré de « pisser dans un seau » pour le déverser sur un autre qui les « emmerdait ». Dans les deux cas, les autres avaient refusé. « C'étaient pas des rigolos. »

Déjà, quelques trognes ridées apparaissent dans l'encadrement des portes, attirées par le bruit des clés accrochées à ma ceinture. Je progresse sur la coursive où flotte une étrange odeur de bonbons pour la toux, de réglisse, de gâteaux secs et d'eau de Javel. Je ne vois là que des vieillards.

Je jette quelques bonjours à droite à gauche ; d'autres visages apparaissent, dont certains ruminent à petits mouvements de mâchoire un invisible bonbon. Ils me saluent à leur tour. Je continue de découvrir avec étonnement d'autres trognes de papys en chaussons qui tremblotent, appuyés au chambranle.

Un vieux monsieur traîne à pas de moineau ses savates usées au milieu du couloir en soufflant bruyamment. Un autre claudique en s'appuyant sur une béquille comme un lépreux et s'arrête une seconde pour me regarder passer. Un tout petit homme vêtu d'un pantalon de toile et d'un gilet écossais me salue d'un signe de tête. Sa cellule sent aussi les pastilles à la menthe et la lavande. Un calendrier de La Poste illustré de chevaux au galop est accroché au mur. Sur la table, des petits napperons brodés, quelques fleurs dans un vase, un magazine télé.

Dans la cellule d'à côté, je remarque sur une chaise un exemplaire de *La République du Centre* et, sur une table, encore des napperons et un paquet de « langues de chat » à demi entamé. L'occupant regarde la fin du journal de Jean-Pierre Pernaut.

Les deux vieillards qui occupent la cellule suivante sont penchés sur une partie de dames. La télévision est allumée, mais sans le son. Un petit poste de radio diffuse une chanson inaudible.

Plus loin, un homme fripé comme une vieille figue est assis sur son lit ; il est en train de rajuster ses bas de contention. On le surnomme « la Suceuse ». Un surveillant en rajoute : « Il lui suffit d'enlever son dentier, et après il te fait ce que tu veux ! »

Tous ces hommes rabougris, qui ont entre soixante-dix et quatre-vingts ans, sont des « pointeurs ». Des violeurs, des pédophiles, condamnés sur le tard, souvent à de longues années de prison. Il y a là des grands-pères, un curé, quelques instituteurs, d'autres dont je ne sais rien. Le plus âgé a quatre-vingt-neuf ans. J'interroge les visages en passant de cellule en cellule : ils se ressemblent tous, ils sont tous cabossés et ridés.

On les a regroupés là, au rez-de-chaussée, pour qu'ils n'aient pas d'escalier à monter. Pas de lits superposés non plus, pour qu'il n'y ait pas de « guéguerre pour le lit du bas ». Ils sont vieux, avec des soucis de vieux, les barreaux en plus. Dans son rapport daté de 2000, le Sénat notait qu'en vingt ans le nombre des détenus de plus de soixante ans avait été multiplié par cinq.

Je les dévisage, troublé. Ce qu'ils ont fait est horrible et me dégoûte. Dans le même temps, la petite phrase de Fleury-Mérogis me trotte dans la tête : « Vous n'êtes pas là pour les juger une seconde fois. » Ces vieillards qui ne m'inspirent aucune bienveillance vivent ce que le Sénat a qualifié de « double peine ». Ce sont les proscrits, les damnés de la prison. Les matons les méprisent, les autres prisonniers les détestent encore plus. On ne leur parle pas, ou seulement quand on y est obligé. Ils ne sortent pas en cour de promenade, ne quittent jamais leur aile, ne croisent pas les autres détenus. Chaque midi, l'infirmière passe avec son chariot et s'arrête quelques secondes aux portes pour la distribution de médicaments. Ils tendent de petits flacons vides qu'elle remplit de gélules colorées. Voilà le principal, et souvent le seul, événement de leur journée. Elle repart. Ils retournent à leur programme télé, à leurs mots croisés ou à leurs grilles de Sudoku, et au café qu'ils s'invitent à boire d'une cellule à l'autre. C'est là leur vie, ou ce qu'il en reste. Certains mourront ici. La loi Kouchner de 2002 a tenté de limiter le phénomène en permettant la suspension des peines si la santé d'un détenu est jugée préoccupante et « durablement incompatible avec la détention ». Cette loi a permis à Maurice Papon d'être libéré en septembre 2002, ce qui a fait hurler un de mes professeurs de l'Enap : « Papon, je l'ai eu quand j'étais surveillant : il me donnait des ordres comme s'il se croyait encore préfet ! »

8

« Il y aura du sang partout, mais ils en auront rien à foutre ! »

8 heures du matin. Je pénètre dans l'office du premier étage. La prison est encore assoupie. La fenêtre entrouverte laisse entrer une brise légère. Des pigeons juchés sur la guérite d'en face roucoulent au milieu des immondices jetées dehors. Il y a quelques jours, Michèle Alliot-Marie, ministre de la Justice, venue visiter la prison d'Orléans, a promis, pour enrayer la vague de suicides, des pyjamas en papier et des draps qui ne pourront pas brûler. Les collègues ont haussé les épaules : « Ce genre de plan, c'est un truc de politique pour calmer les médias. Ça ne changera rien. Comme d'habitude ! »

Assis dans le contre-jour de la lucarne, Saker, le trafiquant de drogue qui a fait nettoyer l'office en un clin d'œil voilà quelques semaines, boit son premier café de la journée, les traits encore gonflés de sommeil, une cigarette déjà allumée entre les doigts. Il lui reste une semaine à tirer. Une petite semaine, et il sera dehors… pour quelque temps du moins, car une seconde affaire lui pend au nez et pourrait bien le faire renvoyer aussitôt derrière les barreaux.

Il est seul dans l'office désert avec un autre détenu, trafiquant lui aussi. Un original : alors que tous les autres fixent au mur des photos de Mesrine et de Tony Montana, lui a punaisé un poster de Bambi au-dessus de son lit !

Saker me demande si je sens « la pression qui monte ». Je lui fais répéter la question, pas certain d'avoir bien saisi. Quelle pression ?

« La pression qui monte entre détenus et surveillants. Un peu plus chaque jour, jusqu'à ce que ça explose, vous allez voir ! » Lui, si calme au moment du ménage de l'office, me paraît surexcité ce matin. « Celui-là, par exemple, me dit-il en me montrant l'autre détenu, la semaine dernière un gardien l'a mis en parloir Hygiaphone sans raison, simplement parce qu'il ne l'aime pas. Sa famille avait fait quatre cents kilomètres pour venir le voir, et on le met derrière une vitre ! Il y a de quoi devenir dingue. »

Le second détenu écoute narrer sa mésaventure sans mot dire, préférant laisser parler Saker, celui qui cause bien. « Le pire, ajoute ce dernier, c'est que personne ne s'est excusé ! On lui a juste dit après coup que c'était une erreur, et que ça ne se reproduirait pas la semaine suivante. »

Saker me désigne à présent la cellule mitoyenne à notre gauche, occupée par un détenu qui a pris dix ans pour transport de cocaïne. « L'autre jour, sa femme est venue le voir, et un surveillant les a surpris en train de faire la "chose". Au lieu de cogner à la vitre pour qu'ils arrêtent, ce que tout le monde aurait pu comprendre, le gardien a préféré lui coller un rapport et un parloir Hygiaphone. Le gars a pris dix ans : vous croyez qu'il va se contenter de s'asseoir pendant dix ans au parloir et de toucher le bout des doigts de sa femme ? Ils sont mariés ! C'est normal de vouloir faire l'amour avec sa femme, non ? »

Il tire une longue bouffée de sa cigarette, renverse la tête en arrière, expire la fumée. Les volutes s'étirent dans un rai de lumière. Je le dévisage longuement, sans savoir quoi dire. Ce qu'il me raconte me désespère aussi. Peut-être en rajoute-t-il pour impressionner le stagiaire que je suis ? Je n'en sais fichtrement rien. Depuis que je suis en prison, je me méfie de tout.

La Pénitentiaire construit maintenant des UVF, unités de visite familiale, de petits studios dans lesquels les détenus peuvent recevoir leur famille en toute intimité durant quelques jours. Saker me dit qu'il a demandé au chef s'il y en aurait un jour ici. On lui a répondu que ça coûterait aussi cher que de construire un bâtiment entier. Il s'emporte : « En quoi ça me concerne ? C'est pas moi qui ai les sous, alors que de l'argent pour rajouter des grillages, des murs et des barbelés, ils en ont toujours ! »

Toujours aussi remonté, il disparaît dans l'escalier pour se rendre à son parloir hebdomadaire. J'ai à peine le temps de poursuivre la discussion avec le second détenu qu'il revient, le visage fermé : il vient d'avoir un « parloir fantôme », un « fantômas », un parloir auquel la famille ne s'est pas présentée, créant une situation qui risque parfois de dégénérer. Un de mes professeurs à l'Enap avait été victime de son unique agression en vingt ans de carrière de la part d'un détenu énervé parce qu'il n'avait pas pu voir sa famille. Simple surveillant à l'époque, le professeur lui avait demandé poliment de se dépêcher. Le prisonnier avait « pété une pile » et s'était rué sur lui en lui agrippant le cou. Les deux hommes s'étaient retrouvés au sol, détenu dessus, surveillant dessous. Le taulard avait resserré son étreinte. Le maton avait suffoqué jusqu'à ce que d'autres gardiens interviennent. « Ç'a été les dix secondes les plus longues de ma vie. » Le contrecoup psychologique avait été très dur. Pendant des mois le surveillant se crispait chaque fois que le ton venait à monter au cours d'un échange avec un détenu. Il n'en avait jamais parlé à ses collègues. « Il ne fallait pas être faible, et surtout ne pas montrer ses failles. »

Saker se rassoit dos à la fenêtre et allume une nouvelle cigarette.

– Et vous êtes pas là le soir, une fois les surveillants partis… Si vous entendiez ce qui se dit ! Ça va finir par péter. La haine monte. Les mecs en ont marre. Ça monte, ça monte… Il y a trois jours, on nous a fait attendre vingt minutes sur la coursive avant de nous envoyer en promenade, et bien sûr ç'a pas été décompté. On a perdu vingt minutes, et quand on s'est plaints on nous a envoyés chier. Pareil l'autre jour : on nous a fait attendre vingt minutes dans la cour sous le cagnard. Et toujours pas d'explications. On demande pas des putains d'avantages ! On peut plus aller pisser en promenade. Des surveillants se sont aussi amusés à couper les câbles de la chaîne télé interne de la Pénitentiaire, parce qu'on leur avait dit qu'elle passait des films et qu'ils ne trouvaient pas ça normal ! Les plaques de cuisson, c'est pareil. Vous êtes passés pour noter ce qui n'allait pas : très bien. C'était il y a dix jours, et on a toujours rien changé. Je sais bien que c'est pas de votre faute à vous, surveillant, mais faut comprendre, après, que certains s'énervent.

– Comme Ouled ?

– Lui, c'est une boule de muscles, il a trop d'énergie, faut qu'il se dépense. Parfois, il se lacère le bras avec son rasoir pour se calmer, ou il tape dans les murs. Sinon, il devient fou.

Saker s'emballe. Son discours, sensé jusque-là, se détraque. Il cherche à m'impressionner.

– Les mecs, un jour, ils vont craquer et se jeter sur les barbelés de la cour pour escalader le grillage ! Il y aura du sang partout, mais ils en auront rien à foutre, parce que y aura rien à perdre ! Et ils s'enfermeront dans une aile avec des surveillants en otage, et puis ils les « ouvriront », parce qu'il y a que comme ça qu'on nous écoute. Et le pire, c'est que ce sera les bons surveillants qui se feront baiser et qui paieront pour les mauvais ! On parlera vingt-quatre heures de nous aux infos, et puis on nous oubliera. Un jour, faudra pas s'étonner s'il y a deux ou trois voitures immatriculées dans le 93 et le 94 qui se ramènent…

Il se lève, mime une scène de film :

– Ce sera comme dans *Les Princes de la ville* : « Vous aimez les noix de coco ? Eh bien, en voilà deux ! » Et boum, deux grenades dans la gueule des surveillants qui sortiront ! Ceux dans les voitures tireront dans le tas, sur les gentils et les mauvais, sans distinction !

Il n'en a pas fini. Pour lui, les surveillants sont des « guignols », des « gars de la campagne », alors que les taulards sont des « durs », des « mecs de la banlieue » ; des gars qui se battent toute l'année contre la police avec des flingues et des fusils ; des gars qui côtoient la mort et que les matons, avec leurs petits sifflets, font bien rire.

Il dit tout cela en me fixant de ses petits yeux enfiévrés. Je m'absente quelques instants pour boire et grignoter un morceau. Pour couper court à sa folie, aussi. Le gâteau s'émiette dans ma bouche ; il a le goût de sucre, de beurre et de sel. J'en oublie les avertissements de Saker. Les nuages glissent dans le ciel et dessinent de grosses taches sombres sur les champs de blé moissonnés. Toujours cette étrange sensation : dedans, dehors...

Je reviens. Entre-temps, Saker semble s'être calmé. Il reprend sur un ton posé : pour lui, le problème de la Pénitentiaire, c'est le recrutement. La police ne recrute pas n'importe qui. Ça devrait être la même chose dans les prisons. Qu'ils aient besoin de monde, il le comprend bien. Mais qu'ils embauchent n'importe qui, c'est une autre histoire.

Les pires, c'étaient les anciens, les vieux surveillants avec deux ou trois barrettes (le nombre de barrettes définissant le grade des surveillants). Eux n'en avaient plus rien à foutre et passaient leur journée à jouer aux cartes, les pieds sur le bureau.

– Ça, c'est pas normal. Ils sont pas payés pour ça !

La scène tient de la farce. Me voilà, moi, journaliste habillé en maton, en train d'écouter un détenu disserter sur la politique de recrutement de la Pénitentiaire...

Saker marque une nouvelle pause.

– Surveillant, je vais vous dire, il y a deux prisons : la prison réelle, celle qui existe parce qu'on a fait des conneries ; on a été condamné et on paye pour ça, c'est normal ; et il y en a une deuxième : la prison dans la prison. Tous les petits trucs quotidiens qu'on nous fait subir pour rien : les parloirs Hygiaphone sans raison, les retards de promenade sans motif, et les surveillants qui sont jamais là, les délais sans fin, les plaques électriques cassées qui sont jamais réparées...

Sa folie a définitivement disparu. Je retrouve dans ses paroles ce que j'observe depuis des semaines. La « deuxième prison » : tout le problème est concentré dans cette formule. La lassitude et la démotivation des gardiens, les petits riens qui s'accumulent, les brimades infimes, le mépris ambiant, l'absence de soutien de la hiérarchie... Ces petits griefs isolés, sans lien entre eux, mais qui, tous ensemble, forment un système complexe et finissent par transformer la prison en poudrière. Je lui suggère d'écrire tout cela à des organismes comme l'OIP (Observatoire international des prisons), ou au contrôleur général des prisons, ou aux associations extérieures…

Saker répète :

– Ça sert à rien. Ça sert à rien.

Puis il reprend son discours :

– Vous avez vu ce qu'Alliot-Marie veut faire ? Des pyjamas en papier et des matelas qui brûlent pas ! Laissez-moi rigoler ! Les gars qui veulent mourir, ils trouveront toujours une solution. Vous voulez savoir ce qu'ils vont faire ? Ils se poseront sur leur lit, ils se feront deux entailles, une de chaque côté de la gorge, juste sous les oreilles, et ils se videront en quinze minutes en regardant la télé. Non, ça changera rien du tout ! Vous savez, surveillant, il me reste une semaine, je sors jeudi prochain. Eh bien, chaque soir, je regarde mon cordon de peignoir en y pensant ! Chaque soir, j'y pense… Jamais j'aurais cru que j'en arriverais là !

9

« On pense barbus et bombes dès qu'on parle de l'islam »

Une lente complainte en arabe monte d'une des ailes de l'étage. Le ramadan a commencé hier et il a fallu s'organiser. J'ai distribué des repas froids à ceux qui jeûnaient et relevé les noms de ceux qui avaient oublié d'en demander.

Je m'approche. Le chant provient de la cellule grande ouverte d'un géant noir au port de tête altier. Ses yeux dessinent deux lunes sombres au milieu de sa figure. On dirait un guerrier massaï. Il est en train de passer la serpillière.

Je lui demande poliment de baisser le son. Il joue les étonnés, sûr de ne gêner personne. Toujours calmement, je lui explique que j'entends tout depuis mon bureau et que, de toute façon, rien de religieux ne doit s'entendre sur la coursive. « Vous pouvez l'écouter tant que vous voulez seul dans votre cellule, mais les autres n'en ont peut-être pas envie. »

En prison, la loi autorise les pratiques religieuses à titre privé mais interdit les pratiques collectives, sauf si elles sont encadrées. En clair : pas de prières en groupe, à moins que ce ne soit sous le contrôle d'un prêtre, d'un imam ou d'un rabbin agréé. Mais voilà : en prison il y a beaucoup de musulmans et très peu d'imams.

Un de nos instructeurs à l'Enap voyait les mêmes détenus se rendre tour à tour aux cultes catholique, juif et musulman. La religion était devenue pour eux une activité comme une autre, l'occasion de voir les copains. « Je leur laissais quelques semaines pour choisir. Après, ils ne pouvaient plus aller qu'à une seule cérémonie. »

Un petit attroupement s'est formé autour de nous. Énervé par ce que je viens de lui dire, le détenu commence à hausser le ton :

– De toute façon, vous pouvez pas arrêter la pratique de l'islam. Vous pouvez pas l'interdire ! Si je baisse la radio, on trouvera d'autres moyens, par la parole et même par les gestes, s'il le faut. L'islam, c'est l'amour, l'amour de Dieu. C'est tout. Vous pouvez pas arrêter ça !

Je m'efforce de rester calme.

– Attendez une seconde, il ne faut pas confondre. À aucun moment je ne vous ai dit qu'il fallait « interdire l'islam » ; j'ai juste demandé que vous baissiez le son ! La religion se pratique à l'intérieur. Tout le monde n'est pas musulman sur la coursive et, encore une fois, je ne vous ai jamais parlé d'interdiction !

Il se détend, un peu déboussolé par ce que je viens de lui répondre ; il ne devait pas s'attendre à tant de modération de la part d'un maton.

Il attrape un détenu blanc par les épaules ; il veut me montrer que le gars est chrétien et lui musulman, mais qu'il n'y a aucun problème ou conflit entre eux.

– Vous avez raison, la religion est une affaire intérieure, c'est le respect et l'amour des autres. Le problème, c'est que d'habitude, en France, on pense barbus et bombes dès qu'on parle de l'islam.

Il tient sa serpillière entre ses mains, les bulles de savon flottent à la surface de son seau, le petit groupe qui s'était constitué autour de nous s'est dissous.

– Vous m'avez entendu prononcer les mots « bombes » et « barbus » ?

– Non, non, surveillant ! C'est pas ce que j'ai dit !

– Il y a forcément quelques abrutis qui mélangent barbus, bombes et musulmans, mais ils ne sont pas bien nombreux, et les préjugés sont des deux côtés. Vous aussi, vous en avez. Quand vous dites « Blancs », vous pensez tout de suite à racistes.

Il médite quelques secondes et opine du chef, d'accord avec moi.

– Mais le dialogue, c'est pas facile à mettre en place. Chaque fois que ma femme débarque à la gare de Châteaudun avec nos enfants, tout le monde les regarde comme des extraterrestres. Des Noirs, ici, dans la rue, ça fait bizarre.

Je ne sais pas depuis combien de temps nous discutons devant sa porte. Dix, quinze minutes ? Il finit par baisser le son. Je m'apprête à repartir. Il me retient encore une seconde.

– Surveillant, ça fait toujours plaisir d'avoir une conversation comme ça. Ça fait plaisir de pouvoir parler !

Je m'éloigne. Il me rappelle encore.

– Surveillant, j'ai repensé à ce que vous avez dit. Écoutez... je vais éteindre, tout simplement. Vous avez raison, ça se pratique à l'intérieur.

Dix minutes plus tard, un gringalet habillé d'un sweat sale et chaussé d'une paire de baskets trouées revient du bureau du chef. Il marmonne sans cesse la même phrase :

– Putain, fait chier ! Putain, fait chier ! Putain...

– Qu'est-ce qui se passe ?

– Les chefs, ils font chier ! Ils répondent jamais. J'ai fait une demande pour être classé travailleur aux ateliers. J'ai écrit trois fois ! Trois fois, putain ! J'avais pas de réponse, je suis allé voir directement le chef, et qu'est-ce qu'il me dit ? De lui écrire. Je vous jure, il se fout de ma gueule !

Il donne un coup de pied dans la grille et part s'enfermer dans sa cellule.

Il faut écrire pour tout, en prison : pour obtenir un entretien avec un chef, pour solliciter une permission de sortie, pour changer de cellule... Mais les réponses ne suivent pas toujours. Un jour, un prisonnier exaspéré a fini par adresser ce mot à un gradé : « Je me demande si le chef serait pas André Rieu, parce qu'il joue du violon toute la journée à nous dire des choses et à jamais les faire... S'il en donne, je veux bien prendre des cours de musique ! »

10

« Les charognards ?
– Ouais, les journalistes ! »

Baignée par la lumière crue des néons, la coursive aux murs blafards s'étend devant moi. Pas un bruit ce matin, si ce n'est la conversation étouffée de deux détenus derrière leur porte. Je m'approche en catimini.

– On va foutre le bordel ! Je vais mettre le feu à mon matelas ! Je vais tout cramer !

– Moi aussi, je vais faire flamber la cellule ! Ils ont fermé les portes, ces enculés !

La discussion est stoppée net par un coup frappé contre une porte. L'écho se répercute entre les murs. Un deuxième coup. Un troisième. Un quatrième… Tous les détenus de la coursive se mettent soudain à tambouriner en hurlant à tue-tête. Le brouhaha se transforme en vacarme. On dirait le déferlement d'une cavalerie. Certains hurlent : « La favela ! La favela ! » – le surnom dont ils ont affublé leur aile pour se donner des airs de grands bandits.

Les coups font tressauter le verrou de la porte située immédiatement à ma droite. Et si le pêne sautait, laissant la voie libre à des détenus en furie ? Je suis le seul surveillant sur l'aile ; inutile de jouer les gros bras ou de leur demander d'arrêter, ce serait jeter de l'huile sur le feu. J'opère un retrait stratégique en direction du PIC.

Il fallait s'y attendre : depuis une semaine, tout va de travers. Lors d'une ronde de contrôle dans une cour de promenade, des surveillants ont trouvé une gâchette d'arme à feu parmi les mégots écrasés et les chewing-gums séchés. Cette gâchette laissait supposer que des détenus tentaient de faire rentrer un revolver en pièces détachées.

Laurel et Hardy, les deux chefs, ont donc décidé de fouiller une à une toutes les ailes du bâtiment pour trouver les autres morceaux. Hier, c'était au tour de la « favela », et les détenus n'ont pas apprécié de retrouver leurs cellules sens dessus dessous. En signe de protestation, ils ont bouché leurs serrures avec des allumettes. Les collègues n'ont pas pu ouvrir les cellules. Pour les punir, les deux chefs ont décidé ce matin de laisser les prisonniers enfermés. Dans cette surenchère sans fin, ceux-ci se mettent maintenant à tambouriner contre leurs portes.

Le vacarme augmente encore d'un cran. Le surveillant du PIC me conseille d'aller avertir le gradé tout en me mettant en garde :

– Tu feras gaffe. Y a les charognards qui sont sur la coursive…

– Les charognards ?

– Ouais, les journalistes !

Trois hommes en civil, un cameraman, un preneur de son et un journaliste, sont en train de filmer la coursive. Le reporter, un grand gaillard au crâne dégarni, stylo accroché au col de son polo et sac en bandoulière, me tend une main énergique. Il a coincé une alarme portative à sa ceinture pour le cas où ils se feraient agresser. Ils tournent depuis six mois un documentaire sur le centre de détention.

J'aimerais bien leur demander comment se passe leur travail ici, s'ils arrivent à obtenir ce qu'ils veulent. J'ai choisi l'immersion pour contourner l'Administration pénitentiaire. Eux opèrent sous son contrôle avec, assurent-ils, « une totale liberté de mouvements ». Est-ce que je me serais engagé dans toute cette histoire pour rien ? Tout à coup, je doute.

L'envie m'effleure de leur faire comprendre que je suis moi aussi journaliste. Je me retiens pourtant. Il est encore trop tôt pour en parler à quiconque, et je me contente de les saluer poliment.

Dans l'escalier, je croise Laurel, le tout petit, qui a décidé de s'entretenir entre quat'z-yeux avec les détenus de la « favela ». Je le mets en garde contre la présence des journalistes au rez-de-chaussée. J'en rajoute même un peu pour donner le change vis-à-vis des autres gardiens. Les « charognards » rôdent.

Laurel annonce à l'équipe de tournage qu'il va réunir les détenus dans l'office pour évoquer le « bordel » d'hier et le coup des allumettes. Le journaliste demande s'il peut filmer la réunion. Embarrassé, Laurel se passe la main dans les cheveux.

– Je ne pense pas que ce soit une bonne idée, ils sont déjà énervés. La caméra va les exciter encore plus. Ils ne seront pas comme d'habitude.

Le journaliste propose d'arrêter la caméra et de se borner à mettre un micro-cravate au chef pour enregistrer les sons, juste les sons, afin de ne pas les exciter.

– Non, je ne pense pas que ce soit possible non plus.

– Et le briefing entre vous, les surveillants, c'est possible de filmer ?

– Non ! Là non plus, on n'a pas le droit.

Exaspéré par ces refus systématiques, le journaliste s'impatiente.

– Écoutez, vous me dites non, mais je sais que si j'appelle le directeur ce sera oui ! Nous sommes convenus d'une liberté totale de filmer ici.

Laurel consent à passer un coup de téléphone. Le directeur n'est pas là. Il appelle un de ses adjoints, puis repose le combiné.

– C'est non... même pour notre réunion !

Désabusé, le journaliste se dirige vers la sortie. Ultime argument :

– Contrairement à ce que vous pensez, ce documentaire n'est pas dirigé contre vous. Nous voulons montrer la difficulté du métier de surveillant.

Ça ne marche pas davantage. Au contraire : Laurel nous regarde, les autres gardiens et moi, et se fâche :

– On est là pour faire notre boulot !

– Nous aussi ! lâche, excédé, le journaliste en disparaissant par l'encadrement de la porte.

Je suis déçu pour lui. Mais tellement satisfait de m'être infiltré ! Pour raconter vraiment ce qui se passe dans les prisons, il faut être ou dans la Pénitentiaire ou détenu. Les autres ne voient que ce qu'on veut bien leur donner à voir.

Le journaliste parti, Laurel s'improvise chef de guerre. Il a un « plan d'attaque » : « On va réunir tous les détenus dans l'office et on leur expliquera qu'ils ont été "fermés" ce matin parce qu'ils ont fait les cons avec les serrures. On leur ouvrira à partir de 14 heures. S'ils recommencent, leur aile passera en "régime fermé" de façon définitive. On y va calmement, et on fait en sorte que la pression ne monte pas. »

À la quinzaine de détenus assis devant lui, le petit gradé répète ce qu'il vient de nous dire. On dirait Napoléon sur le champ de bataille. Sa voix se brouille légèrement. Le chef de guerre n'est pas si assuré que cela, malgré le cercle de surveillants à la mine grave groupé autour de lui.

Légèrement en retrait, bras croisés, jambes écartées, je prends l'air aussi méchant que possible. Comme un CRS face à des manifestants. Du haut de mon mètre soixante-dix, et avec mes soixante-sept kilos, je ne dois pas faire beaucoup d'effet.

Un détenu :

– Chef, vous avez vu le bordel que vous avez mis dans ma cellule ?

– Elle n'était pas en bordel. C'est moi-même qui l'ai fouillée. C'est la première qu'on a faite, et ç'a été bien plus le bordel dans les autres. On rouvre vos cellules à 14 heures. Si vous recommencez à faire les cons, on fermera définitivement, sur ordre du directeur. C'est clair ?

Pas un mot. Nous raccompagnons tout ce petit monde en cellule.

Hardy, le supérieur de Laurel, a assisté à la mise au point avec nous et félicite son bras droit :

– Tu étais bien, vraiment !

Il se tourne ensuite vers nous, les autres surveillants, et nous interroge comme si son collègue venait de passer le casting de la *Nouvelle Star* :

– Hein, qu'il a été bien ?

Assis à la table du jardin, mes parents regardent le soleil orangé plonger derrière la ligne d'horizon. Nous sommes à cette heure un peu lasse de l'été où la fin de repas se prolonge, où l'on confesse la journée de travail, les désirs de vacances, et où l'on se demande ce qu'on va pouvoir regarder à la télévision. Toutes les odeurs de la nuit remontent de la terre. Un enfant crie dans un jardin.

Mon père balaie d'un revers de main les miettes de pain qui restent sur la table. Il a cette pudeur mal comprise des hommes de cinquante ans qui passe pour de l'indifférence. Il s'inquiète pour moi : j'ai l'air fatigué. Je le rassure de quelques mots : tout va bien, il faut que je tienne encore. Les phrases meurent sitôt commencées. Il me dévisage encore quelques secondes de son regard lumineux, puis se lève, signalant sans mot dire que c'est le moment de débarrasser la table. D'un geste il me laisse entendre que je ne dois pas m'en occuper, qu'il faut que j'aille me reposer.

11

« Tentative d'évasion ! »

« Est-ce que tu peux me remplacer à la surveillance de la promenade ? Je ne suis pas à l'aise là-dedans... » Comment refuser quoi que ce soit à Josy ? Je file à l'extérieur. Un escalier métallique mène à la fameuse guérite de surveillance, un cabanon sur pilotis aux murs verts en tôle ondulée, avec un toit pointu qui lui donne des allures de chalet suisse.

L'abri serait très joli si ses parois n'étaient pas maculées d'œuf, de confiture, de farine et de moutarde séchés. Et si une dizaine d'abeilles ne bourdonnaient pas en permanence devant la porte. Certains gardiens ne veulent plus y monter. Quelques semaines auparavant, j'ai vu débarquer des pompiers venus en retirer un hypothétique essaim.

À l'intérieur, une radio diffuse de vieilles chansons françaises, et un ancien numéro de *L'Équipe magazine*, avec Usain Bolt en couverture, traîne sur le bureau.

Je m'installe en face de la cour de promenade, un rectangle de béton entouré, comme toujours, de hauts grillages et de barbelés. Au fond, un préau sous lequel les détenus peuvent s'abriter en cas d'intempérie. Derrière la cour, une « zone neutre » couverte d'herbe sèche. Tout de suite après, le mur d'enceinte. Encore après : dehors, la liberté !

Quatorze détenus arrivent dans la cour. Certains commencent à marcher en cercle, d'autres s'assoient le long du grillage. Je les connais tous plus ou moins. Il y a celui qui dort à même le sol de sa cellule ; un autre, à l'attitude hautaine, avec des lunettes de soleil Armani sur le nez ; un troisième toujours sous médicaments ; un quatrième avec son bonnet rasta sur la tête ; un cinquième qui enchaîne les tractions sous le préau. Et Bouheraoua, petit dodu à la barbe fournie, une chéchia sur la tête. Tous connaissent parfaitement les trois angles morts de la cour. Là, pour les voir, je suis obligé de me lever ou de me contorsionner.

Les vingt premières minutes s'écoulent sans problème. Tout à coup, les barbelés situés sur ma droite frémissent. Silencieux, tous les détenus, figés, ont les yeux rivés sur le grillage.

Je me rends soudain compte qu'un prisonnier est en train de s'échapper ! Une bouffée de chaleur me monte au visage, m'envahit tout le corps. Des milliers d'épingles me transpercent la peau. Bêtement, la première chose qui me traverse l'esprit est que la scène n'est pas vraie. C'est une mauvaise plaisanterie, je suis le petit nouveau et ils veulent voir quelle sera ma réaction. Je me lève pour vérifier. Non, ce n'est pas une blague : Bouheraoua est en train d'escalader le grillage tout en jetant un regard dans ma direction. Malgré ses rondeurs, il grimpe comme un chat.

Je saisis mon Motorola. Ma voix tremble : « Un détenu escalade le grillage de la cour de promenade pour s'échapper ! Il est déjà en haut ! Il va franchir les barbelés ! »

Un silence interminable suit. J'appuie sur le bouton rouge de mon alarme. Aucune réponse. Rien ! J'enfonce encore le bouton. Je réitère mon appel. Lointaine, déformée par la mauvaise qualité du récepteur, j'entends enfin la voix de Josy qui me dit d'appeler le poste central. Les renforts arrivent. De plus en plus paniqué, je saisis le téléphone : « Ici la cour de promenade du bâtiment B, il y a une tentative d'évasion ! Un détenu a escaladé le grillage et les barbelés ! »

Bouheraoua s'aplatit sur les barbelés comme s'il s'agissait d'une masse de coton et bascule de l'autre côté. Accroché à mon téléphone, je décris chacun de ses gestes. « Ça y est, il est passé. Il vient de disparaître derrière une aile. Je ne le vois plus ! »

Aucun son, aucune réaction, pas un mot à l'autre bout du fil. Juste un silence interminable et angoissant. « Allô ? Allô ? » Enfin mon Motorola crépite, une voix inconnue se met à répéter en boucle : « Alerte, tentative d'évasion ! Alerte, tentative d'évasion ! Alerte… »

La scène a duré quinze secondes – une éternité. Le temps s'est comme dissocié de son rythme ordinaire. Mon cœur tambourine dans ma poitrine, une substance âcre m'emplit la bouche, me brûle l'œsophage, descend jusque dans mes intestins. Ma salive se transforme en une pâte visqueuse, j'ai soudain horriblement soif, la tête me tourne. Je me sens ridicule, seul, sans pouvoir bouger, sans pouvoir sortir, sans pouvoir courir après le détenu, dans cette guérite surplombant la cour. Et les autres détenus qui rigolent en me regardant !

J'entends les pas précipités des autres surveillants qui rappliquent, le bruit des clés qui s'entrechoquent. Mes yeux vont et viennent entre l'angle du mur derrière lequel Bouheraoua a disparu, les détenus hilares et mes collègues qui s'agitent à la porte de la cour de promenade. « Merde, ils ont bloqué la serrure avec des allumettes ! »

Dans la cour, le détenu aux lunettes noires Armani prend les gardiens à partie. « C'est pas de notre faute, dit-il, provocateur. Nous, on a que deux heures de promenade dans la journée, vous pouvez pas la supprimer ! » Affairés sur la serrure, les surveillants ne lèvent même pas la tête. Josy me demande d'appeler la maintenance pour qu'ils envoient quelqu'un débloquer la serrure.

Dix minutes plus tard, le responsable de la maintenance a démonté la serrure, et les gardiens pressent aussitôt les détenus vers la sortie. Pas de heurts, pas de gestes violents. Juste une tension électrique, palpable. Chaque camp se scrute.

La cour est désormais vide, personne ne m'a dit de descendre et je ne sais pas quoi faire. Je finis par quitter mon perchoir.

Dans le hall du bâtiment, une dizaine de matons discutent : des surveillants que je n'ai jamais vus, le vaguemestre, des gradés qui débattent de la marche à suivre. Je suis perdu, coupé du cours des événements, je saisis des bribes de conversation que je ne parviens pas à remettre en ordre. Surtout, je ne sais pas ce qu'il est advenu de Bouheraoua.

Un surveillant me met au parfum : Bouheraoua n'est allé que quelques mètres plus loin : sur le toit du préau de la deuxième cour de promenade, avec Farka, un autre détenu. Les deux hommes, au moment même où il me parle, attendent assis sur le toit.

« On n'intervient pas pour le moment, parce que personne ne sait s'ils sont armés ou non. La seule chose à faire, c'est d'attendre les ERIS [les Équipes régionales d'intervention et de sécurité, les brigades de choc de la Pénitentiaire, l'équivalent du GIGN]. » Il poursuit : « On peut être sûr que les deux voyous ne vont pas redescendre tout de suite, sinon ils passeraient pour des baltringues. Se faire déloger par les ERIS, ça va leur donner de l'importance auprès des autres. »

En attendant l'arrivée des ERIS, d'ici une heure ou deux, un chef tente de négocier. Les revendications des prisonniers sont vagues : ils demandent qu'on leur « parle mieux et avec respect ». Les collègues rigolent : « En fait, ce qu'ils veulent, c'est nous faire chier. Rien de plus ! Farka est un abruti, un gars complètement con. Il était libérable en janvier ou février de l'année prochaine. Avec sa connerie, il va en reprendre pour six mois minimum ! »

En réalité, tout un petit groupe, échauffé par Bouheraoua, devait monter sur le toit. Mais personne n'a eu le cran de le suivre, sauf Farka. Nous avons eu de la chance : si les autres avaient suivi, la fausse évasion aurait pu dégénérer en émeute. À 6 surveillants contre 200 détenus dans un même bâtiment, nous n'aurions pas pu faire grand-chose.

Un surveillant m'explique qu'en escaladant le grillage Bouheraoua savait très bien qu'il provoquerait son transfert immédiat dans une autre prison, alors qu'un transfert par voie légale peut prendre des mois. Bouheraoua était déjà fiché par la Pénitentiaire comme « élément perturbateur » ;

incarcéré pour trafic d'héroïne, il avait déjà deux incitations à la mutinerie dans son dossier.

Et maintenant ? Qu'est-ce que je suis censé faire ? Personne ne s'occupe de moi, tout est désorganisé, les étages ont été désertés par les autres gardiens et tous les détenus ont été réintégrés dans leur cellule pour prévenir les risques d'émeute. Je me glisse au-dehors pour observer les deux « insurgés », comme les surnomme un des surveillants. Une drôle de guerre de position s'est mise en place.

Sous un soleil éclatant, Bouheraoua et Farka sont sagement assis sur le toit de tôle du préau, genoux repliés contre la poitrine, dos tourné au bâtiment, les yeux sur la départementale toute proche.

Quelques mètres en dessous, deux gardiens, gilet pare-balles sur le dos, fusil à pompe à la main, patientent à côté d'un 4 × 4 noir.

À l'entrée de la promenade, je retrouve quatre matons silencieux qui, dissimulés sous l'auvent de la cour, écoutent les conversations des détenus aux fenêtres. Nous avons déjà été repérés. « Hé, les gars, faut faire gaffe ! Y a les *hesses* qui sont cachés à la porte ! » hurle l'un d'eux. « Fils de pute ! Bande d'enculés ! » enchaînent les autres.

Fébrile, le chef court en tous sens. Finalement, il nous donne l'ordre de remonter à nos étages. Un premier surveillant aux cheveux blancs fonce droit sur moi.

– C'est toi qui étais dans la guérite ?

– Oui, pourquoi ?

Il me fixe. Silence appuyé.

– Ça va ?

– Oui, ça va. C'est allé très vite, mais ça va.

Le regard se fait plus intense.

– Non, ce que je te demande, c'est si, humainement, ça va. Psychologiquement.

Josy déboule à sa suite et pose à son tour ses deux mains sur mes épaules.

– Bon, je voulais te dire… Primo : désolée de t'avoir passé ma guérite. Secundo : bravo, tu t'en es bien sorti !

Nouvel ordre des chefs : il faut faire un contre-appel, vérifier, liste à l'appui, que tous les détenus de l'étage sont bien présents. Dans la confusion, d'autres se sont peut-être éclipsés. Un surveillant au menton en galoche commence à pester : « Ça me fait chier ! Putain, ça me fait chier ! Ils vont pas m'emmerder longtemps, je te le dis ! On fait trop de social, putain ! Je te jure : ça devient n'importe quoi, ici. En juillet, j'ai pris un coup de poing. Je pars en vacances en août et quand je reviens, j'apprends que Christian s'est pris un coup de lame. Et maintenant les mecs montent sur le toit… Non, ça devient vraiment n'importe quoi ! »

En nous entendant passer sur la coursive, plusieurs prisonniers commencent à tambouriner aux portes en demandant quand aura lieu le « déblocage ». Ils font le ramadan et se demandent comment ils vont faire pour manger si les offices restent fermés.

Les ERIS arrivent. Les chefs nous ont demandé de rester aux étages, mais je dois bien être le seul à les avoir écoutés ; tous les autres sont en bas dans la cour à regarder l'intervention, comme des badauds devant un accident de voiture. Discrètement, je me glisse dans l'un des offices de l'étage et me poste à la fenêtre, avec vue imprenable sur le préau.

Bouheraoua et Farka sont toujours assis sur le toit alors que le soleil commence à décliner. Une lumière jaune et ocre incendie le ciel. La température a baissé. Imperturbables, les ERIS, casque sur la tête, cagoule, gilet pare-balles, Flash-Ball et bouclier de protection, sont alignés en rang d'oignons dans leur tenue noire de commando.

Un premier homme vient placer une échelle le long du préau. Bouheraoua et Farka se lèvent. Un deuxième homme gravit une autre échelle et met en joue les deux « insurgés ».

Agglutinés aux fenêtres, les autres détenus, qui ne perdent rien de la scène, se mettent à hurler. Un long râle qui se transforme une fois encore en un gigantesque cri collectif, ahurissant, bestial, au milieu duquel fusent les insultes : « Enculés ! Fils de pute ! Bande de bâtards ! »

Sitôt qu'il a été mis en joue, Farka a commencé à descendre l'échelle. Bouheraoua, bras croisés, ne bouge pas. Je me demande ce qu'il peut bien penser, en ce moment, seul au monde sur son bout de toit, dans le soleil couchant. Les détenus continuent de hurler. Il avance d'un pas, se fige encore une seconde, descend enfin l'échelle.

Un détenu se met à scander son prénom : « Amin ! Amin ! » tandis que d'autres hurlent : « Allah Akbar ! »

Rapidement, tous reprennent en chœur son prénom et l'acclament. Il a gagné. Aux yeux de tous, il est désormais un héros.

Le lendemain matin, je découvre que tous les autres surveillants m'ont donné un surnom : « la Poisse », « parce qu'il faut le faire, quand même, d'avoir un détenu qui se barre de promenade le jour de sa toute première guérite ». Je ris jaune. L'atmosphère est encore fébrile, et tout le monde s'attend à ce que les détenus cherchent à perpétuer l'agitation de la veille.

– Ça m'étonnerait pas qu'il y ait un refus de réintégrer après la promenade.

– Si ça continue, il pourrait même y avoir une émeute.

Nous ne sommes pas rassurés.

En fait, la matinée se passe le plus tranquillement du monde, et je tue le temps en lisant les rapports qu'ont rédigés les surveillants sur les insultes proférées par les détenus durant l'intervention des ERIS. Morceaux choisis :

Le détenu Zuma, qui était nu à sa fenêtre, a lancé aux surveillants : « Venez me sucer la bite, bâtards, je vous baise, je vous encule ! Je sors en perm demain, vous pouvez rien faire. Je vous baiserai, bande d'enculés ! »

Le détenu Bongo : « Je vais appeler des potes. Ils vont venir sur le parking et suivre les surveillants chez eux pour les niquer avec leur famille ! »

Un autre : « Fils de pute, enculé, va niquer ta mère ! »

Un quatrième : « Vous me tiendrez pas avec une perm de trois jours ! J'ai une lame à double tranchant ; si vous venez, je vous égorge comme des porcs ! Fils de pute, sales fachos ! »

Un autre, à l'adresse d'un travailleur de la société de maintenance : « Espèce de vendu, tu vas voir, tes enfants et toi ! »

Un dernier : « La roue tourne ! Je sors bientôt. Vous le paierez cher. Si c'est pas vous, ça sera votre famille. Pédés, racistes, sales chiens, fils de pute, enculés à lunettes ! »

12

« La police, elle entre pas chez nous »

Dix jours se sont écoulés depuis l'« évasion » de Bouheraoua et tout semble redevenu normal. J'inspecte la coursive quand une voix m'interpelle : « Bonjour, surveillant. Vous allez bien, aujourd'hui ? »

Vêtu d'un impeccable survêtement Nike gris et d'une paire de tongs, El Bakri, l'auxi de l'étage, sort sa trogne grassouillette et souriante de sa cellule. C'est le premier détenu de la matinée que je vois debout. Je suis de nouveau au bâtiment C et, comme toujours, il n'y a rien à faire. Je lui réponds que je m'ennuie. Lui aussi.

Sur la porte de sa cellule, il a collé une petite photo montrant des policiers en armes devant des barres d'immeubles. En grosses lettres noires : « STOP 4 000 ». Il s'agit de la cité des Quatre Mille, en Seine-Saint-Denis, celle que Nicolas Sarkozy avait promis de nettoyer au Kärcher. El Bakri vient de là-bas.

Il sourit. Comme toujours. On pourrait lui annoncer la fin du monde qu'il continuerait de plisser les yeux et d'exhiber ses dents blanches. « Des amis m'ont dit de coller cette photo sur ma porte pour que je pense à eux. En fait, la police, elle entre pas là-bas, chez nous. Il y a pas longtemps, ils se sont fait tirer dessus à la Kalachnikov. C'est là que j'ai grandi, mais j'y habite plus. J'ai acheté un pavillon à Stains, pas très loin, où sont maintenant ma femme et mes deux enfants. Je voulais surtout pas qu'ils grandissent là-bas. C'est trop la misère. »

Je lui demande l'âge de ses enfants. Il me fait signe d'entrer dans sa cellule pour me montrer leurs photos. La pièce est d'une rare propreté et ne sent pas, comme les autres, la sueur rance et les fringues sales. Des « Sapins magiques », destinés d'ordinaire au rétroviseur des voitures, pendent un peu partout au plafond. Ça sent la pêche et l'orange.

Sur un des murs, une grande serviette de toilette a été tendue, sur laquelle ont été accrochées des dizaines de photos de ses deux enfants jouant dans leur bain ou dans son jardin.

« Ça, c'est ma fille, elle a six ans, m'explique-t-il en me montrant la photo d'une jolie gamine aux grands yeux noirs et aux cheveux frisés qui fixe l'objectif, un large sourire aux lèvres. Elle rentre en CP et elle est en avance par rapport à d'autres qui sont dans sa classe. » On sent la fierté du père. Puis il montre les photos de son fils de trois ans. « Ils sont polis, ils parlent bien. Ils disent bonjour, merci, savent se tenir. Je veux leur donner tout ce que j'ai pas eu. J'ai bougé des Quatre Mille pour eux, sinon c'était mort. Je sais comment ça se passe… »

Les conneries, lui-même les a toutes faites. Il m'explique que devant son père il était toujours poli, respectueux, jamais un mot plus haut que l'autre. Il descendait les étages de sa tour pour retrouver ses potes au-dehors, « et là c'était mort. On parlait verlan et tout… ». C'est là que les problèmes ont commencé.

« À la cité il y avait toujours compétition entre nous. Si quelqu'un se faisait 1 000 euros, l'autre, à côté, il voulait s'en faire 2 000, et celui encore à côté il voulait se faire encore plus. À Stains il y a aussi compétition, mais en bien. Il y a une bonne école, vous voyez ce que je veux dire ? S'il y a un élève qui décroche une bonne note, eh ben, celui d'à côté il va vouloir être meilleur, et ainsi de suite. Mon père aussi il faisait attention : pour lui, il fallait travailler et tout. »

Il avale bruyamment sa salive.

Pendant qu'il parle, je parcours avec des yeux étonnés sa cellule, qui ressemble plus à une chambre d'adolescent trop gâté qu'à celle d'un condamné. Sur son petit bureau, un écran plat Samsung, une console de jeux, un clavier et un volant pour jouer aux courses automobiles. Sous la table, des paquets de céréales au miel, des gâteaux, des confiseries. Au mur, au-dessus de sa tête, un petit cadre en bois avec, à l'intérieur, une nouvelle photo de son fils. Cette « opulence » n'a rien d'illégal : El Bakri a simplement de l'argent.

Les détenus ont le droit d'avoir en cellule des consoles de jeux, des téléviseurs, des frigos et des ordinateurs. Internet et les clés USB sont interdits, ce qui crée des situations assez cocasses. Pour préparer leur sortie, les taulards apprennent à se servir d'Internet sur un logiciel qui reproduit le Web.

El Bakri reprend son histoire : « En fait, au début, j'allais à l'école, j'ai passé mon CAP en électronique, et puis j'ai dû faire mon BEP en alternance. » Là, ça s'est compliqué : « J'arrivais pas à trouver d'entreprises qui veuillent me prendre. J'allais à des rendez-vous en bus, je faisais parfois de longs voyages, et puis j'étais jamais pris : soit parce qu'il y avait besoin de personne, soit parce que j'étais arabe, j'en sais trop rien. »

Faute d'embauche, il lâche son BEP et commence à « tenir le mur » : il reste à la cité sans rien faire. « Avec le temps, on se fait entraîner. » On lui propose des plans, des « trucs sûrs ». Il refuse une fois, deux fois, trois fois, et puis il finit par craquer. Il connaît bien les alarmes grâce à sa formation en électronique. « On a commencé à faire des supérettes et des supermarchés, des Monoprix dans la grande et la petite couronne de Paris. Moi, je m'occupais que des alarmes. » Les autres se chargent des caisses et des coffres. « Après, on est passés aux banques. Mais attention, hein, c'était des cambriolages, pas des braquages ! Il y a une différence entre les deux. Je connaissais les trucs, j'avais trouvé la faille. Mais je faisais ça juste pour avoir de quoi investir et puis ensuite arrêter, il y avait pas moyen de faire autrement. C'était trop la galère. »

Rapidement, le petit groupe de casseurs commence à se faire une réputation, amasse de l'argent, flambe : la belle vie, les grosses voitures, les énormes téléviseurs qui ont du mal à tenir dans le salon. Un jour, ils se font prendre et c'est la fuite pour le bled, via l'Espagne, à bord d'une superbe Porsche Cayenne. « Cinq pleins de 110 euros pour faire le trajet ! » Arrivé en Espagne, El Bakri se croit en sécurité. « Au lieu de continuer directement, je suis resté à Marbella pour délirer et faire du karting avec un pote. C'est là que les flics m'ont rattrapé. À cause de mon téléphone portable. J'y avais pas pensé. On était sur écoute. »

Il lève les bras et penche la tête de côté, mi-souriant, mi-grimaçant. « C'est comme ça. Vu que j'avais des antécédents – j'avais déjà fait six mois de préventive, mais l'avocat avait tout fait tomber pour vice de procédure –, ils m'ont chargé au maximum. Avec la confusion de peines, j'ai pris sept ans de placard. Mais là, avec la conditionnelle et tout, je devrais sortir en novembre ou décembre, d'après la commission d'application des peines. J'aurai fait trois ans et demi. Je m'en sors plutôt bien. »

Son rôle de cambrioleur l'a élevé au rang de « bonhomme » : le chef, le meneur qui peut, d'un mot, exciter toute une coursive comme ramener le calme. Dans la prison où il était auparavant, il a évité à un surveillant de se faire « mêler », c'est-à-dire frapper, par tout un groupe de détenus en avertissant à temps le responsable de la prison.

Il y a trois ans, un autre « bonhomme » de Châteaudun, surnommé « Terminator », a tué un codétenu dans une bagarre avant de forcer les autres à maquiller son meurtre en chute dans les douches. Il a été condamné à treize ans de prison supplémentaires.

Il existe une hiérarchie informelle chez les prisonniers. Tout en bas, au niveau zéro de la considération, les pédophiles sont ignorés de tous et unanimement détestés, comme les petits vieux que j'ai croisés. Viennent ensuite les violeurs, tout aussi haïs. Puis ceux de la « zone grise », ni détestés ni encensés, les condamnés sans gloire pour impayés, conduite en état d'ivresse, violences conjugales, évasion fiscale… Enfin viennent les « bonshommes », les casseurs, les braqueurs, les trafiquants de drogue, tous ceux qui font la nique à la société et se présentent souvent en « opprimés du système ». Ils ont leurs saints : Jacques Mesrine, Antonio Ferrara, Tony Montana… Les meurtriers oscillent sur cette échelle selon la nature de leur victime : flic ou civil, homme ou femme. L'âge aussi joue beaucoup. Un collègue m'a raconté qu'à Châteaudun un SDF connu depuis des années pour ses fréquents allers-retours en prison pouvait hurler sur les coursives : « Les bougnoules, je vous emmerde tous ! Je vote FN et Le Pen » sans jamais être inquiété par les autres. Son ancienneté le protégeait, c'était à sa manière un « bonhomme ». Dehors, pourtant, il n'était rien. Quand il sortait de taule, il ne savait même pas s'il devait prendre à droite ou à gauche.

Un autre détenu, attiré par ma conversation avec El Bakri, s'approche. Lui aussi a volé de l'argent qui lui a servi à créer son entreprise de BTP chez lui, en Algérie. Maintenant tout est *clean. Clean ?* Je manque de m'étrangler, et lui explique que cela s'appelle du blanchiment d'argent sale.

– Non, surveillant… enfin, ça l'est plus. Maintenant c'est de l'argent propre. Moi j'en avais besoin, juste pour commencer ; maintenant je fais que des choses légales. Et puis, c'est pas parce qu'on fait du « business » qu'on est pas honnête. Il faut être réglo. Sinon, on est catalogué direct.

J'éclate de rire.

– Oui, enfin, c'est facile de dire qu'il faut être réglo quand on fait quelque chose de totalement illégal.

El Bakri prend le relais :

– Non mais, surveillant, si vous dites que vous vendez trente kilos de shit et que vous en refilez que vingt-six, les mecs ils vont savoir qu'on peut pas faire de business avec vous ; ça va vite, les étiquettes sur les gens, vous savez. Et puis, il y a ceux qui ont leur « route » pour le shit, et une fois, une seule, ils font de la coke. Trois cents kilos, tu la coupes avec de l'aspirine ou un truc comme ça, et tu multiplies ton chiffre par deux. T'es pas fou, tu fais le trajet une fois, une seule. Après, t'es tranquille pour le restant de tes jours. Et puis, la coke et tout ça, c'est pas pour nous ni pour vous ; nous, on est tous des ouvriers, c'est pas les ouvriers qui prennent de la coke, c'est les riches, ceux qui ont du pognon. La cocaïne rend juste *speed* ; à cinquante euros le gramme, nous, on peut pas s'en acheter !

Sûr de son bon droit, il conclut :

– Et puis, surveillant, les vrais voyous, de toute manière, on les connaît… C'est ceux qui ont le pouvoir, c'est ceux qui nous gouvernent, c'est les politiques !

13

« Ils ont la grippe A, ces poulets ! »

Hier, Jean-Pierre Treiber s'est évadé de la prison d'Auxerre. Le visage rougeaud de l'auteur présumé du double meurtre de Katia Lherbier et Géraldine Giraud s'affiche sur tous les écrans télé. Notre petit monde de gardiens ne bruit que de la nouvelle, d'autant que le même jour un second prisonnier s'est enfui du centre de détention de Joux-la-Ville, dans l'Yonne. Personne n'aimerait être à la place du surveillant des ateliers qui ne s'est pas rendu compte que Treiber se faisait la belle. « Ça va être chaud pour lui ! » prédit un collègue.

Ç'aurait pu arriver à n'importe lequel d'entre nous. La routine nous bouffe tous et je suis le premier à le reconnaître. Un exemple : je suis ici depuis moins de deux mois, et déjà je ne fais plus systématiquement mes « contrôles œilleton ». Personne ne les fait plus, d'ailleurs. Comme tous ces gardiens qui ne montent plus dans les étages et passent leur temps à discuter autour d'un café.

Ces petites failles, ces laisser-aller sont insignifiants. Pourtant, ajoutés les uns aux autres, ils font qu'un moment vient où nous ne prêtons plus attention à l'essentiel : la sécurité et la réinsertion.

Il y a quelques années, un prisonnier a tenté de s'évader de Châteaudun par les toits. Il avait confectionné un mannequin et l'avait installé dans sa cellule en position de prière. Il savait que les surveillants ne dérangeaient pas les détenus à ce moment-là. Le maton de garde s'est toutefois rendu compte de sa disparition, et le gars a été rattrapé peu après.

À l'étage, Treiber et son évasion sont vite passés au second plan. Une affaire bien plus importante occupe tous les esprits : les poulets rôtis sont-ils arrivés ? « Normalement, m'explique un détenu qui en a cantiné deux, ils devaient être livrés vendredi dernier. Et puis après on nous a dit mardi, et mardi on nous a encore dit aujourd'hui. Alors, est-ce que c'est sûr ? »

J'appelle le responsable des cantines qui me confirme la livraison pour aujourd'hui. Avec le temps, j'ai appris à me méfier des promesses qui se transforment en problèmes, et j'avertis les détenus que les poulets seront « en théorie » livrés dans la journée.

Un prisonnier vient me trouver dans le bureau : sa « petite serrure » est cassée depuis deux semaines, et rien n'a été fait. Les cellules des régimes « amélioré » et « de confiance » comportent deux serrures : une grande que seuls les surveillants peuvent ouvrir et fermer, et une petite que nous pouvons également actionner mais dont les détenus ont aussi la clé. En cours de journée, la première reste déverrouillée et les prisonniers peuvent ouvrir et fermer leur porte à leur guise pour éviter les vols.

La serrure est donc cassée ; j'appelle la maintenance, qui a justement prévu de passer la réparer aujourd'hui. Le réparateur ne s'attarde pas plus de cinq secondes : le canon de la serrure n'est plus là, impossible de réparer. Il lui faudra revenir. L'occupant de la cellule se lamente :

– Mais ça fait déjà deux semaines que je l'ai dit !

Le réparateur se gratte la tête, perplexe.

– Ç'a été marqué dans mon cahier il y a seulement deux jours.

Nous ne disons rien, mais nous pensons tous trois la même chose : la consigne s'est perdue en route, ou n'a simplement jamais été donnée. Je vais tout de même me renseigner auprès du surveillant avec qui je travaille aujourd'hui. Il me dit de laisser tomber :

– Tu t'en fous ! Le gars attendra quelque temps.

Une heure et demie plus tard, un auxi arrive, les mains chargées de sacs en papier maculés de gras contenant les fameux poulets. Les noms des détenus sont inscrits dessus au crayon-feutre.

J'entame la distribution. Première coursive, deuxième coursive… J'en suis à la troisième quand un jeune Tunisien, qui joue habituellement les comiques, sort en trombe d'un des offices en hurlant. Je me rapproche ; Josy aussi, sa mèche dans les yeux. Le détenu crie de plus en plus fort en agitant son sac en papier qui dégouline de graisse :

– Surveillant ! Vous avez vu la gueule des poulets ? Ma parole, ils sont malades ! Regardez : ils sont tout petits ! C'est sûr, ils ont la grippe A, ou un truc comme ça, ou l'hépatite ! Et puis la couleur, c'est pas cuit, c'est sûr. Ils sont pas frais, ces poulets. Tenez, regardez !

Il me met sous le nez un poulet rachitique, de la taille d'un pigeon, qu'il tient dans sa main. Il le tourne et le retourne sous toutes les coutures, la graisse coulant à grosses gouttes sur le sol. C'est vrai que la couleur grisâtre du volatile est bizarre. Un autre prisonnier s'en mêle.

– Il est pas normal celui-là, surveillant ! Vous avez vu la viande, elle part toute seule !

À leur tour d'autres prisonniers, attroupés autour de nous, sortent les poulets de leur emballage et se mettent à protester :

– C'est la première fois qu'ils nous en livrent des comme ça. Normalement, ils sont gros et tout, comme dans les magasins sur les broches. Là, ils sont minuscules, y a que les os et rien à manger. Je veux le rendre, hors de question de manger ce truc-là !

Je soupire. Encore un problème en perspective. En plus, je ne connais pas la procédure.

– Moi aussi, je veux le rendre. Ils se foutent de nos gueules !

– Moi aussi !

– Moi aussi !

Les cris s'enchaînent. Josy parvient à les calmer en hurlant encore plus fort qu'eux tous :

– Ouais, c'est inadmissible ! Rendez-les, les gars, on va vous distribuer des bons de réclamation cantine qu'il faudra remplir, et reprendre les poulets qui ont été distribués.

Tout est tellement compliqué ! Josy m'explique comment faire remplir les bons, en précisant bien dessus ce qui ne va pas. Si leur requête est acceptée, les prisonniers se feront ensuite rembourser les poulets et pourront en cantiner de nouveaux, mais ne devront pas compter les avoir avant plusieurs jours, le temps que les infos soient transmises, que l'argent soit remboursé, que les nouvelles volailles soient livrées.

Je leur distribue les formulaires. Comme d'habitude, il en manque. Je descends au premier étage en récupérer ; il n'y en a pas non plus. Je finis par en trouver dans le bureau des chefs. Dans le même temps, d'autres détenus reviennent des ateliers, de leur formation ou de la salle de sport, et je dois ouvrir leur cellule. Je cours dans toutes les directions. Des appels fusent de partout. Celui-ci veut rendre son poulet, celui-là veut aller prendre sa douche sur la coursive d'en face parce que la sienne est en travaux, un troisième n'a pas eu ses cantines, un autre a besoin que je lui ouvre la porte de sa cellule, un cinquième vient juste de découvrir son poulet :

– Il est tout petit ! Même la surveillante, elle a dit qu'ils avaient la taille d'une caille… C'est quoi, au fait, une caille ?

– C'est de la taille d'un pigeon.

– Ah ouais, ça a des ailes mais ça peut pas voler, c'est ça ?

– Vous avez appelé les cantines ? me demande un autre.

Dans la précipitation, j'ai oublié. Je téléphone. Pas de réponse. Une heure et trois appels plus tard, quelqu'un décroche enfin.

– Bonjour, j'ai des détenus qui veulent rendre leurs poulets. Ils les trouvent trop petits.

Une voix un peu surprise me répond :

– Ah bon ? Pourtant c'est le poids prévu : un kilo cent pour sept euros. Peut-être qu'ils ont un peu perdu avec la cuisson, mais c'est normal.

En fin de compte, tous les poulets sont rendus et je récupère les bulletins de réclamation truffés de fautes d'orthographe. On croirait un courrier à *60 millions de consommateurs* :

« Je n'ai jamais vu un poulet comme ça. »

« Je trouve sa inadmissible de livrée ce genre de poulet. »

« J'estime être lésé et c'est inacceptable de votre part, car vous savez pertinemment que nous avons les mains liées. C'est ce que nous appelons de l'abus de confiance. »

« Je trouve ça honteux de livré des poulet ainsi car nous sommes obligé de passé par vous. »

« Cela fait 3 ans que je suis à Châteaudun et c'est de pire en pire mais là c'est la cerise sur le gâteau. »

La journée n'est pas encore finie et tout se mélange dans ma tête. Quand ai-je eu cette incroyable discussion au sujet de la « deuxième prison » ? Il y a une semaine ou un mois ? Et comment s'appelait le prisonnier avec qui je l'ai eue ? Je ne m'en souviens pas. Je me sens broyé, et je soupire en regagnant mon bureau pour boire un peu d'eau. J'en ai marre de ces portes qui se ferment devant moi. À quoi bon tout ça ? Entre les coups de fil sans réponse, les formulaires manquants et les surveillants laxistes, je me dis que cela n'a pas beaucoup de sens. À quel moment les autres matons ont-ils abdiqué devant l'absurdité du système ? À quel moment en ont-ils eu marre de gesticuler, comme moi, dans le vide, et se sont-ils décidés à abandonner leur poste pour aller boire un café ?

Une nouvelle fois, je me rends compte que je suis plus maton que journaliste. Avec tout ce qu'il y a à faire, je perds le recul nécessaire.

Je dois encore distribuer la pile de courrier décacheté qu'on a posée sur mon bureau. Toutes les lettres, qu'elles entrent ou qu'elles sortent, sont lues, sauf celles adressées au juge et aux avocats. Je distribue les enveloppes de cellule en cellule quand j'arrive à celle de Soro, le « bonhomme » de la coursive, un Ivoirien aux proportions de videur de boîte de nuit, pas franchement souriant, envoyé ici pour trafic de stupéfiants. J'ai justement un courrier pour lui : un exemplaire de *Jeune Afrique*. Je me sers de ce prétexte pour engager la conversation :

– C'est un bon journal.

Ses yeux s'éclairent un quart de seconde. Une lueur à peine perceptible. Il se décrispe. Ce n'est pas tous les jours qu'un maton lui parle de ses lectures.

– Oui, ça change de ce qu'on lit autre part sur l'Afrique, c'est clair et objectif. Je suis un féru d'actualité, j'adore ça. Et puis, c'est très diversifié : un jour la Côte d'Ivoire, un autre le Congo, le Gabon…

– Ça fait longtemps que vous le lisez ?

– Dix ans.

Nous parlons quelques instants de la situation du Gabon et de la mort d'Omar Bongo, survenue il y a un peu plus de deux mois.

– La prochaine élection pue la Françafrique, de toute façon. Je vous parie, surveillant, que ce sera son fils qui sera élu.

La conversation continue sur la presse.

– Surveillant, si vous aimez les affaires internationales, je vous conseille *La Revue du monde*, c'est vraiment superintéressant, et très sérieux.

– Et vous, vous connaissez la revue *XXI* ? Ce sont de très longs reportages de journalistes qui prennent le temps de se poser et de regarder les choses. Ça prend le contre-pied de l'actualité immédiate.

– Ça fait combien de temps que ça existe ?

– Un an maintenant.

– Ah… Normal, si je la connais pas. Il y a un an, j'étais déjà en prison.

14

« Il fait moins le malin, maintenant, Brad Pitt »

La journée commence mal. Les coudes posés sur le bureau, la tête enfouie entre ses mains, Jean, un surveillant d'une trentaine d'années, se masse les tempes de ses doigts potelés. Il a le visage rond et bonhomme, un peu lisse. Sans même me regarder, il maugrée : « Bon, je te le dis direct : les détenus n'ont pas intérêt à m'emmerder, aujourd'hui. J'ai déjà suffisamment mal au crâne comme ça ! »

Je souris, gêné, sans savoir quoi lui répondre. Pourquoi lui dire ce qu'il sait déjà : que notre boulot est de travailler à la réinsertion des détenus ? Chaque fois que j'ai tenu ce genre de propos, depuis que je suis arrivé, on m'a rembarré. J'étais trop « Enap » ! Quelques mois de coursive me feraient revoir mon discours. « La réinsertion, c'est pour les politiques et les bureaucrates. Ici, il faut juste veiller à ce que les voyous ne se barrent pas. »

Une minute plus tard, Jean a oublié son mal de tête et tonne sur la coursive, écumant de rage : « Les portes, messieurs ! Les portes ! Fermez-moi les portes ! Je dois pouvoir voir ce qui se passe derrière ! » Un prisonnier passe devant lui. « La casquette ! C'est interdit sur la coursive ! Ôtez-moi ça tout de suite ! » Deux minutes plus tard, il crie de plus belle : « Oh, la casquette ! C'est interdit, je vous ai dit. Merci ! Ça commence à bien faire, vous me cherchez vraiment ! »

Je sens tout de suite qu'il n'est pas comme les autres matons. Ses mots sont ceux de tout un chacun, ceux des autres, les miens, mais son attitude est différente. Un ton un peu plus métallique, une légère contraction de la mâchoire quand il s'adresse à un prisonnier, un voile dans le regard qui ne donne qu'une envie : faire le contraire de ce qu'il dit.

À l'Enap, on nous citait Montesquieu : « Tout homme disposant d'un pouvoir est susceptible d'en abuser. » On avait écouté en se sentant investis d'une mission importante. Il allait falloir rester hommes quand nous serions tentés de jouer les petits tyrans. Jean a clairement choisi la seconde option et continue de vociférer sur la coursive.

Il revient vers moi. Le masque menaçant qu'arborait son visage un instant plus tôt disparaît pour laisser place à un sourire en demi-lune : « Je suis un peu psychorigide », confesse-t-il avant de disparaître quelques minutes plus tard au rez-de-chaussée.

Un petit gars profite de cet instant pour sortir comme une bombe de sa cellule en menaçant : « Surveillant, je veux mon lecteur DVD et ma chaîne hi-fi aujourd'hui ! Sinon, je tape un scandale et je retourne tout ! Je m'en fous si je vais au mitard, ça fait un mois et demi que je les ai cantinés, on m'a pris la thune, les autres détenus ils les ont déjà reçus, et moi j'attends encore ! Je vous jure : je vais tout péter ! »

Que lui dire, si ce n'est de se calmer ? Plus il menacera, moins il aura son lecteur DVD. Je passe un coup de téléphone et, comme d'habitude, on me répond de lui dire d'attendre, ça ne sera pas long. Il se détend un peu quand je retourne le voir et le lui explique. Mais pour combien de temps ? Jusqu'au prochain coup de sang, en espérant que ce jour-là je ne serai pas de service.

Jean reparaît peu après et repart très vite au combat : « C'est l'heure d'aller faire une fouille de cellule. » Il a tout juste posé le pied sur le pas de la porte qu'il m'indique du doigt une « chauffe » posée dans un coin. « Ça, tu me le retires direct ! » J'exécute.

La chauffe, sorte de plaque chauffante artisanale fabriquée par les détenus pour cuisiner, est un élément de base de la vie en prison. Interdite en théorie, elle est tacitement tolérée.

Elle se présente toujours de la même façon : un bol ou une boîte de conserve remplis d'huile dans laquelle trempe un morceau de tissu, le plus souvent un bout de serpillière découpée, retenu par des tubes métalliques et que le détenu enflamme pour disposer d'une flamme permanente. Des canettes vides disposées tout autour servent à poser le plat à chauffer. Si on retourne une bassine en plastique par-dessus, le système se transforme en four.

En 1923, Albert Londres, dans son enquête sur le pénitencier de Cayenne intitulée *Au bagne*, observait déjà la même combine pour avoir de la lumière : « Une boîte à sardines, de l'huile, un bout d'étoffe : voilà une lampe ! »

En cinq minutes, Jean a totalement « retourné » la cellule. Tout est sens dessus dessous : les pâtes dans le courrier, les CD sur le sol, les paquets de tabac dans les affaires de toilette, les vêtements en boule sur le lit.

Son Motorola sonne. On l'appelle ailleurs, il s'éloigne. Le détenu, resté dehors, risque un coup d'œil dans l'entrebâillement de la porte. Découvrant le champ de bataille, il s'adresse à moi :

– Oh là là ! Surveillant, comment vous avez retourné ma cellule ! C'est *abusé* !

Je n'y suis pour rien, je n'ai rien fait, si ce n'est assister en témoin impuissant au stupide déploiement de zèle de Jean. Je ne peux pas pour autant rejeter la faute sur lui. De quoi aurait l'air un surveillant qui se défausserait comme un enfant : « C'est pas moi, c'est lui » ? J'essaie de le calmer :

– Écoutez, laissez-moi finir, on verra ça après. Les choses seront remises en place.

Deux ou trois prisonniers inoccupés s'agglutinent à la porte.

– Oh ! Putain ! C'est *abusé*, surveillant ! Faut pas faire ça !

– Ça y est, c'est le nouveau, faut qu'il chauffe !

Je tente de reprendre le dessus :

– Restez sur la coursive et laissez-moi terminer, vous n'avez pas à rester ici !

Je commence à me sentir mal. Un étrange sentiment m'envahit, mélange de colère et de tristesse face à ces détenus qui ne savent pas qui je suis réellement. Je remets rapidement les affaires à leur place et ressors, la chauffe emballée dans un sac en plastique. L'occupant de la cellule me demande ce que c'est.

– C'est la chauffe, c'est interdit par le règlement.

– Ah non, putain ! C'est le ramadan : comment je fais, moi ? Je suis *clean*, je suis toujours réglo, et c'est moi que vous venez faire chier ! Non, pas la chauffe ! Je mange pas avant vingt et une heures trente : comment je fais ? J'ai pas mangé de la journée et en plus je vais devoir manger froid, c'est ça ?

Nouvel attroupement sur la coursive. Certains prisonniers se mettent à applaudir sur mon passage et se moquent de moi :

– Bravo ! La belle prise : une chauffe !

– Il fait bien son travail, le surveillant !

– Il est nouveau, faut qu'il fasse bien son travail !

Deux autres murmurent dans mon dos :

– Lui, tu vois, c'est carrément le genre de surveillant qui…

La fin de la phrase se perd dans les échos de la coursive. Je m'entends crier :

– C'est bon ! Maintenant, vous baissez d'un ton !

Je passe devant eux en serrant les dents, la rage au ventre, de la honte plein les yeux. Je suis définitivement considéré comme le gros con de service. Je déteste cette taule, ces détenus, ces matons. Mon stage est sur le point de se terminer. En comptant mon passage à Fleury-Mérogis, j'aurai fait deux mois et demi en détention. À cet instant, j'ai presque envie de tout arrêter. Mais ce n'est pas encore suffisant. Il faut que j'en voie davantage.

Je n'ai pas le temps de ressasser ma colère que, déjà, les chefs nous convoquent dans leur bureau. « Une note de service va tomber la semaine prochaine pour mettre en place un “comptage nominatif” des détenus. C'est-à-dire que vous devrez savoir exactement qui est où, et à quel moment. Chaque fois qu'ils quitteront l'étage, vous devrez le marquer sur une feuille. C'est à cause de Treiber à Auxerre, et puis de l'autre à Joux-la-Ville. Il ne faudrait pas que la même chose arrive ici. »

Le lieutenant retient Jean un instant pour lui donner son « appréciation trimestrielle ». Jean ressort tout sourires quelques minutes plus tard ; sa note est excellente : quatre « plus ». « J'ai toujours de très bonnes notes, de toute façon, je n'ai pas de souci à me faire. »

Je continue de bouillir. Le système est absurde. Une fois de plus, seule la sécurité est prise en compte dans l'évaluation des surveillants. Pour l'Administration, le « bon » maton est celui qui fait des rapports, trouve du shit et des portables en cellule, celui qui est dur. Quant aux critères d'aide à la réinsertion, il n'y en a pas, et ceux qui aident les détenus sont toujours accusés de « faire du social » par les collègues. De toute façon, on m'avait prévenu : « Ici, réfléchir, c'est commencer à désobéir. »

Bien sûr, les temps ont changé, et les « vieilles carnes de la Pénitentiaire », adeptes de la méthode forte, des coups de poing et des « claques pédagogiques », disparaissent peu à peu. Il y en a toujours quelques spécimens, comme Jean. Il y a aussi toujours les laxistes, les démotivés, qui se calent dans leur fauteuil en attendant que la journée passe.

Il y a aussi des surveillants qui sont tout le contraire, comme Josy ou Christian, tout à la fois matons, psychologues, assistants sociaux, conseillers… Eux n'obtiennent pas de reconnaissance particulière, et jamais de « quatre plus » dans leur dossier, simplement parce que leur travail n'est pas quantifié.

On me remet ensuite quelques « notifications judiciaires » adressées par le juge à certains détenus. Je tends sa notification à un prisonnier, qui reste interloqué. Concentré, il tente de décrypter la missive. Un autre qui passe par là s'approche de lui.

– Qu'est-ce que c'est ?

– Je sais pas, c'est la juge. Je comprends pas, elle refuse ma conditionnelle, mais j'y comprends rien, je sais pas pourquoi.

Le document juridique liste sur trois pages, dans le style austère de l'Administration, les motifs d'incarcération, les articles du Code pénal concernés, et la décision finale. Du charabia pour le détenu, qui a arrêté l'école en troisième.

Je parcours le document. Sa conditionnelle est refusée parce qu'il n'a pas encore effectué la moitié de sa peine ; sa demande ne sera recevable qu'à partir de ce moment, dans deux mois. Il ne comprend toujours pas. Je répète. Toujours rien.

– Je comprends pas pourquoi, je sais pas ce qu'elle dit dedans, je sais juste que j'ai pas ma conditionnelle.

L'autre s'en mêle :

– Fais appel ! Cherche même pas à comprendre. Fais appel, je te dis ! Tu passeras à Versailles, ils sont plus cool qu'à Chartres.

Au regard désemparé du premier quand son compère lui parle d'appel, je comprends qu'il ne sait même pas vraiment ce que c'est.

J'interviens :

– Parce que vous croyez que la justice n'est pas partout la même ? Que vous soyez jugé à Versailles ou à Chartres, c'est pareil.

– Vous rigolez, surveillant ! Nous, on est de Paris, pas de Chartres. Nos avocats, ils sont de Paris, ils connaissent personne ici, alors qu'à Versailles c'est différent. Les juges les connaissent. Faut pas croire, c'est partout magouille et compagnie.

La journée n'en finit pas. Les chefs nous demandent maintenant d'effectuer une « fouille inopinée » dans la cellule de Mendy, soupçonné de cacher un téléphone. Jean piaffe d'impatience. « On va se le faire ! On va se le faire ! » répète-t-il, galvanisé par la perspective d'une nouvelle fouille, comme un gosse à qui on aurait promis une grosse glace. Un chef calme ses ardeurs : « Il y a juste un souci : l'équipe de journalistes, celle de la fois précédente, est de retour et veut justement tourner quelques plans avec lui. Surtout, pas de fouille tant qu'ils sont là ! S'ils le filment quand il rentre dans sa cellule au moment où vous êtes en train de fouiller, il risque d'y avoir des embrouilles. Donc, vous attendez qu'ils aient fini. »

Le contretemps exacerbe encore un peu plus la fébrilité de Jean, qui vient de trouver un surnom à Mendy : « Brad Pitt », à cause de la présence de la caméra qui le filme.

« Bon, il se dépêche, Brad Pitt ? On n'a pas que ça à faire ! Il fait le beau devant la caméra, mais on va voir, tout à l'heure : il fera moins le malin. »

Les journalistes quittent la prison peu après 18 h 30 et nous convoquons Mendy dans sa cellule. C'est un grand gaillard d'un bon mètre quatre-vingt-dix, qui s'est fait tatouer « *West coast* » en caractères gothiques sur le bras gauche.

Les murs sont encombrés de tee-shirts du PSG, de posters de voitures et de filles nues. Le reste de la pièce est un bric-à-brac de CD, de revues polissonnes, de survêtements de marque et de cendriers pleins de mégots. Pour une fois, l'odeur n'est pas trop forte : Mendy a l'habitude de laisser sa fenêtre ouverte.

Jean est dans son élément. Droit et fier, bras croisés, il toise le détenu.

– Bon, Mendy, fouille de cellule, vous n'avez rien à déclarer ?

Décontracté, le prisonnier répond :

– Non, surveillant, j'ai rien.

Jean le fait se déshabiller entièrement, puis l'envoie attendre sur la coursive. Presque inquiet, il me glisse : « Il me paraît bien calme, pour quelqu'un censé avoir un téléphone caché dans sa cellule. Je ne sais pas où les chefs ont pêché leur info. »

La fouille commence. Jean retire les draps, tord le matelas dans tous les sens, s'attaque aux vêtements qu'il déplie un à un, bouscule les boîtes de conserve entreposées. Rapidement, je trouve un joint. Jean, lui, déniche un petit morceau de cannabis caché dans le lecteur de CD. Puis il se met à fouiller le plafonnier. Debout sur une chaise, ses mains tâtonnent ; son polo, sorti de son pantalon, laisse apparaître son ventre gras. Il fouille encore jusqu'à ce qu'il trouve un petit téléphone bleu et gris.

– Tiens, regarde ! C'est un ancien de la Pénitentiaire qui m'a appris à fouiller ici. J'ai eu un doute, parce que le plafonnier était mal fixé au plafond, m'explique-t-il fièrement.

Il rappelle Mendy et brandit le téléphone sous ses yeux.

– Qu'est-ce que c'est que ça ?

Le détenu manque de se décrocher la mâchoire.

– Je sais pas ! Je vous jure : c'est pas à moi ! C'est pas moi qui l'ai mis là, je sais pas. Je vous jure !

Jean lui montre la petite boulette de shit.

– Et ça ?

– Ok, ça c'est à moi, je le reconnais. Mais le téléphone, je vous jure, c'est pas à moi !

– Bon, merci. La fouille est terminée.

Jean triomphe en rentrant dans notre petit bureau : « Il fait moins le malin, maintenant, Brad Pitt ! Il se la pétait, en défilant devant la caméra. Maintenant, il fait moins le malin ! »

Mendy devait sortir en permission. La découverte du téléphone change tout : demain, il restera en prison.

15

« Y en a encore qui sont montés sur le toit ? »

Ce week-end, je suis allé voir *Un prophète*, le film de Jacques Audiard. Je ne pouvais pas ne pas y aller. En pénétrant dans le cinéma, j'ai eu le sentiment de faire des heures supplémentaires. À l'écran, j'ai retrouvé l'atmosphère crasse et étouffante de la taule, ses grilles qui claquent, ses cris aux fenêtres ; j'ai retrouvé le parler si particulier des détenus, et la petite boîte de Ricoré posée sur les étagères... Le film montre la prison des prisonniers, avec leurs codes et leurs mots, que nous, surveillants, ne faisons que toucher du doigt, par moments, quand nous surprenons une conversation aux fenêtres ou des regards lourds de menaces. Une prison qui n'est pas tout à fait la mienne.

J'ai surtout eu l'impression – cinéma oblige – que tout cela était trop fort, trop condensé. Dans le réel, l'horreur de la prison se distille à petites gouttes : un peu de misère chaque jour, quelques touches de violence au quotidien, mais pas de règlements de comptes sanglants toutes les semaines, ni de gardiens corrompus jusqu'à l'os. La réalité est beaucoup plus insidieuse.

J'aurais aimé en parler avec les autres matons, mais aucun n'a vu le film. La plupart ne savent même pas de quoi il s'agit.

J'en suis là de mes réflexions quand Serge, le surveillant d'étage avec qui je travaille, déboule, essoufflé par les deux étages qu'il vient de monter. De nouveau un prisonnier a grimpé sur un toit. « Il va encore y avoir une "intervention" ! On referme toutes les portes de l'étage et on file dans la cour ! »

Nous bouclons une à une les cellules des quatre coursives en glissant un mot aux détenus restés à l'intérieur.

– On ferme, les gars, désolés ! Il y en a encore un qui a fait une connerie.

– Y en a encore qui sont montés sur le toit ? Ils font vraiment chier ! On va être enfermés toute la journée, surveillant ? Et y a pas atelier, cet après-midi ?

– Pour le moment, je ne sais pas. Je vous tiens au courant.

Je vais finir par croire qu'escalader les préaux est devenu une habitude. Un surveillant me rassure : « Pas du tout ! » Comme la fois précédente, tout est désorganisé. Ne sachant pas trop quoi faire ni où aller, je décide de suivre Serge à la trace.

Un vent glacial balaie la cour. Sur le ciel gris se découpe, nette, la silhouette d'Oruma debout sur le toit du préau, visage hautain, les mains plongées dans les poches d'un large jean, un simple pull de coton sur les épaules. Son regard perçant se désintéresse ostensiblement des matons, regroupés quelques mètres en dessous de lui, pour fixer un point imaginaire à l'horizon.

Depuis plusieurs semaines, ce détenu fait « monter la pression » en accumulant les rapports pour insubordination : refus de réintégrer la détention après la promenade, refus de réintégrer sa cellule, œilleton bouché…

Sanglé dans un élégant costume, le directeur adjoint de la prison est en pleine conversation avec un chef. Un autre gradé, boudiné dans son uniforme bleu ciel, donne des ordres mal assurés, les lèvres rosies par le froid. Non loin de lui, deux premiers surveillants attendent la suite des événements, emmitouflés dans leur blouson. Serge se dirige vers eux et se met à discuter. Je le suis en me tenant en retrait. Je me fais le plus discret possible pour qu'on ne m'ordonne pas, une fois de plus, d'aller surveiller la coursive déserte.

Cette fois, la direction de Châteaudun a préféré ne pas faire appel aux ERIS pour ne pas attirer l'attention de la direction interrégionale, qui pourrait s'irriter de ces amorces de révolte à répétition. Dans le petit monde de la Pénitentiaire, les nouvelles vont vite, et mieux vaut éviter la mauvaise publicité. « Je ne sais pas pourquoi, cette fois-ci, ce sont les gars de la taule qui interviennent directement sur le toit, me dit Serge. C'est n'importe quoi ! C'est dangereux, et les collègues risquent de se blesser en tombant, alors que les ERIS sont spécialement entraînées à ça. Si on les faisait venir, ce serait réglé vite fait ! »

Nous attendons dans le froid. Quinze minutes plus tard, une dizaine de surveillants se présentent enfin, équipés, comme les CRS, de la tenue « pare-coups ». Ils ressemblent à Robocop : gilet de protection sur le torse, casque noir à visière, protège-coudes, protège-tibias, protège-bras… Derrière les visières baissées, je devine les visages familiers de quelques gars avec qui j'ai travaillé. Ils transportent deux échelles et des boucliers de protection en Plexiglas. Aucune arme.

Oruma a soudainement décroché son regard de l'horizon et regarde, inquiet, les gardiens poser les échelles à chaque extrémité du toit. Un premier surveillant gravit l'une d'elles, bouclier à la main. Mon rythme cardiaque s'accélère. Contrairement à Bouheraoua, qui s'était rendu sans résistance, Oruma, lui, se prépare à la confrontation. Le voilà qui tente de repousser l'échelle à coups de pied pour faire tomber le surveillant dans le vide. Celui-ci s'arrête, pétrifié, après avoir gravi quelques barreaux. Pendant ce temps, un autre gardien a entrepris l'ascension de la seconde échelle. Oruma accourt, assène de nouveaux coups de pied. Le surveillant se fige. Il n'a monté que trois barreaux. Le premier a repris sa montée, gravissant quelques échelons supplémentaires. Oruma se rue vers lui, repousse à nouveau l'échelle, le surveillant s'accroche, manque de tomber. Le second a repris son ascension. Oruma ne désarme pas et tente à nouveau de le faire tomber. Le surveillant tangue dangereusement sur sa gauche. L'espace d'une seconde, je crois qu'il est tombé. Non, il se rattrape, agrippe solidement un barreau à deux mains, se fige à nouveau. La lente progression se poursuit. À la suite des deux « ouvreurs » équipés de leur seul bouclier, les autres commencent à gravir à leur tour les premiers échelons.

Le premier atteint enfin le toit, bouclier brandi en guise de protection. Furieux, Oruma se jette sur lui en donnant d'inutiles coups de pied contre le Plexiglas, mais déjà le surveillant de l'autre échelle est en haut et se rue sur lui, bouclier en avant. Sous le choc, le détenu glisse et s'affale sur le toit. Une seconde plus tard, les six gardiens, dans une mêlée indescriptible, se jettent sur lui. D'où je suis, je ne vois plus qu'un amas de bras, de jambes, de casques. Oruma est en dessous, vaincu.

À sa fenêtre, un prisonnier commence à hurler, mais le directeur adjoint l'interrompt rapidement : « Attendez, vous avez vu qu'il a essayé de faire tomber les surveillants ! Alors ne dites pas que ce sont les surveillants qui cherchent ! »

Le détenu se tait.

Maintenant il s'agit de faire descendre le mutin. On s'interroge sur la marche à suivre. Ce n'est pas tous les jours qu'il faut ficeler un détenu et le descendre d'un toit. Quelqu'un part chercher une corde, d'autres un matelas pour amortir la descente. Quant à moi, un gradé me renvoie à mon étage pour surveiller. Je gravis quatre à quatre les marches pour me faufiler comme la dernière fois dans l'office, poste stratégique qui m'offre une vue parfaite.

Les six surveillants du toit sont en train de ficeler Oruma comme un saucisson. Mains dans le dos, plaqué à terre sur le ventre, il ne résiste même plus. Accroché au bout d'une corde, il est descendu comme un vulgaire paquet de linge sale. Son corps tournoie dans les airs avant d'atterrir en douceur sur le matelas. Là, d'autres surveillants le saisissent et l'expédient illico au QD. Les « Robocop » descendent du toit, visière relevée. Tout le monde sourit. L'opération s'est bien passée. Ça fera une histoire à raconter aux copains, au mess. Les chefs aussi ont l'air satisfaits.

Je ne m'en étais pas rendu compte, mais tout mon corps est crispé, tendu, comme au cinéma au moment des scènes critiques. J'ai vraiment cru, à un moment donné, qu'un des surveillants allait chuter dans le vide et se rompre le cou. L'opération était périlleuse, mais a au moins présenté un avantage : la direction interrégionale ne saura rien de cette nouvelle « mutinerie ».

Voilà : le stage se termine, ces deux mois auront passé vite, finalement. Je dois repartir une dernière fois à l'Enap avant d'être affecté, dans quelques mois, à mon établissement définitif.

Je vide ma chambre, ramasse les quelques affaires que j'y avais apportées, et abandonne sans regret le mauvais matelas qui m'a tenu lieu de couche durant l'été.

Le formateur nerveux qui m'avait accueilli le tout premier jour me reçoit dans son bureau, beaucoup plus décontracté, cette fois, pour me donner ma note de stage : 75 sur 100 ! La meilleure note des six stagiaires, avec, en prime, une lettre de félicitations à l'attention de la directrice de l'Enap pour avoir « déjoué une tentative d'évasion ». Me voici félicité par la Pénitentiaire !

Orléans

19 novembre-30 décembre 2009

1

« Il va falloir apprendre à jouer de la flûte »

Recroquevillé derrière la vitre de l'entrée, un gardien me regarde avancer dans sa direction, sac sur l'épaule, encore vêtu en civil d'un jean et d'une veste. Je lui montre ma carte d'identité : « Bonjour, je suis Arthur Frayer, je fais partie des nouveaux surveillants affectés à la prison. » Son visage se détend : « Bienvenue, collègue ! »

Un déclic et la porte d'entrée s'ouvre devant moi. Je passe sous le détecteur de métaux, puis file au vestiaire où je quitte mes vêtements pour l'uniforme. Encore une porte et me voici – enfin ! – dans le vif du sujet : la maison d'arrêt d'Orléans, où je suis supposé faire ma carrière dans la Pénitentiaire. Je me suis fixé pour objectif d'y rester trois mois. Après, je démissionnerai et écrirai mon histoire.

Dire que j'ai été en classe de seconde au lycée Pothier, en contrebas du boulevard qui longe la prison ! Je n'ai jamais cherché à en savoir davantage sur cette sinistre bâtisse du centre-ville, avec ses hauts murs de moellons, son toit de tuiles rouges et sa vaste verrière qui réverbérait le soleil en fin d'après-midi. Le long mur, je l'ai longé quelquefois à pied, toujours pressé, comme si quelqu'un m'épiait. Il suffisait de s'en approcher pour se sentir hors la loi.

Adolescent, j'ai erré avec mes copains dans le centre commercial tout proche pour acheter du soda, des gâteaux, lorgner les vêtements de marque dans les vitrines. Nous parlions rarement de la prison, la « zonzon », comme disaient certains pour feindre la familiarité avec un endroit qu'aucun ne connaissait. Les plus bravaches racontaient que des amis à eux, des « gars de l'Argonne », le « quartier dur » de la ville, y étaient passés.

Après Châteaudun, je suis retourné à l'Enap. Quelques jours avant la fin de la formation, on nous a remis notre classement de sortie de promotion ; étant 64e sur un peu plus de 400, j'ai pu obtenir sans difficulté mon affectation à la prison d'Orléans.

Quinze minutes après être entré dans le vestiaire, je me retrouve aux côtés de trois autres « nouveaux ». Uniformes impeccables, rasés de près, nous voici alignés, mains dans le dos, devant la large table d'une salle de réunion. Quelques codes de procédure pénale trônent sur une étagère à côté de trophées sportifs.

Pour la troisième fois en six mois, je me retrouve devant une petite délégation venue nous accueillir dans l'établissement. Je devrais m'y habituer, mais je ne me sens pas à l'aise, toujours inquiet d'être découvert.

Face à nous, l'adjoint du directeur, un lieutenant et des gradés nous dévisagent, solennels, en attendant que l'un d'eux se décide à parler.

Le directeur adjoint se tord les doigts sans s'en rendre compte. Le silence et les échanges de regards se prolongent. Je crois comprendre que c'est à lui de prendre la parole. Enfin, il s'adresse à nous d'une voix un peu traînante : « Bonjour et bienvenue à la maison d'arrêt d'Orléans. J'espère que tout va bien se passer pour vous. Pour ceux d'entre vous qui ne le savent pas, la prison date de 1896 et commence à se faire vieille. Sa capacité est de 105 places, mais bon, malheureusement, comme beaucoup d'établissements en France, on est en surpopulation. » Silence. « Aujourd'hui, nous abritons 249 détenus et nous avons pas mal de cellules avec trois personnes à l'intérieur… Mais, rassurez-vous, nous avons déjà été bien plus nombreux ! »

Si je ne me trompe, cela fait un taux de surpopulation de plus de 230 %, presque le double de Fleury-Mérogis.

Il poursuit du même ton détaché la litanie des problèmes recensés depuis son arrivée à Orléans, l'été dernier. Le nom des détenus n'est pas inscrit sur toutes les cellules, si bien qu'on ne sait jamais qui est censé se trouver à l'intérieur. Pour nous tester, il leur arrive de se faire enfermer dans une mauvaise cellule, nous avertit-il. « Il y a peu, on a trouvé un déodorant en spray dans une cellule... Jusqu'à preuve du contraire, les lance-flammes sont interdits en détention ! »

Son bras droit, le lieutenant qui se tient à côté de lui, prend le relais d'une voix feutrée de bibliothécaire. Ce qu'il nous annonce n'a rien de très rassurant : « Nous sommes en sous-effectif depuis pas mal de temps. L'été a été particulièrement dur pour vos collègues, qui se sont parfois retrouvés avec quarante heures supplémentaires par mois. Tout le monde vous attend avec impatience ici, et je ne vous cache pas que vous allez rapidement faire vous aussi des heures sup. Certains de vos collègues sont à bout, ils ont vraiment besoin de souffler. »

Mains toujours nouées dans le dos, visages anxieux, nous ne disons rien.

J'avais trouvé Fleury éprouvant. Orléans m'a tout l'air d'être encore pire.

Derrière le lieutenant, certains cadres hochent la tête sans piper mot. Sur un signe du directeur adjoint, ils se présentent à leur tour : le comptable, le responsable informatique, le responsable de l'équipe de foot. « On n'a pas gagné beaucoup de matchs l'année dernière... En fait, on n'en a gagné aucun, mais l'ambiance est très sympa et ça permet surtout de se détendre après le boulot. Si vous voulez venir, n'hésitez pas ! » On nous distribue des duvets pour les rondes de nuit : il faudra dormir en prison. On me glisse ensuite dans les mains un formulaire à remplir, des fascicules touristiques sur Orléans, la liste des restaurants, des bars, des quelques musées, et plusieurs feuilles de renseignements sur la maison d'arrêt. Je remarque une liste des « zones à éviter » pour notre hébergement : en fait, les « cités » de l'agglomération, l'Argonne, Saint-Jean-de-la-Ruelle et Orléans-La Source, là où j'ai fait ma première et ma terminale.

Midi. Je repasse par le vestiaire troquer mon uniforme pour mon jean et mes baskets, et me voilà parti, avec les trois autres « nouveaux », manger un morceau dans le centre commercial tout proche.

Je suis le seul à être du coin, les autres ont atterri à Orléans par hasard. Benoît arrache une énorme bouchée à son sandwich et, la bouche pleine, me postillonne un début d'explication. Je comprends qu'il vient du Nord, qu'il ne savait pas trop où s'orienter, et qu'il avait un seul souhait : ne pas aller dans une prison parisienne. « Moi aussi je voulais éviter Fleury-Mérogis. J'y ai fait mon stage d'été, et j'en ai trop chié », renchérit Daniel en jouant avec sa chevalière. Benoît et lui se sont décidés ce matin, en dix minutes, à prendre une colocation ensemble. Alex, le troisième larron, la petite trentaine, est père de famille, avec des soucis de père de famille : femme et enfant restés en Bretagne, travail à Orléans, il va devoir faire un grand écart de six cents kilomètres. Il pense s'acheter un camping-car qu'il installera sur un parking du centre-ville. « Je n'ai pas 300 euros par mois à mettre dans une chambre. J'ai déjà une maison à payer », explique-t-il.

Le temps passe. C'est déjà l'heure de retourner à la prison. À la sortie du vestiaire, on retrouve trois autres jeunes surveillants qui n'ont pas compris que la convocation était pour ce matin. On les chambre un peu : « Ça promet, si vous oubliez de venir travailler ! »

Nous patientons au-dehors dans l'air frais. Les mains enfouies dans mes poches, je me balance d'un pied sur l'autre pour me réchauffer quand le professeur de sport vient se poster à cinq centimètres de mon nez.

– Salut, enchanté ! Je suis le prof de sport et, en même temps, le délégué syndical de l'Ufap [Union fédérale autonome pénitentiaire]. Je ne sais pas si vous avez déjà entendu parler de moi ici ?

– ...

– Si ce n'est pas le cas, ça ne devrait pas tarder.

Il n'a pas le temps d'en dire davantage. Deux hommes en civil, au ventre rebondi, me tendent la main à leur tour.

– Bonjour, collègue !

– Euh... bonjour !

– Nous, nous sommes les « remplaçants », des sortes de jokers, m'explique celui qui doit être le plus âgé. Nous donnons des coups de main dans toutes les taules du coin où il manque du monde.

D'après eux, Orléans n'est pas terrible, mais Blois et Troyes sont encore pires. Le syndicaliste lève les yeux au ciel.

– Tout ce que je peux vous dire, c'est de vous syndiquer. Dans la Pénitentiaire, c'est une assurance. Peu importe le syndicat, allez voir en face si vous voulez, je m'en fous, mais faites-le !

Un des ventres rebondis :

– Moi, j'ai fait vingt ans dans le privé, et il n'a jamais été question de me syndiquer. Je n'aimais pas ce genre de truc. La politique et tout, ça ne m'intéressait pas. Par contre, ici, c'est vraiment important : ça vous protège !

En fin d'après-midi, Dambert, un premier surveillant coiffé à la Jeanne d'Arc, au regard dur, nous emmène visiter la « détention ». On le suit en file indienne. Il franchit les portes, nous franchissons les portes. Il attend à une grille, nous attendons à une grille. Il nous prodigue ses premiers conseils : « Il va falloir "jouer de la flûte" avec les détenus, les embobiner pour leur montrer que c'est vous les chefs, parce que, c'est sûr, ils vont vous tester. Dites-leur que vous êtes passés par Fleury-Mérogis, Bois-d'Arcy, Nanterre... Il faut les impressionner, comme eux vont le faire en vous parlant de leurs histoires de trafic et de grosses BMW ! »

Nous parcourons encore quelques mètres à l'extérieur quand apparaît devant nous le bâtiment « historique » de la prison, avec ses hauts murs couleur de terre, ses fenêtres grillagées, ses tuiles rouges délavées par la pluie. J'ai beau être rodé, la vue des bâtiments de détention me glace toujours. « Avant, nous explique notre guide, Orléans était surnommé le "petit Fresnes" parce que la disposition des lieux et l'organisation étaient les mêmes que là-bas. »

Nous entrons. Immédiatement à notre droite, le « rond-point », le centre névralgique, comme dans les autres taules, à partir duquel les portes s'ouvrent à distance et où sont stockées les clés. À gauche, deux grilles rouillées derrière lesquelles se laissent deviner les étages et quelques détenus en mouvement. On entend des cris étouffés, des coups donnés contre une porte. Tout résonne. Tout pue, surtout. La même odeur que dans toutes les autres prisons. Sueur, tabac froid, ennui.

Quelques surveillants passent en nous saluant. L'un d'eux, la voix rocailleuse, plaisante :

– Bienvenue dans le bordel organisé ! Vous allez voir…

– Ne leur fais pas tout de suite peur, rigole Dambert-Jeanne d'Arc.

Nous franchissons les deux grilles après avoir entendu encore une fois le son sec du pêne qui se retire. L'intérieur a des airs de cathédrale sinistre et délabrée. J'en reste bouche bée, les autres aussi. Nous embrassons des yeux notre nouveau lieu de travail. Poisseux et brun, le sol fait un bruit de succion à chacun de nos pas. Orléans est une prison à l'ancienne avec des coursives « ouvertes » courant le long des murs de chaque étage, protégées par une petite rambarde en fer forgé. Au milieu : du vide, rien que du vide, ce qui permet de se voir et de se parler d'un étage à l'autre. Un filet de protection, grosse toile d'araignée, a été tendu pour éviter que les détenus ne sautent ou ne s'y fassent pousser.

Nous croisons un détenu qui boitille. Nous ne répondons même pas à son « bonjour ». Tous, nous avons les yeux levés vers les étages, le plafond percé de puits de lumière, le filet de protection. Pas le temps de s'attarder : Jeanne d'Arc nous fait signe de continuer.

« La prison forme un Y, vue du ciel. Ce que l'on appelle la "grande détention", c'est la tige du Y. La petite barre de droite, c'est la "petite détention". Dans ces deux parties, il n'y a que des hommes. La petite barre de gauche, c'est le quartier des femmes, là où, messieurs, vous n'irez jamais travailler ! Cette partie de la prison est séparée par un sas et deux portes verrouillées, de sorte que les détenus et surveillants hommes ne croisent jamais les détenues femmes. C'est strictement interdit. »

J'essaie de me rappeler toutes les informations qu'il vient de nous livrer, mais tout s'embrouille, je perds le fil. « Il y a aussi une répartition par étage. Ici, au rez-de-chaussée, il n'y a que quelques détenus : les “corvées extérieures” qui nettoient les abords de la prison, les “auxis cantine”, quelques suicidaires et les “bizarres”, qu'on garde à l'œil. Ici nous avons aussi les mineurs. Normalement, interdiction formelle qu'ils croisent les majeurs : il y va de leur protection et tout ça... Mais bon, ça, vous verrez vite que c'est la théorie. Au premier étage, ce sont les prévenus, ceux qui attendent leur jugement, et au second les condamnés. Pareil : en théorie, ils ne doivent pas se croiser. En théorie... »

Parmi les « bizarres », il y a un garçon de vingt ans qui urine toutes les nuits dans son lit et passe sa journée à sucer son pouce. Personne ne veut être en cellule avec lui : il mange tout ce qui passe à portée de sa main, y compris le repas de ses codétenus. On apprendra à le connaître, il vient juste de revenir après un énième passage à l'hôpital.

Nous traversons la grande détention sous l'œil curieux d'autres détenus qui nous dévisagent. L'un d'eux interroge : « C'est la relève, chef ? »

La visite continue au pas de course jusqu'à l'extrémité de la petite détention, là où se trouvent le quartier disciplinaire (QD) et le quartier d'isolement (QI). Une vilaine odeur d'urine filtre d'une des cellules ; Jeanne d'Arc n'y prête pas attention.

Deux détenus sont actuellement à l'isolement. Le premier a tué son frère au couteau après une soirée trop arrosée. Le second est là pour être protégé des autres, qui cherchent à lui faire la peau. Un article de *La République du Centre* résumant son procès pour pédophilie a circulé dans la prison.

Pour la seule et unique fois, on nous fait passer dans le quartier des femmes, « pour voir ». Aucune détenue sur les coursives, aucun bruit, aucun cri. Pas même l'odeur de moisi : un autre monde. Une surveillante nous fait visiter : « Ici, en général, il n'y a pas plus d'une vingtaine de femmes. Contrairement au quartier des hommes, c'est très calme, les femmes n'ont pas du tout le même comportement en détention. Elles sont moins violentes… mais beaucoup plus hypocrites. Disons que les hommes sont moins fins. » Véronique Courjault, la mère infanticide des « bébés congelés », est emprisonnée derrière l'une de ces portes.

Daniel lorgne à l'intérieur d'une cellule. Il est tout de suite rappelé à l'ordre par la surveillante. « Non, non ! Il ne faut surtout pas faire ça ! Pas toi, en tout cas. Imagine qu'elle soit nue dans sa cellule ! »

Dans le jour finissant, je regagne ma voiture garée au milieu des flaques. Je traverse la ville, l'esprit vide. Les éclairages publics dessinent des gouttes de lumière sur le ciel gris, les lycéens s'agglutinent sur le trottoir en bas du boulevard, quelques bus bouchonnent à l'entrée de la gare routière. Tout mon corps est encore contracté, un vague mal de crâne me chauffe les tempes ; j'ai besoin de manger, de dormir, de me laver afin de me débarrasser de toute cette odeur.

Je me réinstalle chez mes parents pour la seconde fois cette année. Je retrouve la chambre que j'ai occupée quelques mois plus tôt. Rien n'a changé : les draps à l'odeur de lessive et l'étagère libérée sont toujours là. Je m'angoisse à l'idée d'être jeté dans le grand bain. Châteaudun, avec ses 35 détenus par coursive, était une promenade de santé à côté de ce qui m'attend. J'en aurai à présent plus de 90. Tout ce que l'on m'a dit aujourd'hui tourbillonne et se mélange dans ma tête : la grande détention, le mitard, le QI, le rond-point… Je n'arriverai jamais à tout retenir.

Comme après chacune de mes premières journées, je m'affale sur mon lit et m'endors aussitôt. Dès demain matin, je vais commencer à travailler en doublure.

2

« Surveillant, vous verrez, on est des gens cool ! »

6 h 30. Mon premier jour de « vrai » travail de « vrai » maton commence dans un froid polaire. Emmitouflé dans mon manteau, j'attends l'ouverture du rideau métallique de l'entrée en expirant de petits nuages de vapeur. Le gel me ronge les oreilles et les commissures des lèvres. Quelques minutes plus tard, la silhouette d'un surveillant ensommeillé apparaît à travers les stores du sas d'entrée. Un moteur ronronne et le rideau de fer s'ouvre. Je me glisse à l'intérieur.

Le temps de passer au vestiaire et je me retrouve vingt minutes plus tard face à Erika, la surveillante que je dois suivre pour ce premier jour de travail. Une apparition : ses longs cheveux bouclés retenus par une broche fantaisie descendent en cascade sur ses épaules et la font ressembler à une starlette de cinéma. Elle pivote sur elle-même et dépose deux bises sur mes joues glacées. Elle sent si bon que j'en oublierais presque l'odeur de la prison.

Direction : le deuxième étage. Le large escalier de bois craque sous mes pas et résonne dans la prison endormie. Je remarque entre les planches quelques mégots et des épluchures de clémentine ratatinées. Les carreaux d'une fenêtre sont cassés, le vent siffle entre les mailles du grillage. Dehors, tout est encore nuit et givre.

À l'étage, le parquet continue de grincer sous mes rangers. Devant moi s'étend la « grande détention » et son trou béant.

De lourdes portes de bois brun, numérotées, s'alignent selon une géométrie parfaite, chacune fermée, en sus du pêne, par deux gros verrous fixés en haut et en bas : « Pour que les détenus ne fracassent pas les portes, car le pêne n'est pas suffisant pour supporter les coups », nous a expliqué un surveillant.

Erika s'est assise à un bureau installé au milieu de la coursive et consulte le nombre de détenus à l'étage : 84 pour 38 places. « Tu vas voir, me dit-elle, ici c'est le gros bordel, je n'ai jamais vu ça avant. Rien que ce bureau… Dès qu'on a le dos tourné, les détenus peuvent fouiller dans nos cahiers et connaître notre nom de famille… Si tu veux un conseil : ne marque que tes initiales. Ça évitera qu'ils te retrouvent un jour. »

Elle se lève et va ouvrir une première porte, la 224, la cellule des deux auxis de l'étage. Roland, un petit râblé, sort en se frottant les yeux. Bouziane, le second, le suit en finissant de boucler la ceinture de son pantalon.

– Bonjour, surveillante ! Bonjour, surveillant ! Tiens, vous êtes nouveau ici ?

– Ça se voit tant que ça ?

– Non, non, rigole-t-il en exhibant ses dents cassées. C'est juste que les nouvelles têtes, on les repère vite !

Erika décroche son trousseau de clés de sa ceinture et ouvre une deuxième porte. La cellule n'est éclairée que par le halo de lumière du téléviseur. William Leymergie parle dans le vide. Il n'est pas encore 7 heures, et les deux prisonniers dorment toujours sous leur couverture. Erika leur adresse un « bonjour » de pure forme et récupère le courrier dans la « boîte aux lettres » : en fait, une boîte de céréales fixée à la porte à l'aide de la traditionnelle pâte dentifrice.

Bouziane, l'auxi, passe derrière elle, dépose sur le sol deux oranges et deux petits carrés de beurre pour le petit déjeuner (le café ou le cacao lyophilisé ont été distribués la veille). Il vide ensuite le contenu de la poubelle placée sur le seuil. La porte se referme. Deuxième cellule, même rituel :

courrier, beurre, poubelle. Troisième cellule : courrier, beurre, poubelle.

Je découvre pour la première fois l'intérieur des cellules. Le plafond est plus haut qu'à Fleury-Mérogis et Châteaudun, mais l'espace plus encombré. Il y a chaque fois trois lits superposés et presque toujours autant de détenus qui y dorment. Dissimulés derrière une porte à battants, les toilettes et un lavabo occupent l'autre côté de la pièce. Les fenêtres sont obstruées par des barreaux doublés de caillebotis pour empêcher de yoyoter, et, là aussi, masquées par des serviettes de toilette. En bas du mur, deux épaisses conduites d'eau longent le sol. Partout, encore et toujours, la même odeur d'oignon rance et de cendrier plein.

Arrivée à la 202, Erika scrute dans l'obscurité les trois lits superposés. « Bonjour, les gars ! Salman, c'est l'heure de la douche médicale, préparez-vous ; je repasse dans dix minutes. »

Les « douches médicales » sont réservées aux détenus qui ont des problèmes de peau, comme Salman, m'explique-t-elle. Si le docteur leur a établi un certificat médical, ils ont droit à une douche par jour, mais seulement entre 7 et 8 heures du matin. « Tu verras, ajoute Erika, souvent ça les emmerde de se lever aussi tôt, et ils essaient de négocier pour que ça soit plus tard. C'est *niet* ! Après, les douches doivent être libres. Parfois, ils préfèrent dormir et refusent d'y aller. Il faudra que tu le marques dans un cahier. Après trois refus, on leur supprime définitivement la douche. »

Elle m'explique ensuite qu'il ne faut surtout pas envoyer ensemble à la douche des prisonniers qui ne sont pas du même côté de la coursive, les côtés pair et impair : « Il peut y avoir des interdictions de communiquer, ou tout simplement des gars qui veulent se battre. »

J'inscris tout cela dans mon carnet, à côté de mes notes de la veille : les mineurs ne doivent pas croiser les majeurs, les prévenus du premier étage ne doivent pas croiser les condamnés du deuxième, le côté pair d'un étage ne doit pas croiser le côté impair, le détenu à l'isolement ou au mitard ne doit croiser personne...

Nous parvenons à la dernière cellule de l'étage. Vaseux, un des occupants se lève péniblement, en tâtant le carrelage froid du bout du pied pour trouver sa paire de claquettes. Pour faire la conversation, je lui demande si ce n'est pas trop dur de se lever aussi tôt. Il me foudroie du regard et répond avec colère. « Non, c'est pas dur ! Qu'est-ce que vous croyez ? Quand je vendais de la drogue dehors, c'était toujours le matin. Vous savez : quand la police baisse la garde. C'est là que les affaires se font. Non, c'est pas dur : j'ai travaillé dix-huit ans en usine, et tous les jours je me levais tôt ! »

Je retourne auprès d'Erika, qui est en train d'inscrire sur un cahier le nombre de détenus de l'étage, ce qui doit être fait tous les matins, tous les midis et tous les soirs. Je lui demande si elle a eu le temps de compter l'ensemble des prisonniers. Elle me répond sans ambages : « Sincèrement, tu les as comptés, toi ? Il suffit qu'ils soient sur le lit du haut, et alors on ne les voit pas. Je n'ai pas l'intention de les réveiller pour me prendre la tête à 7 heures du matin. De toute façon, il n'y a aucune étiquette avec les noms sur les portes, ce qui fait qu'on ne sait même pas combien ils sont censés être dans la cellule. Je te l'ai dit : c'est vraiment du n'importe quoi, ici ! »

Erika est arrivée à la prison d'Orléans il y a tout juste un mois et demi. « J'ai un parcours un peu atypique », me raconte-t-elle en souriant. Avant, elle habitait par ici et bossait pour un grossiste en cosmétiques. Comme elle parle quatre langues, elle travaillait à l'international : « Une sorte de commerciale de luxe. » La boîte a été reprise, et les nouveaux boss ont viré tous ceux qui coûtaient trop cher… Elle avait son gosse, elle était seule, « j'ai pris le premier taf que j'ai trouvé : surveillante ». À l'époque, ils commençaient juste à prendre des femmes dans les quartiers hommes.

Bouziane, l'auxi, ressort de sa cellule un balai à la main et commence à nettoyer énergiquement la coursive en discutant.

– Alors, surveillant, vous avez travaillé où, avant de venir ici ? Vous verrez, on est tranquilles. Si vous êtes réglo, vous serez pas emmerdé. On est des gens cool.

– Je suis passé par Fleury-Mérogis et…

– Ah ouais, c'est comment, Fleury ?

Erika lui coupe la parole :

– Ici, à Orléans, il y a des détenus qui se la jouent gros bras, mais je les ai vus, à Fleury, moi, quand j'y suis passée : ils pleuraient leur mère quand ils débarquaient ! Ils ne connaissaient personne et se chiaient dessus. Alors, il ne faut pas trop nous la faire !

Bouziane retourne à son balai en marmottant que Fleury ne lui fait pas peur. Je me rapproche. Et lui, est-ce qu'il a fait d'autres taules ? Il se détend, sourit, et me liste ses prisons d'une traite comme un militaire énumérerait ses campagnes : Tours, Troyes, Rennes. Châteauroux aussi pour son SMPR, le service médico-psychologique régional, parce qu'il a des « problèmes psychologiques ». Quel genre de problèmes ? Il m'explique que parfois il pleure sans savoir pourquoi. Il a déjà essayé de se pendre. Il ne tient pas en place. « C'est pour ça qu'on m'a mis auxi, pour que je sois pas toujours dans la cellule ; sinon, ça va pas dans ma tête. » Il est à la prison depuis dix mois avec une seconde affaire à l'instruction pour une histoire de stupéfiants. Il va peut-être prendre « trois piges » supplémentaires. Comme à chaque fois que je prête l'oreille, toute l'histoire du détenu sort d'un coup : je ne le connais pas, mais il me livre toute sa vie. Quand il sortira, il veut déménager à Paris et trouver un travail là-bas, loin de l'Argonne. Je lui fais remarquer que les loyers y sont élevés. Ça ne le décourage pas. En plus, avec ses « problèmes psychologiques », il existe des aides, « des trucs dans le genre », il en est sûr. Et puis il aura une belle petite femme, une beurette qui sait cuisiner.

Erika va griller une cigarette dans la salle de repos et me demande d'envoyer les détenus à la bibliothèque du rez-de-chaussée : « Par groupe de six au maximum, pas plus, et il faut qu'ils soient revenus dans une demi-heure. Compris ? »

J'ouvre une cellule. L'homme qui est à l'intérieur referme d'un geste lent le livre posé devant lui. Son regard a quelque chose d'envoûtant, à la fois lumineux et triste. Il s'appelle Sadat. « Bonjour, monsieur. » Il a dû arriver il y a peu pour se montrer aussi poli. Il s'avance sur le pas de sa porte pour me demander quelques informations sur le fonctionnement de la prison. « Savez-vous ce que je dois faire pour transmettre un courrier à mon avocat ? » La voix est calme, le ton posé. Malheureusement, j'en sais aussi peu que lui pour le moment et je lui conseille de poser la question à ma collègue. Il disparaît en direction de la bibliothèque, son livre sous le bras. Une demi-heure plus tard, il revient. Je lui demande ce qu'il lisait tout à l'heure. Il marque un temps d'arrêt.

– Pourquoi voulez-vous savoir cela, monsieur ?

– Juste comme ça. C'est intéressant de savoir ce que les gens lisent. Ça permet de mieux les connaître.

Il lisait un livre d'Alexandre Adler sur le 11 septembre et ses conséquences. Le genre d'ouvrage que personne n'emprunte ici.

Un second prisonnier émerge à sa suite sur la coursive. Je lui demande ce qu'il vient faire là. « Bah, je reviens de la bibliothèque, surveillant ! Qu'est-ce que vous croyez ? Je sais lire, hein… Victor Hugo, Émile Zola, Jacques Prévert… J'ai été à l'école, comme tout le monde ! » On rigole tous les deux.

11 h 30 : l'heure de la « gamelle ». Les deux « gamelleurs » (surnom que donnent les autres taulards aux auxis), veste de cuistot et petite toque sur la tête, réceptionnent sur un chariot métallique les plats envoyés des cuisines par le monte-charge. Steak-purée au menu. Roland, le deuxième auxi, fait la grimace en soulevant le couvercle. Bouziane recompte les bananes et les parts de fromage pour « éviter les embrouilles ». Ils dégainent les louches, se campent chacun à une extrémité du chariot et m'adressent un petit hochement de tête. « On est prêts, surveillant ! » La distribution commence.

Au bout d'à peine deux ou trois cellules, j'entends quelqu'un tambouriner comme un damné contre une porte. Erika et moi interrompons la distribution. « Ça va nous mettre en retard, ça », maugrée-t-elle.

Kruma demande à voir l'infirmière depuis le début de la matinée :

– Putain, je suis malade ! MALADE ! Je veux voir l'infirmière, et tout de suite ! J'en ai marre, j'ai fait tout ce qu'il fallait faire, j'ai écrit, j'ai demandé, et j'attends depuis hier. On me dit "oui, oui" et y a toujours rien ! Vous m'avez dit qu'elle était en réunion et je l'ai vue passer en bas tout à l'heure. Faut pas se foutre de moi ! Je veux la voir ! J'ai mal à la gorge, putain !

Erika lui répond du même ton énervé :

– Écoutez, je l'ai déjà appelée et on m'a répondu qu'elle était en réunion. Après, ce n'est plus de mon ressort. Qu'est-ce que vous voulez que je fasse ?

Quelques minutes plus tard, elle retourne voir Kruma pour lui parler à voix basse sans se faire entendre des auxis. Elle le tutoie, maintenant.

– Écoute, je comprends tout à fait que tu sois énervé. Moi aussi, parfois, ça me rend dingue. On nous répond « non » dès qu'on demande quelque chose, alors qu'en fait ils sirotent tranquillement leur café à l'infirmerie. Parfois, j'ai sacrément envie de distribuer des baffes, je te jure ! Je te promets que je fais mon possible pour que tu y ailles.

La « gamelle » se poursuit. Bouziane sert de généreuses louchées de purée et Roland fait sauter les steaks, durs comme des semelles, dans les assiettes. À la dernière cellule il ne reste plus rien dans le plat. Les deux occupants s'énervent contre l'auxi sans pouvoir s'avancer vers lui, le chariot leur bloquant le passage.

– Putain, c'est toujours la même chose avec toi ! Tu te fous de notre gueule, à servir tes potes en premier ! C'est toujours nous en dernier, et on se retrouve sans bouffe ! Fais chier !

Ils se tournent vers nous.

– Surveillants, ça fait déjà la sixième fois ! On ne mange pas de porc ni de viande parce qu'elle n'est pas hallal… Si en plus on n'a plus de féculents, qu'est-ce qu'il nous reste à manger ? Il nous faut au moins ça pour tenir la journée !

Alors que Bouziane part remiser son chariot sans chercher à discuter, un des deux prisonniers, installé sur le pas de sa porte, poursuit :

– Surveillant, regardez. Je n'ai pas mon repas : il serait normal que je refuse de réintégrer ma cellule. C'est juste un exemple ; je ne dis pas que c'est ce que je vais faire, mais vous pourriez comprendre que je le fasse. Je veux dire : c'est comme un contrat. J'ai fait une connerie, je suis enfermé, c'est normal. J'accepte. Mais l'Administration pénitentiaire doit me nourrir, me donner à manger. C'est une obligation. Sauf que si je refuse de réintégrer, c'est commission et mitard… Vous voyez ce que je veux dire ?

Erika part voir s'il n'y a pas des restes aux autres étages. Elle râle :

– Franchement, c'est pas normal qu'ils n'aient pas leur bouffe. Non, c'est pas normal !

Elle revient avec un fond de purée.

Alors que je crois la journée finie, un détenu nous appelle pour un renseignement sur les réductions de peine. Erika lui explique le principe des « confusions de peines ».

– C'est quoi, ça, madame ? demande le prisonnier, la bouche en cœur.

– Quand vous êtes condamné plusieurs fois pour une même chose, les peines peuvent être confondues. Mais attention, hein ! Si vous avez volé un pain et qu'après vous avez fracassé une grand-mère, ça ne marche pas. Il faut soit fracasser des grand-mères, soit voler des pains : d'accord ?

Les détenus sourient ; nous aussi. On a faim et mal aux jambes. Erika finit par s'asseoir quelques secondes à son bureau en songeant à sa prochaine pause cigarette. « C'est quand même plus facile quand on travaille à deux », soupire-t-elle. Ce cas de figure est exceptionnel ; ce matin, c'était pour qu'elle me montre le boulot. Le reste du temps, il n'y a qu'un surveillant pour s'occuper de l'étage et de ses 84 « locataires ». J'ai du mal à la croire, mais elle confirme. Cela ne présage rien de bon.

Enfin, le surveillant de l'après-midi arrive. Nous lui passons les clés et le Motorola en même temps que les consignes de la matinée. Kruma doit finalement aller à l'infirmerie à 14 heures, et il faut faire attention à la distribution du repas. Un dernier « Bon courage ! » et nous redescendons.

Deux détenus de l'étage inférieur se sont cachés derrière le monte-charge pour discuter à l'abri du regard des surveillants ; ils devraient être à la douche. Erika les tance gentiment :

– Bon, allez, messieurs, retournez dans vos cellules : qu'est-ce que vous faites ici ?

– On prépare une évasion, rigole l'un d'eux.

– Ah ouais ? s'amuse-t-elle. Très bien, mais ne faites pas ça demain, je travaille encore. Dimanche, par contre, je suis de repos.

– Pas de soucis, on vous fera ça dimanche !

Ils continuent de rigoler en regagnant leur étage.

Je me hâte de rentrer chez moi : je retravaille ce soir.

Sitôt parti, sitôt revenu. Six heures après avoir quitté la taule, me voici donc de retour, peu avant 19 heures, pour apprendre le fonctionnement de la prison en début de soirée. Un surveillant m'avertit :

– Ça tombe bien que tu sois là, il va y avoir de l'activité, ce soir. La police vient de démanteler un trafic de drogue. En plus il y a Bozoul qui revient d'extraction.

Devant mon incrédulité, il répète le nom : « Bozoul ». Connais pas.

– Tu vas vite apprendre à le connaître ! Il est à moitié fou. Il était jugé en appel aujourd'hui. On va voir combien il a pris. De toute façon, ça peut pas être pire qu'avant... Il a pris trente ans en première instance pour meurtre.

Une voiture de police vient de franchir le portail de la prison et amène un nouvel arrivant. Menottes aux poignets, un jeune garçon descend du véhicule encadré de trois policiers.

Jean sale, pull à grosses mailles, du sang séché et des plaies à la tête. On le pousse jusqu'au greffe. Clac, clac. Les menottes sautent. Il se masse les poignets, regard perdu, mains tremblantes. Je me demande bien ce qui a pu lui arriver pour qu'il soit dans cet état. Il s'adresse à nous :

– Je pourrais avoir du tabac, s'il vous plaît ? Ça fait deux jours que je suis en garde à vue et j'ai pas fumé. J'ai besoin d'une clope. Personne n'a du tabac ? Personne ne fume ? Personne ne fume ?

Le chef :

– On verra ça plus tard. Peut-être que quelqu'un en aura. C'est quoi, votre nom ?

– Andros.

– Votre âge ?

– Vingt-deux ans.

– Situation familiale ?

– En couple, un enfant.

– Lieu de naissance ?

– Athènes, en Grèce.

– Profession ?

– Soudeur.

– Diplôme ?

– BEP.

Un autre surveillant :

– Alors, tu es là pour quoi, cette fois ? Tu es sorti il y a pas longtemps, si je me souviens bien ?

– Je suis sorti en mai. Putain, j'ai vraiment fait de la merde, cette fois ! J'ai eu un accident de voiture et y a un gars qui est mort. Fait chier ! Ils m'ont arrêté pour refus d'obtempérer ou un truc comme ça, je sais plus exactement.

Au refus d'obtempérer s'ajoute une conduite sans permis et sous l'emprise de stupéfiants.

– Je peux prendre une douche ?

– Ah non, c'est trop tard. Il faudra attendre demain matin.

– Et j'ai pas mangé.

– Ne vous inquiétez pas : tout est prévu. Il y a un sandwich pour vous dans la cellule.

On lui prend ses empreintes, puis on le fait se coller le long du mur en lui tendant une petite ardoise avec son nom et son nouveau numéro d'écrou. Il se force à sourire. Le chef prend la photo.

– C'est pas pour ma copine, au moins, j'espère ?

Quelques instants plus tard, quatre nouveaux policiers se présentent avec un gaillard en survêtement de sport : Bozoul ! Les cheveux en pagaille, le regard idiot. Les assises viennent de confirmer sa peine en appel : trente ans de réclusion, dont vingt de sûreté. Un soir de beuverie, il a lardé un homme d'une dizaine de coups de couteau de cuisine. Il devrait être placé dans un établissement de haute sécurité. Faute de place, on le garde en maison d'arrêt avec les petits trafiquants.

Les policiers qui l'accompagnent rigolent.

– Si vous voulez vous amuser, faites-lui chanter du Claude François ! Il adore ça. Il n'a pas arrêté de chanter dans la voiture. C'est un fan. Hein, que t'es un fan ?

– Euh, euh, euh ! hoquette Bozoul en esquissant trois pas de danse.

Je suis toujours aussi surpris par cet univers dément : voilà un type qui vient de prendre trente ans et qui se lance dans la chorégraphie d'*Alexandrie, Alexandra* !

Nouvel arrivant : un Turc au sourire effronté, sourcils circonflexes, cernes creusés. On lui a supprimé sa ceinture en garde à vue, son pantalon trop grand lui descend à mi-fesses, et les jambes, retroussées pour ne pas balayer le sol, dévoilent ses mollets imberbes.

Même série de questions :

– Nom ?

– Cenoglu.

– Célibataire, marié ou en concubinage ?

– Concubinage... Tiens, ça, je l'ai appris hier en garde à vue.

Le chef pouffe.

– Quoi : que vous viviez en couple ? Vous ne le saviez pas avant ?

– Non, le mot « concubinage ». Je ne savais pas que ça existait !

Il se prend la tête à deux mains.

– Putain, c'est l'anniversaire de ma copine la semaine prochaine ! Tu parles d'un cadeau !

– Diplômes ?

Cenoglu montre trois doigts.

– Trois, surveillant ! Niveau troisième, hein, je veux dire. Pas bac plus trois ! Attention, faut pas confondre !

– Vous avez déjà fait de la prison ?

– Ouais, mais pas ici. À Fontenay-le-Comte, en Vendée, il y a longtemps.

On le prend en photo.

– C'est pour mon profil Facebook, c'est ça ?

De nouveau, il se prend le crâne à deux mains.

– Putain, je rigole, mais je suis en taule ! Fait chier ! Par hasard, vous avez pas eu un Andros qui est arrivé ce soir ?

– Pourquoi ? Vous le connaissez ?

– Non, mais disons qu'on fait rapidement connaissance en garde à vue.

Deux heures plus tard, on me libère. Je suis en week-end pour deux jours.

3

« On dort, surveillant, revenez tout à l'heure ! »

Salman attend debout, dans le demi-jour de sa cellule, sa serviette à la main, que je vienne le chercher pour sa « douche médicale ». J'ouvre ; il sort sans mot dire. J'envoie à sa suite un Guadeloupéen surnommé « Rasta » à cause de ses dreadlocks qui touchent le sol. J'en envoie encore deux autres, tous du même côté de la coursive, comme on m'a appris à le faire afin d'éviter les bagarres.

Une fois les quatre à l'intérieur des douches, je ferme à clé. La vapeur sort de sous la porte, Rasta me demande de baisser le régulateur : trop chaud. Il commence à chantonner *Redemption Song*.

Je travaille ce matin avec Benoît, un des autres nouveaux, en « matin douches » : le pire des postes, de l'avis général. Il faut répartir les 85 détenus de l'étage (un prisonnier supplémentaire a été incarcéré depuis mon arrivée) entre les seize douches de la prison pour qu'ils soient tous lavés en six heures, avant la relève de l'après-midi. Tout cela se fait en principe seul, en sus des « mouvements » ordinaires : les parloirs avocats, l'infirmerie, le psychologue, les travailleurs sociaux… Comme nous sommes nouveaux, on nous a autorisés à travailler à deux. À Benoît les mouvements classiques, à moi les douches.

Le Code de procédure pénale prévoit trois douches hebdomadaires. Pour des détenus enfermés vingt-deux heures sur vingt-quatre, ces trois douches sont une activité à part entière, comme une sortie au cinéma pour les gens du dehors. Elles sont attendues, planifiées. « Autant te dire qu'il va falloir que tu les presses pour qu'ils en sortent », m'a averti un collègue.

J'envoie ensuite les détenus déjà réveillés par groupes de trois ou quatre. La plupart sont des « pointeurs » qui évitent les autres pour ne pas se faire casser la figure. En dix minutes, ils sont douchés.

Parmi les matinaux, Sadat, le lecteur d'Alexandre Adler, réveillé à 7 heures, se sert un café. Je me demande s'il est là, lui aussi, pour affaire de mœurs. Il en a en tout cas le profil. Il ne sort pas en promenade, est plus âgé que la moyenne et bien plus cultivé que la grande majorité des détenus.

J'espère que je me trompe. Je l'aime bien. Dans le doute, mieux vaut ne pas savoir.

J'envoie encore d'autres détenus à la douche. Au fur et à mesure, je raye leurs noms sur ma liste. Je n'ai que quatre douches à mon étage. Chaque fois que j'envoie un groupe aux douches installées aux autres niveaux, je dois prévenir mes collègues par Motorola.

Moi : « Premier étage, est-ce que tu as de la place chez toi ? »

Le surveillant du premier : « Ouais, c'est bon. Tu peux m'en envoyer quatre, je t'en renvoie quatre autres qui viennent de terminer. »

Très souvent, ils croisent ceux qu'ils ne sont pas censés voir : les prévenus du premier et les mineurs du rez-de-chaussée.

À chaque retour, je raccompagne les prisonniers pour ouvrir leur cellule. Parfois, certains oublient leurs effets dans les douches. Je dois les attendre. Les minutes s'égrènent. Je consulte ma montre et croise les doigts en espérant terminer à temps.

Il est plus de 10 heures et je dois maintenant réveiller les « cas difficiles » qui dorment encore. Une lente guerre des nerfs commence à chaque porte. Pour avoir la paix, j'ai laissé dormir longtemps les plus turbulents.

– Messieurs, c'est l'heure de la douche. Préparez-vous, je repasse dans dix minutes !

Pour toute réponse, des grognements sous les couvertures. J'insiste.

– C'est bon, surveillant, on dort ! Revenez tout à l'heure !

– Non, les gars, c'est maintenant. Il y a d'autres personnes à passer après vous.

– Bah, passez-nous avec eux !

– Vous savez très bien qu'il n'y a pas assez de places.

– Alors, pourquoi eux ils passent après nous ?

– Je suis l'ordre de la coursive, tout simplement...

Le même scénario se répète à chaque fois. Je commence à perdre patience. Ceux qui se sont lavés aux étages inférieurs se cachent dans l'escalier, derrière la colonne du monte-charge, pour discuter. Je surprends deux détenus en train de toquer aux portes pour demander du tabac. Je les engueule. Un troisième en menace un autre à travers une porte :

– Je vais te fumer, enculé !

Nouvelle engueulade.

Un autre, penché sur mon bureau, fouille dans les papiers.

– Qu'est-ce que vous faites là ?

– Rien, je regarde.

Je lui colle aux basques pour le ramener en cellule. J'en ai marre.

Un chef m'interpelle. Il faut que je sois plus dur, me dit-il. « Les voyous se promènent partout, c'est le bordel ! » J'aimerais bien le voir à ma place ! Il glande dans son bureau depuis le début de la matinée.

Deux autres détenus se sont encore cachés derrière le monte-charge et fument à la fenêtre. Je deviens dingue. Je n'ai même plus la force de hurler. À quoi bon ? J'en ai encore vingt à doucher.

Je repasse pour la troisième fois dans la même cellule.

– Vous n'êtes toujours pas prêts ? C'est l'heure, maintenant. Dépêchez-vous !

– Encore cinq minutes, surveillant ! Je prends un café, je me tape une petite branlette et puis j'arrive !

– Très drôle ! Allez, dépêchez-vous ! La prochaine fois, je vous marque « refus ».

Je me campe sur le seuil, bras croisés. L'autre bouge enfin.

– C'est bon, vous énervez pas !

Le « refus » est l'arme ultime que je peux utiliser si le prisonnier tarde trop à sortir. Dans ce cas, il devra attendre la prochaine douche, dans deux jours. Mais je me le mets ainsi à dos.

Deux portes plus loin, j'ouvre la 118. Moses crie et gratte à sa porte comme un animal depuis une quinzaine de minutes. Chose rare, il est seul dans sa cellule. Trop impulsif, trop violent, on ne peut pas le mettre avec d'autres. Il veut aller à la douche alors qu'il est inscrit sur la liste de sport de l'après-midi ; or ceux-là ne se lavent qu'après leur entraînement. J'ouvre, il colle presque aussitôt son front contre le mien, l'œil menaçant. Je ne bouge pas d'un centimètre tout en cherchant du regard le surveillant de l'étage du dessous pour qu'il me vienne en aide.

– J'ai droit à une douche ce matin ! hurle le prisonnier.

– Si vous la voulez ce matin, je vous y envoie, mais je vous raye de la liste du sport.

– Non, je veux ma douche et je veux aller au sport : c'est comme ça que ça marche !

– Vous savez très bien que non. Alors, décidez-vous : si c'est la douche maintenant, je vous retire du sport.

Le regard mauvais, il s'écarte.

– Tu veux me baiser, hein ? T'es content, hein ? Tu veux me baiser ! Allez, enlève-moi du sport !

Je l'accompagne jusqu'à la douche pour qu'il n'aille pas disparaître dans les étages. Il répète :

– Tu m'as bien baisé ! Tu m'as bien baisé ! Tu m'as bien baisé !

Il commence à déguerpir sur la coursive. Je hurle son nom :

– Moses !

Il s'arrête, rigole comme un gamin. Nous avançons. Il se met à faire sauter les compteurs électriques des cellules installés à chaque porte. Je hurle une seconde fois en le menaçant d'un rapport. Il se marre de plus belle. Je finis par l'enfermer dans la douche. Il se met à crier à son tour : l'eau est trop chaude. J'attends quelques minutes avant de baisser la température. Petite vengeance.

Dix minutes plus tard, je regrette déjà ma mesquinerie. Mais, bon, il l'a bien cherché. Non ? Je ne sais plus très bien. Les choses s'embrouillent dans mon esprit. Qu'est-ce qui est bien ou mal, en définitive ? Les autres matons le font, et je trouve ça scandaleux. Quand c'est moi qui le fais, je devrais le tolérer ? J'ai envie de sortir de là.

Je termine ma journée épuisé. Je ne me suis pas assis une seule fois en six heures. Plus que la fatigue physique, c'est la lente usure morale qui déjà me mine.

Je sors de ma voiture groggy, un peu surpris de me retrouver là, chez moi, au milieu de la campagne. J'étais encore en prison il y a trente minutes. J'étais dans un autre monde, et personne ne le sait.

Gaëlle, venue passer quelques jours ici, m'accueille d'un baiser.

– Alors, c'était comment ? Pas trop dur ?

Je ne trouve pas les mots.

– Tu n'imagines pas la tension...

– J'imagine que ç'a été difficile. Le conflit, je sais que c'est tout ce que tu détestes.

Exactement : tout ce que je déteste.

4

« La prison, j'ai vu ce que c'était, j'ai compris »

En me remettant la liste des prisonniers qui seront auditionnés cet après-midi, le chef m'a demandé de faire le planton devant la porte de la commission d'application des peines (CAP). Je dois les appeler un par un avec leur avocat – quand il est là – pour qu'ils viennent défendre leur cas et obtenir éventuellement une réduction de peine, voire une semi-liberté.

Je patiente ; les dalles de pierre grises collent aux semelles, les courants d'air s'engouffrent dans la coursive, il fait un froid de canard. Un avocat s'entretient avec son client dans un box en attendant son tour. Les autres ne sont pas encore arrivés.

Mon Motorola retentit. Je dois aller chercher Arab, un détenu en semi-liberté, à la porte d'entrée de la prison. Les « semi », ou « SL », sont les prisonniers en fin de peine réunis dans un quartier spécial de la prison. Ils sortent le matin pour aller travailler et reviennent le soir pour passer la nuit ici.

Chemise blanche et costume noir, Arab revient justement à la prison pour la CAP. « J'espère que ça ne sera pas trop long : j'ai un rendez-vous à 16 h 30 pour le boulot à Chécy, dans les environs d'Orléans. »

Je le fais patienter dans un des box situés face à la salle de la CAP et reprends mon poste de garde. Des talons claquent sur les dalles. Une avocate filiforme se présente à la grille.

– Bonjour, je suis là pour la CAP. Je voudrais voir Mauduit, s'il vous plaît.

On lui envoie son client.

– Vous savez quand on doit passer ?

– Non.

Ils s'installent dans l'un des box.

Deux heures plus tard, Arab et l'avocate ne sont pas encore passés. Arab, résigné, ne dit rien. Son rendez-vous est dans moins d'une heure. L'avocate, elle, s'impatiente :

– Ils en ont encore pour longtemps ?

– Ils sont entrés il y a vingt minutes. Je pense que cela ne devrait plus être très long. Mais il y a un détenu qui attend depuis déjà deux heures et qui a un rendez-vous à l'extérieur…

– Ah non ! Je suis la prochaine ! Hors de question que je reste plus longtemps ici ! Je ne supporte pas la maison d'arrêt, je ne supporte pas l'endroit ! Rien que d'y penser, cela me donne des frissons !

Mauduit et elle passent juste après et ressortent presque aussitôt.

Le directeur adjoint de la prison me demande de faire entrer Arab et m'invite d'un signe de tête à assister à l'entretien. Je m'engouffre dans la petite pièce.

À l'intérieur, sept personnes sont réunies autour d'une table encombrée de dossiers : la juge d'application des peines (la JAP), le procureur, un travailleur social, le directeur adjoint de la prison et trois femmes qui prennent des notes.

La JAP feuillette quelques instants le dossier d'Arab en résumant ce qui l'a conduit en prison. Des histoires de vol. Elle pose la question :

– Pourquoi demander une conditionnelle ?

L'avocat d'Arab lui a fait faux bond. Le détenu s'explique seul :

– Je suis en semi-liberté depuis quelque temps parce que je travaille à l'extérieur, je fais de la vente d'électroménager pour l'entreprise de mon frère, aux environs d'Orléans. Je travaille dur. J'assure la partie commerciale et mon frère la partie technique. J'avais un BTS commercial avant d'arriver ici, et j'essaie de le mettre à profit.

Sa voix est calme, mais sous la table ses mains ne tiennent pas en place. Il poursuit :

– À partir de janvier, on voudrait développer une deuxième entreprise, spécialisée dans l'importation de substituts alimentaires en provenance d'Allemagne. Ce sont des protéines pour les gens qui font de la musculation. En France, les prix sont élevés et nous avons trouvé là-bas un grossiste dont les prix sont plus bas.

La juge, intéressée, hoche la tête, puis fait un tour de table pour recueillir l'avis de chacun.

– Pas de problème pour moi, commente le directeur adjoint.

– Pour moi non plus : le projet s'inscrit dans une continuité ; après la semi-liberté, la conditionnelle me paraît logique, poursuit le procureur, un Code de procédure pénale ouvert devant lui.

Le travailleur social est lui aussi d'accord, mais demande une petite précision :

– Les produits que vous voulez importer, comment dire... ils ne sont pas en contradiction avec la législation française ?

– Absolument pas, s'empresse de répondre Arab. On a déjà vérifié, il n'y a pas de souci.

– Très bien, conclut la juge. Réponse le 2 décembre.

Arab sort. Son audition n'aura duré que quinze minutes, mais son rendez-vous pour le boulot est fichu.

Arrive Martin, pas encore vingt ans, papa d'une petite fille de deux ans, séparé de la mère.

– Enfin, à moitié séparé, c'est compliqué...

La juge récapitule :

– Pas de diplôme, condamnation pour vol de véhicule, plus de 2 000 euros à rembourser aux victimes. Votre complice doit la même somme. Vous sollicitez une semi-liberté. Pourquoi ?

– On me propose un contrat de deux mois et demi comme maçon dans une entreprise de BTP ; le contrat est renouvelable.

C'est là que travaille ma mère, elle pourra m'emmener et me ramener tous les jours. C'est le moyen d'apprendre quelque chose. J'ai une petite, il faut passer à autre chose. J'ai eu un entretien pour m'inscrire en BEP, mais je suis sur liste d'attente, et vu que la formation commence début décembre, à mon avis c'est mort… Et puis je veux sortir d'ici. C'est bon, la prison j'ai vu ce que c'était : j'ai compris.

Tous approuvent le projet sauf le directeur adjoint, qui se demande quoi faire de Martin s'il ne trouve pas de nouveau contrat une fois le sien terminé : « On n'a pas de personnel affecté au quartier de semi-liberté, uniquement des caméras de surveillance ; et je manque déjà de surveillants pour la détention normale », explique-t-il tout en me fixant comme si j'étais un modèle de démonstration.

La juge hoche une nouvelle fois la tête. Décision le 30 novembre.

La journée se termine. Hier, la nouvelle loi pénitentiaire a été publiée au *Journal officiel*. Vingt-trois ans qu'elle était attendue, et personne n'en a rien dit aujourd'hui. Ni les collègues ni les détenus. Nous sommes tous trop occupés pour nous y intéresser.

5

« Pleure un bon coup, et ça va aller »

« Je te jure : la folie ! Ils m'ont fait la misère ! J'avais les douches à passer, j'en pouvais plus. À la toute fin, il y en avait un qui voulait plus en sortir. Je te jure, je crois que je l'aurais frappé ! J'attendais que ça : qu'il me touche, et je lui aurais collé une patate ! »

Un des nouveaux gardiens arrivés avec moi à Orléans est encore tout tremblant de ce qui vient de lui arriver. La mine défaite, il me raconte sa matinée : les détenus qui crient, les demandes de cigarettes, de téléphone, les engueulades... Il me passe ses clés et son Motorola, me lance un « Bonne chance ! » lourd de sous-entendus, et disparaît de la coursive en dévalant les marches.

Je commence par le traditionnel tour des cellules pour vérifier les effectifs. J'ouvre celle d'Archaoui, un détenu d'une vingtaine d'années qui m'agresse sitôt la porte entrouverte : « C'est vous, le surveillant d'étage, cet après-midi ? J'espère que vous êtes pas comme votre collègue de ce matin. Faut pas qu'il joue comme ça, sinon ça va mal se passer ! »

L'après-midi se déroule plutôt tranquillement, si ce n'est que tous les détenus veulent téléphoner et qu'il n'y a que deux cabines. Chacun a droit à trente minutes quotidiennes, si bien que je peux en faire passer vingt-quatre au maximum durant mes six heures de service. Or ils sont toujours plus de 80. D'autres téléphones ont été installés récemment dans les cours de promenade, mais tous les prisonniers ne sortent pas. Je passe mon temps à dire aux détenus de patienter.

17 h 30 : l'heure de la « gamelle ». C'est la toute première fois que je sers le repas seul, j'espère que tout va bien se passer. Bouziane et Roland, les deux auxis, commencent à pousser le lourd chariot chargé à ras bord et s'engagent sur l'étroite coursive de la grande détention. Les roues heurtent les planches disjointes du parquet et font un vacarme de tous les diables.

Tout commence bien. Boullier et Samson, deux détenus sans histoire, se présentent sur le seuil, assiettes et casserole à la main. Bouziane leur sert une grosse louche d'un plat en sauce fumant, tandis que Roland leur donne deux yaourts et deux portions de fromage. Deuxième cellule, même opération. Un prisonnier se présente, tenant une casserole dans laquelle Bouziane verse la ration de toute la cellule. Troisième cellule : même scénario, sauf que le détenu me tend une feuille de papier pliée en quatre avec du tabac à l'intérieur. « Surveillant, vous pouvez faire passer ça à côté, s'il vous plaît ? »

Je reviens deux cellules en arrière, ouvre et remets le tabac. Retour au niveau de la gamelle : « Et vous pouvez passer ça à la prochaine cellule ? » Le prisonnier me tend une boîte de Ricoré. Je la passe à la cellule suivante, où l'on me demande de faire passer des allumettes quelques cellules en arrière. Je laisse les auxis distribuer le repas, traverse une bonne partie de la grande détention et reviens. « Et ces deux magazines pour la suivante ! »

Nouvelle porte, nouvelle demande :

– Vous pouvez demander à la 236 s'il a des feuilles et un peu de tabac pour moi ? Et, tenez, j'ai un CD à faire passer !

– Normalement, c'est interdit !

– Mais vous en avez pour deux secondes. Je vous le passe, vous ouvrez la porte, vous le donnez, vous refermez la porte, et c'est terminé !

À la suivante, on me demande de l'huile pour cuisiner.

– Tenez, voilà un verre pour qu'ils la versent dedans.

Je n'ai quasiment plus de place dans les poches de mon treillis et pose le récipient sur le chariot des auxis.

La scène se répète à chaque cellule : du tabac, une brique de lait, des feuilles à rouler, quelques timbres, des allumettes... Chaque fois je reviens sur mes pas ou glisse les objets dans une des poches latérales de mon pantalon en inscrivant sur mon petit carnet le numéro de cellule du destinataire.

Rapidement, tout s'embrouille : à qui donner quoi – le tabac, le lait, les allumettes... ? L'incompréhension est totale. Quand les détenus pensent « individuellement », le surveillant, lui, pense « globalement ». Le prisonnier ne comprend pas pourquoi je fais tant de manières pour aller chercher deux ou trois cigarettes, ce qui ne me prend en effet que quelques minutes. Simplement, je manque de temps. Car la demande est répétée par tous les détenus, et les quelques minutes se transforment en heures. Avec plus de 80 prisonniers sur la coursive, comme aujourd'hui, et moi seul pour m'en occuper, le calcul est vite fait : à raison de deux minutes accordées à chacun, il me faudrait deux heures quarante pour faire la distribution ! Dans les faits, je ne dispose que de trente minutes.

D'autant qu'à chaque ouverture de porte je suis accueilli par des cris et des protestations concernant le téléphone : « Je sors vendredi, personne sera à la sortie si j'appelle pas ! » ; « Mes parents sont au travail, il faut que je les appelle après 16 heures » ; « Ça fait deux jours qu'on me dit que je vais passer et que j'attends ! J'en ai marre ! Nous, on est gentils, on tape pas aux portes, mais le truc, c'est qu'il faut taper, sinon on passe jamais ! C'est ça, le truc, surveillant ? Faut taper, sinon on obtient jamais rien, ici ? »

J'arrive à la cellule de Boulemia, l'un des plus jeunes détenus, qui vient juste de passer chez les majeurs.

– Surveillant, je vais au téléphone, c'est l'heure !

– Non, c'est le moment de la gamelle, et il y a quelqu'un au téléphone, de toute façon. D'ailleurs, je ne pense pas que je pourrai vous y faire passer aujourd'hui.

– Quoi ? J'ai demandé depuis le début de l'après-midi !

Cellule suivante, celle d'Abdelkader et Archaoui.

– Surveillant, je peux aller au téléphone ? J'en ai juste pour trente secondes ; je veux juste recharger mon compte, me supplie Abdelkader.

– Non, je distribue le repas, et je n'ai pas le temps.

– Allez, s'il vous plaît ! Ça vous coûte quoi ? Honnêtement, ça vous coûte quoi ? Franchement, le temps qu'on vient de passer à discuter, j'aurais pu le passer au téléphone. Hop, je serais déjà revenu ! On perd du temps pour rien. Trente secondes, je vous jure, pas plus !

La distribution a déjà pris du retard et je n'ai pas encore fait le tiers de l'étage. Et puis, après tout, il n'en a pas pour très longtemps. Il campe sur la coursive et bloque l'avancée du chariot. Je le laisse filer au téléphone. Nous continuons. Boulemia commence à hurler derrière sa porte :

– Pourquoi lui vous le laissez y aller ? Hein ? Pourquoi ?

Je ne prends pas le temps de lui répondre et presse les auxis. Et toujours des demandes pour le téléphone ou pour que je fasse passer quelque chose à telle ou telle cellule ! Je suis débordé. Je n'écoute même plus ce que me disent les détenus.

La grande détention finie, nous abordons la petite. En passant à la jonction des deux coursives, je jette un coup d'œil à l'emplacement du téléphone. Le combiné est raccroché, et il n'y a personne à côté. Abdelkader, qui n'en avait « que pour trente secondes », et celui qui était avant lui ont disparu dans la nature ! Impossible pour moi d'aller les chercher, car il me reste encore douze cellules à faire. Roland me demande l'heure :

– Dix-huit heures vingt-cinq.

– Surveillant, on est en retard. À cette heure-là, d'habitude, on a déjà terminé et on a pris notre douche.

– Vous terminez à quelle heure, normalement ?

– Vers dix-huit heures.

Mon service se termine dans trente-cinq minutes et, en plus de la fin de « gamelle », je dois encore envoyer les deux auxis à la douche. Comment vais-je faire ? Je n'en ai aucune idée.

Je sens que je perds pied. Dans un état quasi second, j'ouvre et referme les portes sans même prêter attention aux voix et aux sollicitations qui se succèdent ; je réponds mécaniquement sans faire cas des visages et des noms. Les détenus sont des numéros de porte.

Soudain, émergeant de l'escalier, je vois Ribeiro, le Portugais de la 233.

– Qu'est-ce que vous faites là ?

– Je reviens d'extraction.

J'avais oublié qu'il passait au tribunal cet après-midi. Je veux le mettre en cellule pour éviter qu'il disparaisse comme les deux autres, mais il a déjà décroché le téléphone.

– Ribeiro, je vous rentre en cellule !

– Deux minutes, surveillant, me répond-il d'une voix étranglée.

18 h 30 : je presse les auxis et les détenus qui se présentent avec leurs assiettes. Nous progressons de quelques cellules. Je me retourne pour vérifier que Ribeiro est toujours là. Il est en larmes au téléphone. Bouziane murmure à Roland : « Il a dû prendre cher ! »

Je termine au pas de course les dernières cellules, opposant un « non » catégorique à chaque demande, avec pour seule et unique explication : « Pas le temps ! »

Il est 18 h 35. Les auxis vident leur chariot tandis que je raccompagne Ribeiro toujours en pleurs. « Désolé, Ribeiro, mais il faut vraiment que je vous réintègre, c'est l'heure et on est trop à la bourre. Ça va aller ? »

Un hochement de tête silencieux pour toute réponse.

Les auxis sont déjà dans la douche, et je retrouve ceux qui ont disparu cachés derrière le monte-charge, en pleine conversation.

– Qu'est-ce que vous faites là ? Vous n'avez rien à faire ici !

Abdelkader prend l'air faussement surpris.

– On vous attendait !

Je les remets en cellule et fais claquer les gros verrous de toutes les portes sans même un « au revoir ». Je n'aspire qu'à une chose : que tout cela se termine. Derrière les portes, les insultes fusent : « Vous avez pas de parole, surveillant ! », « Enculé ! », « Bâtard ! », « Tu vas voir ce qui t'attend !... »

Je suis anéanti. Pour la première fois, la prison m'apparaît dans toute sa misère et sa cruauté, ignoble et nue. Je prends conscience de l'aberration du système. Je pensais pouvoir approcher la condition dans laquelle se trouvent les détenus. Je me retrouve ce soir à les détester avec une rage dont je ne me savais pas capable.

Surveillant et prisonnier sont tour à tour bourreau et victime : le détenu subordonné à la volonté du surveillant, à la complexité administrative, à des conditions matérielles dégueulasses, mais aussi victime de lui-même et de la loi du plus fort ; le surveillant, lui, est l'objet d'insultes, de menaces, de tout ce que la misère humaine sécrète de violence et de bêtise. Paradoxe du système : conditions de travail du surveillant et conditions d'enfermement du détenu sont les deux faces d'une même pièce, et celles-ci s'ignorent.

Le cercle vicieux de l'incompréhension déroule son lot de fureurs, de mesquineries et de vengeances. Durcir la détention d'un détenu qui a emmerdé un surveillant qui durcira la détention... L'absurde est bien rodé.

Alors que je m'apprête à renfermer dans leur cellule les auxis, Bouziane, qui durant toute la distribution est resté muet, me prend à part : « Le problème, surveillant, c'est que vous êtes trop gentil. Ici, trop gentil, ça veut surtout dire trop con. Arrêtez de courir dès qu'ils appellent ! Pour la gamelle, les surveillants, ils mentent ! Dites que vous êtes déjà passé en petite détention, par exemple, et que vous y retournerez pas. En fait, il faut uniquement faire passer les trucs dans le sens de la distribution, sinon vous arrêtez pas de revenir en arrière et vous perdez du temps. »

Ses propos de bon sens me réconfortent quelque peu.

Je rentre chez mes parents encore sonné par ces dernières heures. Je me glisse sans mot dire dans les bras de ma mère, occupée à cuisiner, et me mets à pleurer en silence. Le petit bout de femme m'étreint, inquiète et rassurante : « Ça va aller. Pleure un bon coup, et ça va aller. » J'appelle ensuite Gaëlle et lui raconte tout : les cris, les insultes, la gamelle ; je ne peux plus m'arrêter de parler ; elle m'écoute à son tour, compatissante. Il faut que je m'habitue, c'est tout. Une bonne nuit, et il n'y paraîtra plus.

6

« Vous m'appelez par mon nom, c'est normal que je vous demande le vôtre »

5 h 30. Je dois me lever pour prendre mon service du matin. J'ai dormi cinq petites heures d'un mauvais sommeil. Le souvenir de la journée d'hier est encore vivace. Je n'ai pas pu écrire plus de quinze minutes à cause d'une vilaine migraine. Je repars.

Une fois de plus je retrouve le deuxième étage, son épais silence, son énigmatique verrière polie. La peur panique de la veille a disparu, mais une autre, plus discrète, inquiétante, macère au fond de mon ventre. Que va-t-il m'arriver aujourd'hui ? L'ouverture des portes s'effectue pourtant dans le calme. Rien de choquant, seulement l'odeur habituelle de sueur et de renfermé. La routine.

J'ouvre la 201, la cellule de Sadat, pour la bibliothèque. Il est assis à sa table, impassible, et se roule une cigarette. Le même salut poli que les fois précédentes, les mêmes gestes lents. Je fais une partie du trajet avec lui en lui demandant ce qu'il lit maintenant. Il me répond du même ton inquiet que la dernière fois :

– Pourquoi voulez-vous savoir cela, monsieur ?

Puis, sans répondre à ma question :

– Et vous, que lisez-vous en ce moment ?

– Moi ? Je suis plongé dans Gabriel García Márquez.

Ses yeux s'éclairent, les traits de son visage s'adoucissent.

– Ah ! Très intéressant ! Moi, je voulais emprunter l'encyclopédie de médecine et d'anatomie, et je n'en ai pas eu le droit. C'est idiot, parce que personne ne la consulte jamais et que je suis probablement le seul que ça intéresse.

Il réapparaît quinze minutes plus tard, le regard radieux, un volumineux ouvrage sous le bras.

– Eh bien bravo, vous avez réussi, finalement !

– Oui, le bibliothécaire a fini par comprendre. C'est mon domaine, en plus, l'anatomie, la physique… Et vous, quelle est votre spécialité ?

Les choses se compliquent. Il ne faudrait pas qu'à force de m'intéresser à lui j'aiguise sa curiosité. Comme d'habitude, j'élude la question.

– J'ai fait de l'histoire.

– Ah ! Vraiment intéressant. Et à quel niveau ?

– J'ai une licence d'histoire… et un master en sciences politiques et sociales.

– Qu'est-ce que vous faites ici, alors ?

La question a jailli spontanément.

– Vous savez, on ne choisit pas toujours son parcours…

Il me conseille de passer mon CAPES plutôt que de rester là. Je lui dis que j'y ai pensé, mais que c'est dur de réviser, le soir, après une journée de boulot. Il me demande mon prénom.

– Désolé, mais je ne peux pas vous le dire. Pourquoi vous voulez savoir ça ?

– Vous m'appelez par mon nom, c'est normal que je vous demande le vôtre ! Mais si c'est interdit, je comprends…

Il hoche la tête et rentre dans sa cellule sans rien ajouter. Toujours aussi sympathique, toujours aussi mystérieux. Je me demande quelle est sa « spécialité » pour qu'il s'intéresse ainsi à la médecine et à l'anatomie. Peut-être est-il médecin ou kiné ? L'idée fugace qu'il est peut-être là à cause d'un crime sexuel fait remonter en moi le sentiment de dégoût de la dernière fois. Je n'ose toujours pas lui demander pourquoi il se trouve en prison. Je passe à une autre cellule.

– Bibliothèque ?

L'occupant s'étonne :

– Bah, pour quoi faire ?

– Pour lire, tiens !

– Je sais pas lire.

Je me sens soudain très bête.

– Euh... il y a aussi des bandes dessinées. Vous pouvez regarder les images.

Non, les images ne le tentent pas non plus. Je referme.

Je suis en train de lister les détenus qu'il me reste à envoyer à la bibliothèque quand j'entends la voix de Patrick, le professeur-instituteur de la maison d'arrêt, qui sort de sa salle de cours les bras encombrés de dossiers. Veste en cuir et jean délavé, il vient préparer les détenus au CFG, le certificat de formation générale, un diplôme du niveau du collège. L'examen a lieu dans moins d'une semaine.

Roland, l'auxi de l'étage, le poursuit, l'air soucieux, une feuille couverte de formules mathématiques à la main. Malgré l'heure de cours qu'il vient de prendre, il ne comprend toujours pas les équations à une inconnue.

– Patrick, c'est quoi, alors, *x* ? C'est quel chiffre ? Tu peux encore expliquer ?

Patrick se passe la main dans les cheveux. Légère moue de fatigue.

– *x*, ça peut être n'importe quel chiffre. Ça peut être 5, 23 ou 12 000. N'importe lequel !

C'est au tour de Roland de se passer la main sur le crâne en poussant un soupir qui en dit long.

– C'est 5, ou 12 000, ou 23 ? Il va falloir que tu me réexpliques...

L'autre auxi, Bouziane, s'approche de nous, son balai à la main.

– Et vous ? Vous connaissez ça, surveillant ? me demande-t-il en me montrant le papier que tient Roland.

C'est mon tour de soupirer.

– Oh oui ! J'ai même fait les équations du deuxième et du troisième degré, mais j'ai vite abandonné. Trop compliqué pour moi !

L'auxi secoue la tête, un tantinet impressionné, et retourne à son balayage.

Sans diplôme, aux abonnés absents des études depuis le collège, la plupart des détenus réapprennent le minimum en prison. Ou du moins essaient de le faire. Leur histoire est quasiment toujours la même : cours arrêtés en quatrième ou troisième, un BEP ou un CAP jamais terminé, puis des journées à traîner au pied des tours. À les entendre, l'école est pour les autres, ceux du centre-ville, les Blancs, les « Babtous » (Toubab en verlan). Les gardiens se désespèrent. Il faut tout leur réapprendre. Même à se lever à l'heure !

Certains détenus ne savent pas lire et écrivent un français phonétique. J'avais du mal à le croire au début. C'est pourtant le cas : à Orléans, 11 % des prisonniers ne savent pas lire. À l'échelle de la France, ils sont près de 25 %. De leur côté, Patrick et trois autres professeurs auxiliaires ne sont que quatre pour plus de 200 personnes.

Le « règne de l'écrit », comme l'a appelé le Sénat, est une nouvelle idiotie du système : il faut écrire pour faire rentrer une paire de chaussures neuves ; écrire pour obtenir un entretien avec le chef ; écrire pour cantiner de quoi manger ; écrire pour s'inscrire à une activité... Alors, quand un prisonnier n'a jamais tenu un crayon entre ses doigts, il ne peut compter que sur la bonne volonté de ses codétenus, ou plus rarement d'un surveillant, ce qui donne parfois lieu à des scènes cocasses. À l'Enap, un ancien gradé m'a raconté qu'il avait reçu une lettre d'un détenu pauvre comme Job lui demandant une rallonge de tabac jusqu'à la fin du mois. Le début du texte, correct, poli, disait en substance : « Je suis indigent et je n'ai plus de tabac, est-ce que je pourrais en avoir ? » La lettre se terminait par cette formule moins académique : « Si j'en reçois pas, je vais t'enculer. » Le gradé fit aussitôt venir le prisonnier pour lui demander si c'était bien sa lettre. L'autre lui répondit que oui. L'avait-il écrite personnellement ? Non, il ne savait pas écrire : il avait demandé à un autre détenu de le faire à sa place...

La matinée se termine sans soucis. Pour le repas de midi, un autre gardien vient même me donner un coup de main. En trente-cinq minutes, montre en main, la « gamelle » est expédiée. Et, pour couronner le tout, j'ai deux jours de repos devant moi ! Je file dans l'après-midi à Paris, où je ne fais que dormir et rattraper le retard que j'ai accumulé dans ma prise de notes. Neuf jours depuis mes débuts à Orléans : j'ai déjà perdu deux kilos.

7

« Seul dans sa cellule, mais deux dans sa tête »

Je retrouve Erika au premier étage. Toujours aussi radieuse, pétillante. « Tiens, ça va, tu t'en sors ? » me demande-t-elle en finissant de remplir le cahier de présence de l'étage. Elle me tend les clés et le Motorola tout en me transmettant les consignes : « Les douches de ce matin se sont bien passées. Normalement, tu es tranquille. Simplement, passe voir Tani. Il ne va jamais aux douches et l'odeur dans sa cellule est insupportable. Je te jure que ça pue : une vraie infection ! Cela dit, je suis sûre qu'il ne m'a même pas entendue quand je l'ai appelé pour la douche ; il devait encore être shooté aux cachetons. »

Pour la première fois, on m'a affecté au premier étage, celui des prévenus en attente de jugement. Je fais le tour des cellules, les portes s'ouvrent et se referment rapidement. Il est 13 heures et la plupart des détenus somnolent sur leur lit devant la télévision ; certains fument à leur fenêtre. Les cellules de neuf mètres carrés sont les mêmes qu'à l'étage du dessus, grises et sales, trois lits superposés d'un côté, les toilettes et une table de l'autre. Des étagères remplies de pâtes et de conserves sont fixées au mur. Au milieu de tout ça, trois détenus qui essaient de cohabiter sans s'énerver, dans l'odeur de merde et de vêtements sales.

J'ouvre la cellule des deux auxis de l'étage, deux anciens. Fayçal, vingt-huit ans, grand et velu, la peau très sombre, veut me rassurer avant même que j'aie proféré le moindre mot : « Vous allez voir, surveillant, me dit-il d'une voix douce, à cet étage c'est tranquille. Les gens ne créent pas de problèmes. Si vous êtes tranquille, ils ne vous embêteront pas. Il n'y aura pas de soucis. » Je me méfie : le dernier à m'avoir dit cela était l'auxi du deuxième étage, et je sais comment ça s'est terminé…

Le deuxième auxi, Meyer, un Gitan scarifié de partout, me gratifie d'un magnifique sourire jaunâtre. Il me parle comme si on se connaissait depuis toujours. « Bonjour, surveillant. Tu vas bien ? » Les Gitans tutoient tout le monde, même les matons. J'en suis plutôt amusé.

Fayçal joue les formateurs en allumant discrètement une Marlboro sur le pas de sa porte : « Je ne sais pas si on vous l'a dit, mais à cet étage il y a beaucoup de travailleurs : les gars des cuisines, ceux du "service général", ceux qui bossent dans leur cellule, et puis ceux qui travaillent aux ateliers. D'ailleurs, ça va être l'heure d'envoyer les cuistots, surveillant. »

Les six préposés descendent aux cuisines. L'un d'eux était chef dans un restaurant ; un autre, pâtissier. Fayçal les dévisage, méprisant : « C'est tous des pointeurs, on les a mis aux cuisines pour qu'ils ne soient pas avec nous, sinon ils vont se faire défoncer. » La remarque ne m'étonne plus.

L'après-midi se passe sans trop de problèmes. Je me suis endurci. Je ne cours plus aux appels des détenus, je fais passer quelques objets (du tabac et du café surtout) en précisant bien que je le ferai une fois, mais pas deux. Trois prisonniers demandent de l'eau chaude pour leur Ricoré à la cellule d'à côté. Dans celle-ci, Gazin, un gros bonhomme, bougonne quand je lui passe le message : « Vous leur direz que c'est la dernière fois, ils n'ont qu'à cantiner une bouilloire ! Bon, repassez dans cinq minutes, le temps que l'eau chauffe. » Pour égayer un peu la pièce, Gazin, soupçonné de meurtre, a dessiné sur les murs un Achille Talon et un Titeuf… fumant un énorme joint ! « Ça donne de la gueule à la cellule ! »

Comme il a traité le moniteur de « suceur de bites », il n'a plus le droit d'aller au sport.

Un peu plus loin, un garçon agressif veut du sucre. Il est en prison pour avoir séquestré un couple de petits vieux. Pas de chance pour lui : l'homme était un ancien commissaire de police ! Je lui dis qu'il va devoir se montrer moins menaçant s'il veut son sucre. De toute façon, j'ai d'autres choses plus urgentes à faire. Il attendra.

Je retrouve Bozoul, le fan de Claude François, torse nu, les lettres A M O U R tatouées sur ses doigts, comme Robert Mitchum dans *La Nuit du chasseur*.

– Surveillant, vous pourriez essayer de chiner un peu de sucre ?

– Je vais voir si je peux vous trouver ça.

Je repasse chercher l'eau chaude. À quelques cellules de là, Duparc ruisselle de sueur : il boxe dans le vide tout en écoutant un album de Renaud. Il était boxeur et devait même devenir professionnel. Une histoire de vol a mis fin à ses rêves.

Il est l'heure d'envoyer les « travailleurs » à l'atelier. Ils se tiennent tous prêts derrière leur porte. J'ouvre, les palpe rapidement, puis ils disparaissent dans l'escalier poussiéreux. Ils sont une dizaine au plus, des prisonniers de longue date (deux au moins sont là pour meurtre). Ils conditionnent des produits de maquillage et des verres pour une entreprise implantée dans la région.

Le travail est irrégulier, varie au gré des commandes ; parfois ils doivent rester en cellule faute d'activité. Ils sont payés une misère : une vingtaine d'euros chaque jour au maximum, selon leur cadence au travail. Les meilleurs gagnent entre 300 et 400 euros par mois : trois à quatre fois moins que le SMIC. Ce qui permet toutefois d'améliorer l'ordinaire de la prison. Rappelons qu'il faut 250 euros en moyenne par mois pour y vivre « correctement ».

Les indemnités en cas d'accident n'existent pas. Tout cela est parfaitement légal, comme l'indique une petite phrase de l'article 717.3 du Code de procédure pénale : « Les relations de travail des personnes incarcérées ne font pas l'objet d'un contrat de travail. » Hors du droit du travail, tout est permis.

L'Administration a un argument infaillible pour le justifier : se rapprocher des conditions de travail extérieures serait perdre en compétitivité, et ferait donc fuir les entreprises. Mieux vaut que les détenus soient sous-payés plutôt que pas payés du tout.

Malgré cela, les travailleurs sont considérés comme « chanceux » parce qu'ils quittent pour quelques heures leur cellule, alors que la répétition à l'identique des journées est ce qui ronge le plus les prisonniers.

Je traverse la coursive en sens inverse. Tout est brun et sale. Aux murs la peinture s'écaille, les conduites d'eau sont rouillées, les câbles électriques sortent de leur gaine. Tout me dégoûte. Je me lave les mains pour la cinquième fois de la journée, puis passe voir les « enveloppes » : les prisonniers travaillant en cellule. Toute la journée, sans horaires fixes, ils plient de grandes feuilles de papier kraft pour en faire des enveloppes qui seront vendues dans le commerce. Le travail est ingrat, monotone, payé quelques centimes pièce. Rarement plus d'une dizaine d'euros par jour. L'odeur de colle est insupportable. Le papier entaille les mains. Les minuscules cellules sont encombrées par des piles de cartons et les chutes de papier. Le plus souvent, deux prisonniers « seulement » occupent la pièce. « Quand les cellules sont pleines, m'explique Fayçal, on les vide avant d'apporter de nouveaux cartons à plier. Et c'est comme ça tout le temps. » Là encore, les conditions de travail dépassent l'imagination. Malgré tout, beaucoup postulent pour travailler aux « enveloppes ».

Fayçal s'attarde sur la coursive. Il est en prison depuis maintenant un an et fait figure d'ancien, du haut de ses vingt-huit ans. Avant, il travaillait dans le bâtiment et effectuait des petits boulots. Il a pris six ans pour trafic d'héroïne et de cocaïne : « Il y en avait pour plus d'un million d'euros ! » Il en est presque fier. Il a pris la peine maximale parce qu'il a tout nié en bloc lors de son procès, malgré les écoutes téléphoniques et les témoignages à charge. La drogue venait par avion ou par bateau de Colombie, une partie transitait par les Pays-Bas : une vraie PME. Son affaire avait fait beaucoup de bruit dans la région, on en avait même parlé dans *La République du Centre* !

Il repasse en appel l'année prochaine, et, il en est certain, il « prendra moins ». Il fera alors une demande de transfert au centre de détention de Châteaudun. Là-bas, au moins, il ne sera pas toute la journée en cellule. « Heureusement qu'ici je suis auxi et que je bouge un peu. Si je devais rester en cellule comme les autres vingt-deux heures sur vingt-quatre, je deviendrais fou, surveillant ! » Je ne le comprends que trop bien. Moi, je travaille ici « seulement » six heures par jour, et je suis déjà en passe de le devenir.

– Bonjour, surveillant ! Tu vas bien ?

La voix vient de l'étage supérieur, je lève la tête : Moses, le demi-fou avec qui j'ai failli en venir aux mains pour un problème de douche, me sourit naïvement, penché à la balustrade. Un instant, je me demande s'il ne se moque pas de moi, mais non, il a l'air sincère.

– Oui, ça va bien, Moses. Et vous ?

– Ça va. Ça se passe.

Il sourit toujours, à croire qu'il ne se souvient même plus de notre algarade de l'autre jour. À la colère de la fois précédente succède l'apitoiement. Moses est seul dans sa cellule mais, assurément, « ils sont deux dans sa tête ».

8

« Vous voyez, les peines planchers, ce que ça fait ? Merci, Sarkozy ! »

Une pluie fine tombe sans discontinuer depuis ce matin sur la prison, le sol est détrempé, boueux, le ciel d'un gris infini. Décembre s'est définitivement installé et tout est encore plus triste qu'à l'accoutumée.

Sur le bureau en Formica placé au milieu de la coursive, je cherche les papiers concernant les différentes activités prévues pour l'après-midi. Je finis par trouver quelques feuillets froissés que je fourre dans une de mes poches : ce sont les listes du sport, du scolaire, de la sculpture, de la messe... Les surveillants ont pris l'habitude de les cacher pour empêcher les détenus de venir fouiner sur leur bureau, où trône un antique ordinateur branché sur le logiciel de la Pénitentiaire.

Un homme et une femme se présentent à moi, l'allure propre et soignée de ceux « du dehors ». Des gouttes de pluie constellent encore leurs épaules. « Bonjour, on vient pour animer une séance du planning familial. Normalement, vous avez la liste... En espérant qu'on aura un peu de monde, cette fois... » me dit la jeune femme sans trop y croire.

Je sors de ma poche un feuillet chiffonné sur lequel six noms sont inscrits. Je vais voir s'ils sont là. Deux sont au sport, deux autres à l'infirmerie, un cinquième rencontre en ce moment même son avocat au parloir. Le dernier est sous sa couverture en train de regarder un documentaire animalier.

– Est-ce que vous voulez aller au planning familial ?

La tête mi-endormie se penche hors du lit.

– C'est quoi, ça ?

– C'est ceux qui aident les familles, les femmes enceintes, qui leur dispensent des conseils.

– Ah… Euh non, c'est bon, je reste là !

Mes deux intervenants repartent résignés. Ils ont l'habitude.

Une demi-heure plus tard, une femme d'une cinquantaine d'années, quelques bijoux fantaisie au cou, se présente à son tour en me tendant une main délicate : « Bonjour, je suis une des intervenantes scolaires, je viens donner un cours de soutien. Je vais m'installer dans la salle, au cas où certains se présenteraient… » Elle non plus ne semble pas trop y croire.

Après trois quarts d'heure de vaine attente, personne ne s'est encore présenté. Elle soupire et me tend un petit morceau de papier sur lequel elle a inscrit plusieurs noms. « J'espère qu'il y aura plus de monde pour le prochain cours. »

Je reviens cinq minutes plus tard : toujours personne.

Le premier travaille à l'atelier ce matin.

Ferral a été libéré la semaine dernière.

Roland et Berthelot suivent une formation afin de préparer leur sortie de prison.

Quant aux deux derniers inscrits, ils sont au sport.

Pourquoi ces absences ? De nombreux détenus s'inscrivent aux activités, occasions inespérées de quitter leur cellule, sans trop savoir à quoi elles correspondent. Puis ils renoncent. Parfois par manque d'intérêt. Souvent parce qu'elles se télescopent. Le créneau horaire (13 h 30-17 h 30) durant lequel elles peuvent avoir lieu est court. À 18 heures, on distribue déjà le repas du soir, et tout le monde doit être rentré en cellule. Le sport fait le plein à tout coup ; le planning familial, lui, ne déplace pas les foules.

La routine reprend. Les occupants de la même cellule que la dernière fois réclament de l'eau pour leur café. Gazin, à la porte d'à côté, rechigne, puis finit par me dire de repasser dans cinq minutes, « le temps que l'eau chauffe ».

On tambourine contre une porte, quelque part sur la coursive opposée, en hurlant très fort : « Au feu ! Au feu ! » J'accours, dubitatif. Quand j'ouvre, les deux occupants de la cellule sont hilares. J'explose : « Écoutez, vos petits jeux à la con ne me font pas rire du tout ! Là, vous vous marrez, mais je vous jure que je ne courrai pas la prochaine fois, et que le jour où vous cramerez pour de bon, le jour où il y aura vraiment une couille, vous vous retrouverez comme des cons ! Alors c'est la première et la dernière fois que je vous le dis : on ne déconne pas avec ça. C'est clair ? Je pense être réglo avec vous, alors faites pareil, et tout se passera bien. »

Confus, ils bredouillent des excuses. Je leur claque la porte au nez. Je ne m'imaginais pas capable d'un tel accès de colère.

À une autre porte, on me demande de faire passer deux revues de « charme » à la cellule mitoyenne. « Vous leur dites bien qu'ils me les rendent après, et qu'ils déchirent pas les pages ! J'en ai besoin », me précise le détenu. Hormis ce genre d'échange et les posters de seins nus affichés aux murs, il n'y a pas de sexe en prison. Les détenus en parlent, bien sûr, souvent pour dire qu'ils « en ont une grosse » et qu'ils « assurent comme des bêtes », mais à part cela, rien. Le peu que j'en sais m'a été rapporté par des surveillants plus âgés. Les prisonniers se masturbent, mais, à trois dans une même pièce, le manège n'est pas évident. Ils regardent quelques films, lisent des magazines. Certains ont fabriqué des vagins artificiels avec des plats de nouilles pour reproduire « la tiédeur et la moiteur ».

Les relations homosexuelles sont le tabou suprême, de même que les histoires de viol, en cellule et dans les douches. Mais je pense que, si elles existent, elles restent marginales. Depuis que je suis ici, en tout cas, je n'ai jamais eu le début d'un soupçon qu'un détenu a été violé. Peut-être que je me leurre ?

On m'appelle pour fouiller un prisonnier soupçonné d'homicide de retour du tribunal. Un détenu comme tous les autres : dents abîmées, peau grasse, Nike Requin aux pieds. Le préfabriqué où nous nous retrouvons ne sert que pour les fouilles : un portemanteau, un tabouret et une poubelle en constituent l'unique décor. Loin des regards, des autres matons, je suis seul, et l'idée de ne pas le fouiller m'effleure l'esprit. Pourtant je le fais. L'insidieuse mécanique du système joue à plein. Le risque est trop grand, si je m'abstiens, que cela remonte aux autres surveillants et que je me fasse tancer, ou que les détenus s'en servent tout simplement comme moyen de pression contre moi.

À contrecœur, j'enfile une paire de gants en plastique, décidé à expédier cette fouille. Le détenu se fige, me fixe dans les yeux, et des larmes de colère baignent ses joues blêmes. Il se met à hurler : « Putain ! C'est ça qui me rend fou ! J'en ai marre ! Je me suis déjà désapé ce matin ! J'ai passé toute la journée au tribunal, les flics m'ont pas lâché une seule fois, pas une seule fois ! Et je dois encore le faire ! »

Il propulse ses chaussures contre le mur d'en face. « Comment je peux cacher quelque chose ? » éructe-t-il en jetant ses vêtements à même le sol. Nu, en chaussettes, il abaisse son caleçon au niveau des genoux et pivote sur lui-même à petits pas grotesques, comme un pingouin. Je tente de le calmer : « Écoutez, faut pas croire que ça me fasse plus plaisir qu'à vous. Si je pouvais m'en passer, je le ferais volontiers. Je ne fais qu'appliquer le règlement, rien d'autre. » Me voilà, bon fantassin de la Pénitentiaire, à réciter mon excuse à deux balles. J'ai honte.

Mes jambes et mes bras commencent à être lourds, ma bouche pâteuse. Après la fouille, je bois un peu d'eau et m'assois quelques minutes. J'oscille entre la rage et une douce résignation. J'éteins mon Motorola pour me couper du monde. Il y a quelque chose d'apaisant à baisser les bras, à tout laisser tomber, à ne plus répondre aux détenus.

J'ai 94 détenus sous ma responsabilité aujourd'hui, 94 détenus répartis sur 38 cellules. Ce qui fait en tout et pour tout quatre minutes, pas une de plus, à accorder à chacun au cours de l'après-midi ! Et encore, à supposer que je ne doive pas m'occuper en plus des activités, de l'infirmerie, des travailleurs sociaux, du sport... ce qui n'est jamais le cas. Il me faudrait plus d'une heure et demie pour discuter seulement une petite minute avec chaque prisonnier ! Le slogan publicitaire de la Pénitentiaire est : « Autorité, Respect, Humanité. » Ils feraient mieux de remplacer « Humanité » par « Comptabilité ».

Le nombre de gardiens dans une prison est calculé en fonction de la capacité d'accueil « théorique » de l'établissement, non du nombre réel de détenus. À Orléans, l'Administration pénitentiaire affecte donc une trentaine de surveillants pour gérer les 105 prisonniers « théoriques », alors que la taule en compte en permanence entre 200 et 250. Nous sommes débordés, et les détenus, chaque jour un peu plus sur les dents, sont contraints de s'entasser au gré des nouvelles entrées.

Le principe d'« une cellule pour un détenu », qui mettrait un terme à la surpopulation carcérale, est une vieille promesse dont la réalisation est sans cesse repoussée depuis... 1875. Michèle Alliot-Marie, lorsqu'elle était ministre de la Justice, a préféré substituer à ce principe celui du « libre choix » entre encellulement individuel et placement en cellule collective. Cette apparente liberté de choix comporte cependant un sérieux inconvénient : la cellule individuelle disponible peut se trouver à des centaines de kilomètres du lieu d'incarcération initial, si bien qu'un détenu orléanais du quartier de l'Argonne se voit contraint de choisir entre une cellule surpeuplée dans une maison d'arrêt située à cinq cents mètres de sa famille et une cellule individuelle à cent, deux cents voire cinq cents kilomètres de chez lui !

18 h 30. La « gamelle » va commencer quand Halter, un freluquet au sourire pâle, se présente sur la coursive. Ses cheveux ébouriffés, ses traits défaits trahissent une récente garde à vue. Il a l'air totalement perdu. Je lui indique les douches. Il ne s'est pas lavé depuis deux jours.

– Surveillant, si je souris, faut pas croire que je me fous de votre gueule ! C'est juste que je suis tout le temps comme ça. Même quand ça va pas, je souris !

Un prisonnier l'aperçoit.

– Ah ! De retour ? Comment ça va, la famille ?

Il claque deux bises sur ses joues sales et le serre dans ses bras en lui glissant quelques mots en arabe. Halter sourit.

Un autre détenu l'interpelle à son tour :

– C'est la première fois ?

– Non, non, multirécidiviste… Vol pour la septième fois.

– Ah, moi pareil, mais pour conduite sans permis. J'ai pris six ans.

Halter se départ de son sourire.

– Putain ! Six ans en récidive ? Je risque de prendre cher, cette fois… Merde !

Il se tourne vers moi :

– Vous voyez, les peines planchers, ce que ça fait ? Merci, Sarkozy !

18 h 50. La « gamelle » distribuée, je referme un à un les lourds verrous de chaque porte. Le temps, l'humidité, les coups de poing répétés ont fait jouer les gonds, et les pênes sont décalés par rapport à leurs gâches. Je force ; le verrou s'encastre soudain dans l'orifice métallique. Le bruit se réverbère dans toute la détention. Je ferme la 103 quand Gazin se met à grogner derrière la porte :

– Elles sont où, mes baskets ?

– Quoi ? Quelles baskets, Gazin ?

Il hurle :

– Bah, mes baskets de la fouille !

J'ouvre.

– Mes chaussures, celles qu'on m'a données au parloir ! Le surveillant de la fouille, le grand Noir, il a dit qu'il les ramenait, et il est pas venu ! Je m'en bats la race, je veux mes baskets ou je tape un scandale. Je m'en bats les couilles, je veux voir le chef !

Je lui demande de se calmer. Sans succès. Les chaussures neuves apportées par les familles doivent être enregistrées avant d'être remises au détenu. Une procédure de plus pour éviter le racket, mais qui alourdit encore le fonctionnement de la prison. Parfois les chaussures s'évanouissent dans la nature. Le cycle de l'incompréhension se perpétue.

– Écoutez, je ne sais pas où elles sont, et à cette heure-là le surveillant de la fouille est parti. Je finis de fermer les verrous et...

Il ne me laisse pas finir ma phrase.

– Je vais tout casser dans la cellule si j'ai pas mes chaussures ! Une paire à 150 euros, merde ! Je vais tout défoncer !

Il ne sert à rien de discuter, d'essayer de lui expliquer que je vais me renseigner. Je referme la porte brutalement ; il se met à taper comme un fou en hurlant :

– Chef ! Chef ! Je veux voir le chef !

Sa voix s'étrangle quand je vois débarquer sur la coursive deux surveillants expérimentés : Max et Alex.

– Où est-ce que ça tape ?

– La 103, c'est Gazin.

Ce dernier ne s'est pas calmé et, rouge de colère, leur explique la situation.

– Vous allez pas me dire que vous savez pas où sont les baskets neuves à 150 euros que ma mère vient juste de me donner ? Une paire de Nike toutes neuves, putain !

Impossible, à cette heure avancée où tout le monde est parti, de retrouver la paire de chaussures. On verra demain. Promis ! Hermétique au reste du monde, Gazin répète inlassablement :

– Le surveillant de la fouille, il a dit qu'il les ramenait. Le surveillant de la fouille, il a dit qu'il les ramenait. Le surveillant de la fouille...

On referme la porte. Max m'explique :

– C'est le surveillant de la fouille qui a chié. Il ne faut jamais dire oui à un détenu si tu n'es pas sûr de toi. Après, tu as l'air d'un baltringue et tu perds ta crédibilité. Et regarde les conséquences… Gazin, c'est un mec qui monte tout de suite dans les tours, il s'énerve rapidement, il gueule et tout, il tape, mais il redescend tout aussi vite. Il y en a, ils s'énervent, et là, tu ne peux rien faire : ils retournent la cellule et il faut juste attendre que ça passe. Tu ne peux rien de plus.

9

« Elle se promène à poil toute la journée »

21 heures. Autour de nous, les images des caméras de surveillance changent toutes les trente secondes sur les écrans de contrôle : grande détention, quartier des femmes, chemin de ronde... Un peu partout des diodes clignotent sur la console d'ouverture des portes de la détention. J'ai l'impression d'être aux commandes d'un vaisseau spatial perdu dans la nuit. Les stores ont été baissés, nos silhouettes feraient des cibles faciles dans le noir pour quiconque se tiendrait posté dans un des immeubles voisins surplombant la taule. Paranoïa ? Certainement. Mais un détenu a été tué à la prison de Grenoble, il y a quelques années, par un tireur embusqué sur une hauteur.

Nous sommes quatre surveillants au « rond-point », le poste ultrasécurisé, pour assurer la garde de nuit. Pour l'heure, penchés sur nos plats réchauffés, nous dînons en silence. De temps à autre, une alarme se déclenche sans nous inquiéter outre mesure. Nous savons que le système de détection, trop sensible, se met en marche dès que le vent souffle trop fort ou qu'un oiseau passe à proximité des capteurs. Le mot « ALARME » s'affiche sur l'un des écrans. Nul n'y prête attention.

Plusieurs semaines ont passé depuis mon arrivée à la prison, et les trois surveillants de ce soir – Max, Alex et Mathieu – sont ceux avec qui je vais travailler jusqu'à la fin du mois de décembre. « On va te former pour que tu rentres dans le moule, m'annonce Max. On a la réputation d'être des durs. Cela m'est arrivé d'écraser quelques têtes, et je suis respecté. Tu vas apprendre. »

Une silhouette massive apparaît dans l'encadrement de la porte. C'est Ferry, le chef de garde pour la soirée, un grand gars bourru, version troisième ligne de rugby. Il finit sa cigarette et la jette dans la nuit par la fenêtre ouverte. Le courant d'air est glacial. Je frissonne. « Bon appétit, les gars ! » Nous voir nous empiffrer lui rappelle sa toute première nuit de jeune surveillant ; à l'époque, il venait d'être affecté à Fleury-Mérogis, les anciens l'avaient chargé de préparer la gamelle du soir pour tout le monde. « Je venais de me marier. Ma femme m'avait préparé une bonne bouffe avec plein de trucs dedans. J'avais aussi acheté deux bouteilles de pinard. On m'avait fait comprendre qu'il y en aurait besoin… » La nuit tombée, Ferry sort ses victuailles et ses deux bouteilles de rouge sous les yeux de ses collègues, qui commencent à se servir. En dix minutes tout est ratiboisé. Regards interrogateurs : « Et le reste, c'est où ? » Il bafouille qu'il n'y a plus rien. « Quoi ? hurle un ancien. Putain ! Je savais qu'on pouvait plus se fier aux nouveaux, je le savais ! » « À ce moment-là, raconte Ferry, ils ont tous sorti des bouteilles de leurs sacs et ils les ont posées sur la table. On a picolé toute la nuit ! »

Un cri sourd descend des coursives. Puis c'est le silence. Le cri reprend. Fourchettes en arrêt, nous tendons l'oreille pour repérer d'où vient l'appel. Les « parloirs sauvages » ont commencé. De la rue, des familles ou des amis hèlent les détenus. Nous allons voir. Derrière les portes, nous entendons le son des téléviseurs, des postes de radio, des conversations et des bruits de chasse d'eau. Les néons des couloirs ont été éteints. Nous nous déplaçons d'un pas souple pour éviter de faire craquer le plancher.

La voix se fait plus nette : « Hé, les chattes ! Venez discuter cinq minutes. Hé, les chattes ! » Deux voix de fille répondent de la rue. Par l'œilleton, je discerne le prisonnier juché sur les conduites d'eau pour se hisser à hauteur de fenêtre. « Hé, les chattes, venez me faire un petit coucou ! » On tape du pied dans la porte. « T'as pas fini ton bordel ? Les autres veulent peut-être dormir ! » Il se tait. Ferry, le chef, est parti de son côté demander à la police municipale de venir faire un tour aux abords de la prison pour déloger les deux filles.

Nous retournons au vaisseau spatial où le gradé nous attend, une nouvelle cigarette à la main. Les cris dans la nuit lui rappellent une autre histoire. « J'étais sur le point de me battre avec un "voyou". Je fais fonctionner mon alarme ; aussitôt, j'entends un bruit sourd : *boum-boum-boum*, un peu comme un tremblement de terre, et une armée de gardiens débarque sur la coursive : au moins vingt-cinq ou trente surveillants. Ils se ruent sur le voyou qui se décompose sur place. Une seconde plus tard, il est sous une montagne de bleus. Deux secondes après, le gradé débarque à son tour en demandant aux autres d'arrêter, et il y va lui aussi de ses coups de tatane. Il y avait une sacrée solidarité entre surveillants, à l'époque ! » Max se tape les cuisses en rigolant : « Ah ça, c'était le bon vieux temps ! »

Je suis plutôt content qu'il soit révolu, et de ne pas avoir à essuyer mes semelles sur les détenus.

Un autre jour, Ferry s'est tout bonnement retrouvé enfermé dans une cellule alors qu'il distribuait le courrier. « Les portes se refermaient automatiquement, à l'époque. » Il pénètre dans la pièce en retenant la porte du bout du pied ; le détenu est au lit ; Ferry, qui est dans un bon jour, fait un petit pas supplémentaire pour tendre les lettres sans que l'autre ait besoin de se lever. Soudain, le visage du prisonnier s'illumine d'un large sourire. Clac ! la porte vient de se refermer. Il est seul, ils sont trois en face de lui. « Alors ? Qu'est-ce que vous allez faire, chef ? » demande l'un d'eux, narquois. « Bah, là, c'est pas trop moi qui ai le choix... » répond le jeune gardien. Il appelle, hurle, martèle la porte. Rien. « Les trois voyous auraient pu me mettre sur la gueule, mais ils n'ont rien fait. » Finalement, il s'assoit et taille une bavette avec les occupants jusqu'à ce que quelqu'un vienne le délivrer, une bonne heure plus tard. « Depuis, quand je distribue le courrier, je peux vous dire que les gars, ils doivent sortir de leur lit pour venir le chercher. Je me ferai pas baiser deux fois ! »

Un appel. La police est à la porte et ramène Eva, une détenue qui passait aux assises. Elle apparaît dans l'obscurité de la détention, entourée de la surveillante du quartier des femmes et du chef. Un joli brin de fille d'à peine trente ans, coiffée à la garçonne, bras croisés sur la poitrine ; elle nous salue d'un « Bonsoir, messieurs » accompagné d'un petit mouvement de tête, puis disparaît dans l'obscur couloir de la détention, les deux cerbères à sa suite. Le chef revient cinq minutes plus tard. « Quelle salope ! Je te jure, faut se méfier d'elle. Elle m'a demandé si c'était moi qui la fouillais ce soir ! Je lui ai répondu que la surveillante faisait ça très bien. Eva, faut jamais la raccompagner seule dans les couloirs… On ne sait pas ce qu'elle va inventer, elle peut nous accuser de n'importe quoi. » Il allume sa troisième cigarette de la soirée. « Et là, on serait bien dans la merde, parce qu'il n'y a pas de caméras partout. »

Un des surveillants a même entendu dire qu'elle ne mettait jamais de culotte. Même aujourd'hui, pour son procès : « Apparemment, elle se promène à poil toute la journée dans sa cellule… Elle est peut-être mignonne, mais elle a un sacré pet au casque. »

La conversation se poursuit, émaillée d'anecdotes plus loufoques les unes que les autres. Les souvenirs remontent. Chacun y va de son histoire. Celle d'un surveillant alcoolique qui, en poste à la porte d'entrée après le déjeuner, a un jour refusé l'accès au directeur de la prison sous prétexte qu'il n'était pas en uniforme. Celle d'un surveillant qui avait pour habitude de faire son tour de ronde à Solex. Un autre, bonne pâte, a prêté sa voiture à un détenu en permission qui s'en est servi pour faire un braquage ; on a retrouvé l'arme dans son coffre. Le gardien a été révoqué, puis réintégré cinq ans plus tard, mais il est mort peu après : l'affaire l'avait tué.

Un autre maton est devenu raide dingue d'une détenue ; rien à faire, ça lui est tombé dessus, il a plaqué sa femme et a eu un enfant avec l'autre.

« Et puis on a Alliot-Marie qui est venue cet été ! coupe soudain Mathieu. MADAME la ministre ! C'était n'importe quoi. Tu parles qu'elle a vu la prison ! On a retiré le détenu qui était dans la cellule qu'elle devait visiter, et on a tout nettoyé nickel cinq jours avant son arrivée. En plus, elle ne m'a même pas serré la main ! »

Pas loin de minuit. Le chef part se coucher en nous souhaitant bonne nuit, et nous restons tous quatre encore quelques instants à discuter.

De nouveau quelqu'un tape à une porte. Nous nous regardons, fatigués, pour savoir qui va s'y coller, avant d'y aller tous ensemble. Max regarde à l'œilleton, lequel est bouché. D'une pichenette, il fait sauter le compteur électrique.

– Vous voulez jouer, les gars ? C'est ça, vous voulez jouer ? Y a pas de problème, on va jouer… Allez, retirez-moi ça de l'œilleton, tout de suite !

– C'est bon, surveillant, on a compris.

Max me donne un dernier conseil : « Les voyous détestent être enfermés dans le noir. Ça les fait flipper. Alors, s'ils te font chier, tu leur coupes la lumière. En général, ça les calme. »

10

« Séparez-vous ! Séparez-vous ! »

Devant l'entrée de la prison, je retrouve Martin, le jeune papa de dix-neuf ans qui avait demandé à la CAP un placement en semi-liberté pour travailler comme maçon. Le nez dans son écharpe, il frappe du pied le sol gelé. Il attend que sa mère vienne le chercher pour l'emmener travailler sur son chantier. Je suis content pour lui que la juge ait accepté sa « semi ». Il me demande si j'ai du feu. Non. Tant pis. Il continue de marteler le sol.

Comme tous les jours, je passe par le vestiaire et m'y habille en hâte. Mes rangers auraient besoin d'un bon coup de cirage. Ce sera pour plus tard : je suis déjà à la bourre. On m'envoie surveiller la cour de promenade pour la journée. Un surveillant me demande discrètement si j'ai emporté de la lecture avec moi. « Euh, non, pas vraiment… » Il me tend un exemplaire d'*Autoplus*. « Tiens ! Sans ça, la journée risque de te paraître longue. Je crois qu'il reste aussi quelques vieux magazines dans la guérite. Je les ai déjà tous lus au moins deux fois, mais fais bien attention à les planquer. Faudrait pas que les chefs te voient avec ! » Toujours cette peur des gradés, de l'entorse au règlement. Le surveillant surveillé. On s'épie avant de jouer les grands seigneurs : « Je t'ai vu, mais je ne dirai rien. » Un dernier conseil avant que je parte : « Il faut ouvrir les cabines téléphoniques dans les cours de promenade. Prends des gants pour déverrouiller les cadenas, parce que les voyous crachent dessus. Avec leur vérole, autant ne pas prendre de risques ! »

La guérite est une pièce tout en longueur, entièrement vitrée, située à une dizaine de mètres de hauteur, au-dessus des cours de promenade. À l'intérieur, un comptoir en bois, un téléphone, une chaise, un chauffage d'appoint et deux énormes radiateurs que je m'empresse de brancher. Je m'assois. Les fenêtres sont embuées.

Il n'est pas 8 heures et ma cabine semble flotter dans l'obscurité du petit matin. J'observe, émerveillé, le jour d'un rouge violacé se lever derrière le corps lugubre de la prison. Les premiers rayons du soleil viennent caresser les barres d'immeubles alentour, quelques étourneaux voltigent dans le ciel. Le temps est suspendu. L'espace d'un instant, il n'y a plus de prison.

À mes pieds, la nuit se retire dans les trois cours grillagées. Trois cages. Trois rectangles de bitume jonchés de papiers sales et de mégots. Trois promenades distinctes afin que les prisonniers à séparer ne se croisent pas. Au fond de chacune d'elles, un petit préau et un banc pour les jours de pluie. Et puis les angles morts, lieux de tous les trafics et des explications viriles.

8 heures. Du haut de mon perchoir, j'aperçois enfin les premiers détenus, ombres grises et voûtées, qui pénètrent dans la cour en raclant le bitume de leurs semelles. Ils disposent d'une heure exactement. Je remarque le manège d'un fumeur en manque qui s'adresse, un à un, à tous ses compagnons. On le rembarre. Personne n'a de tabac. Il finit par en trouver un qui le dépanne de quelques cigarettes.

Les allées et venues commencent. Un prisonnier veut rentrer. Il grimace, ne se sent pas bien. Je préviens les autres gardiens. « Il attendra la fin de la promenade ! » Une fois celle-ci commencée, personne n'a le droit d'en repartir avant la fin.

Dans la cour du milieu, celle des mineurs, deux adolescents se font la courte échelle le long du mur pour glaner eux aussi quelques cigarettes chez les adultes. Le plus jeune, le « petit Raoul », est connu de tout le monde : quatorze ans, un casier épais comme un annuaire, et déjà sa deuxième incarcération. Son père purge une peine de vingt-deux ans pour meurtre dans un autre établissement de la région. Sa mère était au quartier des femmes il y a quelques mois.

L'heure se termine, les promeneurs rentrent, remplacés peu après par d'autres. Mêmes allées et venues. Mêmes cigarettes au coin des lèvres. Je feuillette distraitement un vieil exemplaire du *Point* oublié dans la guérite. C'est vrai qu'on s'ennuie sacrément. Passé l'étonnement de la première heure, il n'y a plus rien à faire.

Après ma pause repas, la surveillance reprend, identique et monotone. Un troisième tour de promenade, un quatrième. Toujours rien. J'ai parcouru depuis longtemps tous les magazines de la guérite et me suis mis à griffonner sur un bout de papier pour tuer le temps.

Peu après 16 heures, le premier étage pénètre dans la cour pour le tout dernier tour de promenade de la journée. Le jour commence à baisser, la vue est moins bonne. Un garçon bizarre déambule une serviette de toilette sur le crâne. « C'est pour me rafraîchir les idées ! » m'a-t-il dit quelques jours auparavant. Un autre s'approche de lui, l'empoigne soudain par le revers de sa veste et le plaque contre le mur d'un air menaçant. Je n'ai pas le temps de comprendre ce qui se passe que déjà un troisième les sépare. Dix minutes plus tard, l'agresseur fond à nouveau sur le prisonnier à la serviette, le replaque contre le mur et lui assène un violent coup de tête. C'est aussitôt l'attroupement. Dix détenus autour d'eux, bientôt vingt. Dans la meute, personne ne parvient à les séparer.

J'ai tout juste le temps de prévenir au Motorola les autres surveillants, puis d'ouvrir la fenêtre en criant aux détenus : « Séparez-vous ! Séparez-vous ! »

Tous les promeneurs disparaissent dans l'angle mort de la cour. Dix secondes plus tard, tout ce petit monde se disperse d'un pas tranquille. L'homme à la serviette réapparaît le dernier, chancelant, hagard. D'où je suis, je ne parviens pas à distinguer s'il a ou non le visage en sang. Il allume une cigarette.

De ma fenêtre, je lui demande s'il va bien. Deux prisonniers qui se sont approchés de lui répondent à sa place : « Y a pas de souci, surveillant ! Y a pas de problème ! » Lui est ailleurs.

Un gardien paraît enfin pour faire évacuer la cour ; tous les autres rentrent. Une légère bruine se met à tomber. Le détenu à la serviette reste seul, toujours silencieux, tournant en rond au fond de la cour. Sa cigarette n'est plus qu'une braise qui lui brûle les ongles. Il la jette puis disparaît dans le boyau de sortie.

11

« Un Gitan n'a qu'une parole ! »

Le lendemain, je retrouve le premier étage et sa coursive poussiéreuse. Je travaille depuis deux heures quand le petit voyant rouge de la 117 s'allume : signe qu'un détenu m'appelle. Un garçon de mon âge, peut-être plus jeune, sort de la cellule, maigrelet, apeuré, pâle comme un linge. Il me fixe, des larmes dans les yeux, et murmure : « Je vais pas tenir, surveillant. Je vais pas tenir. J'en peux plus ! Je crois que je vais tout arrêter, ce sera plus simple. J'en peux plus ! » Sa voix tremble. Il dodeline doucement de la tête, ses larmes commencent à couler. Il sanglote, ses yeux toujours plantés dans les miens, comme pour m'implorer, me demander de le sortir de là, de cette folie. Ses larmes glissent sur ses pommettes, s'accrochent quelques secondes au duvet de ses joues, avant de s'écraser sur son pull crasseux. Il n'essaie même pas de les essuyer.

Je reste interdit. Je ne sais pas si je dois le prendre dans mes bras, lui taper sur l'épaule pour le rassurer, ou ne rien faire du tout. Je me méfie. C'est peut-être une ruse. Peut-être va-t-il me sauter dessus. C'est sûrement un déséquilibré : un schizophrène, peut-être ? Je reste à bonne distance en réfléchissant au meilleur moyen de le faire rentrer dans sa cellule sans l'exciter. « Rentrez dans votre cellule, je vais prévenir l'infirmière… Vous voulez la voir ? »

Mutisme, sanglots, reniflements. Sa tête continue d'osciller sans bruit. Et ses yeux, si tristes, qui me fixent ! Quelques secondes passent. Je me détends un peu, avise ses mains inertes le long de son corps : rien dedans qui puisse servir d'arme. Il n'a pas l'air si dangereux. Je me sens subitement ridicule de me méfier d'un gosse en pleurs. Je comprends à quel point je deviens différent dès que je suis ici.

Le garçon est un « primaire » soupçonné de braquage et envoyé en prison pour la toute première fois. Après une semaine seul en cellule pour « s'acclimater », il vient d'être placé en cellule collective. On nous avait bien prévenus, à l'Enap, que la plupart des tentatives de suicide avaient lieu en début d'incarcération.

Un collègue apparaît sur la coursive et demande au prisonnier ce qui ne va pas.

– J'en peux plus. Je vais tout arrêter, ce sera plus simple.

– Attendez, vous avez quel âge ? Vingt ans ? Vous avez la vie devant vous. Elle n'est pas derrière, à vingt ans, elle est devant ! Alors, il ne faut pas dire ça. À soixante ans, d'accord, mais pas à vingt ! Vous êtes arrivé quand ?

– Il y a une semaine.

– Une semaine ? Vous allez vous habituer. Et avec votre codétenu, ça se passe bien ?

– Oui, oui, il m'explique comment ça marche. Il m'aide et tout, mais j'ai même pas de tabac et il peut pas me dépanner tout le temps.

– Ah ça, nous, on ne peut rien faire. Avec la nouvelle loi sur le tabac, on n'en a plus, c'est interdit. Profitez-en pour arrêtez ! Regardez, moi, je fumais deux paquets par jour, j'ai arrêté. C'est l'occasion ou jamais. Allez, ça va aller, et puis on va voir avec le médecin. OK ?

L'autre hoche la tête, pas vraiment rassuré, et rentre dans sa cellule où son codétenu, assis sur son lit, détourne les yeux de la télévision pour lui remonter le moral :

– Hé, mon pote ! Ressaisis-toi !

Quelque temps plus tard, le psy le reçoit, entre deux détenus, pour lui administrer quelques cachets, tandis que le chef l'ajoute à la liste des détenus suicidaires à surveiller durant la nuit.

Dans le tournant de la coursive, je manque de percuter Sadat qui revient du sport. Il s'excuse : il ne m'a pas vu. On se remet à discuter de nos études, comme deux vieux copains. Il a une amie professeur qui a fait une thèse de géographie. Pour m'aider dans ma « reconversion », il me propose de se renseigner sur son cursus. Je le remercie, gêné encore une fois de susciter de sa part tant d'attention. S'il savait qui je suis réellement…

« Moi aussi, j'espère devenir professeur d'éducation physique une fois sorti d'ici », m'explique-t-il. Il en a le niveau, il ne lui manque que le diplôme. Sitôt dehors, il prendra des cours par correspondance.

D'ailleurs, il se demande comment fonctionnent les remises de peine. Il ne connaît toujours pas sa date de sortie. Je lui explique rapidement le principe : trois mois de remise la première année, deux pour les suivantes. En cas de récidive, c'est deux mois seulement la première année. Il existe aussi des remises de peine supplémentaires, mais pour ça il faut se livrer à des activités, travailler… Le surveillant de son étage le rappelle ; il disparaît.

La journée se poursuit. Comme toujours, je fais passer un peu de tabac, de café, d'huile, ou des feuilles à rouler. Un détenu me confie un mot pour un de ses amis. Langage et orthographe de la prison : « Wesh mon pote, s'est Numa Tu peut me laché troi chmair ? » (Traduction : Ouais, mon pote, c'est Manu, t'aurais pas trois cigarettes ?)

Meyer, le Gitan auxi d'étage aux dents jaunes, vient traîner du côté de mon bureau pour discuter, il n'aime pas les programmes télé de l'après-midi. Il a débarqué à la maison d'arrêt au mois d'août « à cause de la voiture »…

– Comment ça, la voiture ?

– Bah, l'alcool au volant, surveillant. Et, vu que j'avais déjà plein de sursis, tout est tombé, et j'ai pris six mois. J'étais en récidive. Mais, normalement, d'après ce que m'a dit l'avocate, avec les remises de peine et tout ça, je pourrai peut-être sortir le 31 décembre, juste à la fin du mois !

Meyer connaît la prison depuis vingt ans. La première fois, il était mineur. Il avait pris six mois pour avoir brûlé douze hectares de forêt. Il me raconte qu'avec un ami il avait volé une voiture. Pour la faire disparaître, les deux compères la conduisent jusque dans un chemin creux et déroulent du papier toilette à l'intérieur. « J'ai allumé pour qu'elle crame. » Le problème, c'est que le réservoir était plein. La voiture s'embrase avant d'exploser. « Ah là là ! Je te jure, ça a pété et ça a mis le feu à la forêt d'à côté ! »

La deuxième fois, il prend cinq ans, et le père de sa copine, sept. Pour braquage. « Bah, ouais, fallait bien vivre... » Tant qu'il est en préventive, sa copine vient le voir au parloir, mais le jour où la peine tombe elle le quitte : elle ne voulait pas attendre aussi longtemps.

– On avait un gosse. Aujourd'hui il a seize ans, moi j'en ai trente-six. Je peux encore le voir quand je veux. Avec elle, on a plus rien à se dire : « bonjour », « au revoir », c'est tout ; mais je peux appeler quand je veux pour parler à mon gosse. Elle, elle a refait sa vie avec quelqu'un. Ils habitent près d'Orléans. La Source, tu connais ?

Je m'exclame :

– Bien sûr que je connais ! Le lycée Voltaire est là-bas, c'est là que j'ai fait mes études !

– Sans blague ? C'est là qu'il va, mon fils. Il veut faire avocat, je te jure. A-VO-CAT ! Il fait pas de conneries comme moi. Les vols et tout ça, ça l'intéresse pas. L'école, c'est tout.

– C'est bien, faut qu'il continue. Et puis, il y a une bonne fac de droit, à Orléans.

Comme s'il ne m'avait pas entendu, il reprend le fil de sa pensée.

– Maintenant, je suis là parce que j'ai provoqué un accident après l'alcool. Six mois. Ça m'a fait réfléchir. Je veux arrêter, maintenant, je te jure. En sortant, je vais essayer de travailler dans le bâtiment, j'ai mon beau-père qui est déjà là-dedans. Il a son entreprise. Quand je sors, il va me former à tous les boulots, pour que je sache un peu tout faire.

Nouveau silence. L'histoire de sa vie reprend. Maintenant il est en ménage – enfin, il l'était, mais sa copine habite toujours chez lui. Tout cela est compliqué. Quand il l'a rencontrée, elle n'avait rien. Lui travaillait la nuit… pas de façon très licite. Tous les matins, il lui ramenait des 500, des 1 000 euros pour qu'elle achète ce qu'elle voulait. Elle dépense. Il est fier. Et puis, après son entrée au « chtare », elle lui annonce par téléphone qu'elle le quitte. Il lui promet une rouste au prochain parloir, mais un chef passe à côté de lui à ce moment-là : « Meyer, pas d'embrouilles au parloir, sinon on te le retire ! » Meyer promet, et le samedi suivant il reste calme. « Un Gitan n'a qu'une parole ! »

Meyer m'explique ensuite la signification des « tatouages à points » des « voyageurs ». Trois points signifient : « J'emmerde la justice » ; quatre, en carré, avec un cinquième au milieu : « Enfermé entre quatre murs. » Un point unique sur la joue désigne le « mac », celui qui a beaucoup de femmes.

Meyer lâche abruptement, avant de rentrer dans sa cellule : « Et puis, surveillant, s'il t'arrive quelque chose, moi et Fayçal, on sera les premiers à te protéger ! »

16 heures. Un nouveau voyant s'allume. À l'intérieur de la cellule, Duparc, le boxeur professionnel, torse nu, tape une fois de plus dans le vide, dégoulinant et soufflant. Il abaisse ses poings en me voyant.

– Surveillant, c'est pour faire passer du pain de mie. L'auxi du rez-de-chaussée doit nous en donner pour qu'on fasse des croque-monsieur.

Le gardien en poste au rez-de-chaussée, un « dur », m'a averti en début de service qu'il ne faisait rien passer d'un étage à l'autre : « Les voyous croient qu'ils peuvent tout se faire passer. Pas la peine de me demander : je te dirai non. »

– Désolé, mais on ne fait rien passer d'un étage à l'autre.

– Quoi ? Vous déconnez ? C'est juste du pain de mie !

J'entends ma voix, neutre, distante, comme si un autre que moi parlait. Encore une fois, je dois jouer les matons plus que de raison.

– On ne passe rien d'un étage à l'autre.

– Ça vous coûte quoi, surveillant ? C'est juste du pain de mie, parce qu'on fait des croque-monsieur. Sinon, on va les manger comment, hein ? Regardez, on est déjà en train de faire la gamelle, me dit-il en m'indiquant du doigt sa « chauffe » en plein milieu de la pièce.

Son codétenu surveille la cuisson.

– Écoutez, je demande au surveillant du bas, même si je sais qu'il dira non. Et si c'est non, ce sera non, c'est clair ?

Effectivement, le surveillant refuse.

– Putain, fait chier ! C'est qui, le surveillant du bas ? C'est le gros ? C'est ça ? Putain ! On va être obligés d'utiliser les feuilles de brick, c'est tout ce qu'on a.

Je referme, rageant contre moi-même. Ce pain de mie ne retire strictement rien à ma vie, si ce n'est trente secondes de temps (or, aujourd'hui, je les ai) ; il ne coûte rien non plus à l'autre gardien.

Toujours le problème de la « deuxième prison », des « infimes matérialités », comme l'écrivait Michel Foucault.

18 heures. Fayçal, l'auxi de l'étage, entasse les plats de la « gamelle » en rigolant : des haricots blancs, des merguez et des saucisses.

– Ah, dis donc, surveillant, ça va péter, ce soir, avec tous ces fayots ! Prrrrrrr ! Ha, ha, ha !

À ses côtés, Meyer, lui, ne sourit pas du tout. Il est renfrogné depuis tout à l'heure. Il agite sous mon nez un ustensile de cuisine.

– Hé, surveillant ! Tu vois cette louche ? Si je vois quelqu'un qui pique un truc sur le chariot pendant qu'on sert la gamelle, je lui défonce la gueule avec ! C'est clair ?

– Euh… oui, d'accord, Meyer. Mais pourquoi ?

– Je te dis ça parce qu'hier y en a un qui a piqué au moins quatorze bananes sur le chariot pendant la distribution. Je l'ai vu, j'ai failli le dire, mais j'ai pas bronché. C'était un Arabe. Fayçal, lui, il a rien vu. Du coup, il en manquait. À la fin de la gamelle, je lui ai dit, à Fayçal, et il est parti parler en arabe avec l'autre pour s'expliquer. Je te jure, si l'autre refait ça, je lui défonce la gueule !

Le code d'honneur et la haine de la « poucave » régissent tous les rapports de la détention. On ne balance jamais un autre détenu, même pour quatorze bananes.

Tandis que je ferme les verrous, je reconnais la voix du boxeur derrière une porte.

– Hé, surveillant ! Vous nous dites même pas un petit au revoir ?

Je m'arrête et ouvre.

– Je vous ai souhaité une bonne soirée au moment de la « gamelle », vous n'avez pas remarqué ? Je ne repasse plus après la distribution du repas, normalement. C'est comme ça que je fonctionne.

– OK. C'est pas grave !

– Bon, vous vous en sortez quand même, avec la bouffe ?

– Bah, on a fait avec des feuilles de brick. C'est pas grave, on s'arrange quand même. Y a pas de souci.

Penché sur son assiette, le codétenu m'interroge :

– Et vous, vous allez manger quoi, ce soir, quand vous rentrez chez vous ? C'est vous qui cuisinez ?

– Ça dépend. Des fois oui, quand j'ai le temps, c'est moi qui cuisine, c'est plus sympa.

J'en profite une nouvelle fois pour faire une mise au point.

– Écoutez, je ne cherche pas à vous emmerder : que ce soit clair. Quand je dis non, c'est non, je ne reviendrai pas là-dessus. Par contre, quand je peux aider, je le fais. OK ?

– Pas de souci, surveillant, je suis d'accord. Bon, allez, passez aussi une bonne soirée.

Je rentre épuisé, le crâne dans un étau. Pas de croque-monsieur pour moi ce soir, mais une soupe chaude et une tranche de jambon fumé. Le feu a été allumé dans la cheminée. Mes parents s'inquiètent une fois de plus : j'ai l'air d'avoir perdu du poids et j'ai les traits tirés. Comme depuis huit mois, je les rassure : c'est juste la fatigue de la journée, rien de plus.

Grey's Anatomy à la télé : je préfère aller me coucher.

12

« Tu parles tellement dans le vent que c'est un ouragan ! »

Minuit et demi. La pièce du rond-point baigne dans la lumière bleutée des écrans de contrôle qui clignotent autour de moi. Seul, assis dans un fauteuil, mon calepin à la main, j'écoute les conversations téléphoniques des détenus, systématiquement enregistrées sur ordinateur. C'est un privilège exorbitant, mais « nécessaire », selon l'Administration pénitentiaire, pour éviter les trafics ou d'éventuelles évasions.

Chaque prisonnier dispose d'un compte sur lequel il peut déposer de l'argent pour appeler des numéros contrôlés par l'Administration. Une demi-heure au maximum, et obligation de dialoguer en français pour que les conversations puissent être comprises. Un surveillant est chargé, en théorie, d'écouter les échanges.

Je clique sur le nom de Puygrenier. Ce toxicomane de quarante ans appelle sa femme tous les jours. La conversation date de la veille ; il a laissé un message sur le répondeur : « Bonjour, mon amour, c'est moi. Bon, bah, tu réponds pas ? Je m'inquiète. J'ai mal à la tête, j'ai mal partout, tu me manques. Je sais pas où t'es, et j'ai presque plus de crédit. J'essaierai de rappeler un peu plus tard. T'as peut-être laissé le téléphone dans la voiture ou à la maison. Si jamais tu as ce message et que tu passes pas loin de la prison, klaxonne. Je saurai que c'est toi, et je pourrai t'appeler. J'aimerais entendre ta voix. »

Deuxième appel, cette fois en fin de journée, et la conversation tourne vite à l'engueulade :

– J'ai essayé de te joindre toute la journée ! Tu réponds pas !

Elle, visiblement lassée :

– Ouais, ben ouais ! Qu'est-ce que tu veux que je te dise ? J'étais occupée. De toute façon, t'as pas changé. C'est toujours pareil.

– Mais si, j'ai changé ! J'ai arrêté, je te dis !

– Ouais, c'est ça ! T'as arrêté comme moi je disais que j'arrêtais quand je prenais encore de la dope ! On peut pas te faire confiance. Des paroles, c'est toujours la même chose, de la tchatche, c'est tout ; mais y a jamais rien qui suit, de toute façon. Je te connais : t'as rien arrêté du tout.

– Putain ! Écoute, ça va couper. J'ai plus que trente centimes sur mon compte. Putain, tu vas voir que j'ai changé, tu verras, samedi, au parloir : j'ai changé !

La communication s'interrompt.

En parcourant les noms sur l'écran d'ordinateur, je tombe sur Moses, le « demi-fou », qui a appelé son petit frère trois jours auparavant.

– Ouais, ça va ? Ça se passe ? Qu'est-ce que tu racontes ?

– Je vais à l'école.

– Ah ! C'est bien. C'est cool. Attends une seconde, je vais te passer quelqu'un.

Une voix que je ne connais pas prend la suite de Moses.

– Ouais… allô ? Salut. Je te donne un numéro de téléphone. C'est important. C'est pour un message. Tu notes ? 06… Voilà, c'est le numéro de mon frère. Il faut que tu l'appelles. Bien, tu parles arabe ?

– Oui, répond le frère de Moses.

– Alors, je te passe quelqu'un qui va te dire un truc. C'est exactement ça que tu dois dire à mon frère, OK ? Tiens !

Une troisième personne prend le téléphone et dicte quelque chose en arabe pour que les surveillants ne puissent pas comprendre le message au cas où ils écouteraient. La voix inconnue reprend le combiné.

– C'est bon, t'as noté ? T'as bien compris ? Allez, salut !

Moses reprend le téléphone.
– Bonne journée, alors. Salut.

Nouvelle conversation. Cette fois, c'est Amaury, un jeune « voyageur », qui appelle sa sœur.
– Salut, ça va ? Hier, je me suis battu avec mon codétenu et on m'a changé de cellule. Tu sais, mon sweat Pepe Jeans ? Je le retrouvais plus. Je lui demande, il me dit qu'il l'a pas vu. Je me dis bon, OK, je l'ai peut-être remis avec mon linge sale au parloir, tu vois ? On sait pas. Au moment de la promenade, il descend, moi je reste. Je lui dis que je suis fatigué, que je vais rester là à dormir un peu, tu vois ? Et quand il est parti, je fouille dans ses affaires, et là, je retrouve mon Pepe Jeans et mon polo Lacoste, le vert, tu vois lequel ? Putain, j'étais trop vénère. Quand il revient de promenade, je lui ai collé une patate, direct.
– Ouais, t'as raison ! Faut pas se laisser faire !
– Et puis le chef, il m'a changé de cellule. Je lui ai expliqué, il m'a même pas mis de rapport ! C'est nickel, je te jure. L'autre enculé, je l'ai défoncé. Maintenant c'est cool, le mec avec qui je suis dans ma nouvelle cellule, il a deux cartouches de clopes ! C'est parfait, il peut m'entretenir. Il a pris dix-huit piges parce qu'il a tué sa femme ! Quand je vois ça, ça me réconforte, quelque part : dix-huit piges, putain...

Je m'interromps quelques instants pour aller boire un peu d'eau au robinet ; les diodes multicolores et les écrans continuent de clignoter, les alarmes se déclenchent de temps à autre. Le deuxième surveillant de la nuit a dû finir sa ronde et s'est sûrement installé dans la salle de pause du premier étage pour regarder la télévision. Peu de chances qu'il me surprenne à prendre des notes. Je branche une nouvelle conversation qui ne dure que quelques secondes. Le prisonnier appelle sa copine : « J'ai plus de crédit. Je voulais juste te dire que je te kiffe. Tu lâches rien, je t'aime trop, d'sa mère, t'es vraiment trop une princesse ! Je te jure ! Je te kiffe grave ! Lâche rien, je t'aime trop ! Faut rien lâcher ! »

Un autre appelle lui aussi sa femme.

– Allô ? C'est moi. Ça va ?

Apparemment non, elle ne va pas trop bien. Elle s'énerve tout de suite.

– C'est toi qui as appelé ce matin ? C'est toi, hein ? C'est toi qu'as pas arrêté de faire sonner ?

– Non, enfin je crois pas, peut-être... Pourquoi ?

– Putain ! Tu me fais chier ! Tu me fais chier ! J'en ai marre. Je peux rien faire sans que tu me fliques. Si t'appelles et que je réponds pas, c'est que je suis occupée, c'est tout. T'as pas besoin de savoir tout le temps où je suis. Tu me fais pas confiance. C'était toi, ce matin, hein ? Trois fois, putain, trois fois t'as appelé !

– Tu faisais quoi ?

– Ouais, c'était toi ! Je dormais ! Je dormais, c'est tout. Laisse-moi vivre, bordel de merde !

– Tu dormais encore à onze heures ?

– Eh ouais, pourquoi ? J'ai dû sortir et je me suis recouchée en rentrant. Tu m'enfermes dans ma vie !

– Mais tu peux pas sortir comme ça ! Faut que je sache où t'es, après c'est bon. C'est juste s'il t'arrive quelque chose... Jure-moi juste que t'étais bien sortie accompagner le petit.

Hors d'elle, elle explose à l'autre bout du fil :

– Tu me prends pour qui, à me faire jurer tout le temps ? On a rien à voir tous les deux. Arrête de m'espionner comme ça tout le temps ! J'ai trente-trois ans et tu me fliques comme une gosse de douze ans. Tu sais quoi ? Je vais te dire un truc : j'écoute pas vingt pour cent de ce que tu dis tellement tu me soûles. Tu parles dans le vent, c'est tellement du vent que c'est même un ouragan ! T'as aucune confiance, t'as zéro confiance, non, t'as même moins un pour cent de confiance !

Son interlocuteur écoute la colère déferler sur lui avant de reprendre de sa voix doucereuse :

– Oui, c'est vrai, j'arrive pas à faire confiance, mais c'est dur. Je te jure, je change, je te jure ! T'as juste à me dire où tu vas, et après je suis tranquille. Je t'emmerde plus.

– Mais, putain, t'as que la tchatche ! Tu promets toujours, mais y a jamais les actes qui suivent. Tu me soûles, je te jure ! Je fais rien : je fais des papiers ou je sors faire les magasins, je vais acheter des trucs. T'as pas besoin de tout savoir. T'es toujours en train de me casser la tête !

– Attends, je vais te dire un truc que j'ai jamais dit à personne. Tu sais ce que je dis à Dieu dans mes prières ? Je demande à Dieu de pouvoir te faire confiance. Je te jure que c'est vrai !

Un long silence, et elle explose de plus belle :

– T'es malade ! T'es complètement fou ! Ce qu'il te faut, c'est un psy, c'est une thérapie, je sais pas, moi !

– Non, mon problème c'est les femmes, je te jure. J'aurais jamais dû avoir de femmes. Sur le Coran ! Ma mère, ma sœur, toi : les soucis, ça vient toujours des femmes. Et le petit ? Il dit que je lui manque ? Il me demande ? Vous m'avez tous oublié, personne s'inquiète de moi...

13

« Ce sont des bêtes, pas des humains »

Comme tous les matins, tout est calme et silencieux ; les néons du deuxième étage, le plus difficile, sont encore allumés, la nuit ne s'est pas encore dissipée, la prison se prend encore pour une cathédrale. Une canalisation s'est rompue quelque part. L'humidité suinte des murs. L'auxi m'apprend que Moses, le détraqué, a été envoyé au mitard pour avoir « fait le con dans les douches » et tenté de forcer le passage alors qu'un surveillant lui barrait la coursive. Il a perdu du même coup sa permission de sortie pour la fin du mois, et passera Noël en prison. Un autre prisonnier de l'étage a été envoyé au trou pour avoir insulté une surveillante.

Dans la pénombre de la cellule, je devine une silhouette sombre et immobile. Sadat est là, comme toujours assis à sa table, fixant la porte. Je suis passé prendre de ses nouvelles. Depuis que je me trouve au premier étage, je ne le croise plus.

C'est la personne avec laquelle je m'entends le mieux ici. Mieux même qu'avec les autres surveillants. Dès que je peux, je vais le trouver dans sa cellule pour discuter livres, école, actualité, à l'abri des oreilles des autres matons.

Ce matin, il a le teint grisâtre, l'air las, les yeux cernés. Les bras toujours un peu raides le long du corps, il s'approche et me salue de son habituel petit hochement de tête.

– Cela ne va pas très fort pour moi, en ce moment, monsieur. Je commence à en avoir vraiment marre…

– Marre de… ?

– De tout : d'ici, de la prison. Ça fait vingt-huit jours que je suis ici, monsieur, et je ne peux pas sortir en promenade à cause des autres. Ce ne sont pas des êtres humains, ce sont des animaux. Surtout ceux juste à côté. Maintenant ça va mieux, on les a changés de cellule, mais avant ils nous réveillaient n'importe quand dans la nuit pour qu'on leur passe des trucs, du tabac, des feuilles. Ils tapaient sur les tuyaux jusqu'à ce qu'on leur réponde. Et puis des menaces, des insultes, tout le temps ! Alors, si c'est pour aller en promenade et me prendre la tête, non merci… Je ne veux pas rentrer dans leur jeu. Parce qu'ils vous taxent tout le temps, et si vous ne leur donnez pas, il y a des emmerdes.

C'est la première fois que je le vois à ce point énervé. La prison est en train de le rendre fou. Les livres, la télé, le tabac ne suffisent plus à combler le vide de ses journées.

– Je suis préparateur physique. Au tout début, je suis descendu en promenade. Les gars commençaient à s'énerver et j'ai organisé un entraînement avec des pompes et ce genre de choses. Ça les a calmés un peu, mais je ne peux pas faire ça à chaque fois ! Même chose en salle de sport : je leur fais un programme d'entraînement, mais il n'y a aucune reconnaissance et ils sont tout de suite dans l'affrontement. Je vous le dis : ce sont des bêtes, pas des humains. Et maintenant, au sport on ne nous dit plus bonjour, à moi et à mon codétenu, parce qu'ils croient que c'est à cause de nous que ceux d'à côté ont été changés de cellule.

Il se sert un café et prend une cigarette sur sa table.

– J'ai mon entreprise dehors, et je ne sais pas ce qu'elle va devenir ; j'avais plein de projets… Je devais travailler avec un médecin sur une idée de clinique destinée à la rééducation. En plus, je risque de perdre ma carte professionnelle, parce que je ne dois avoir aucune inscription à mon casier judiciaire. J'ai mes clients au-dehors : des athlètes importants. Je ne sais pas du tout ce que je vais devenir.

Sa situation est emblématique de bon nombre d'autres : même les condamnations à de courtes peines laissent le temps de perdre travail, famille, amis, sans permettre de reconstruire quoi que ce soit. Comment élaborer un projet de réinsertion ou entamer une formation en quelques mois seulement ? La prison déstructure, détisse les maigres liens sociaux qui pouvaient exister à l'extérieur, sans préparer les détenus à leur sortie. Elle rend les gens plus vulnérables qu'ils ne l'étaient lors de leur incarcération. Le manque de conseillers d'insertion et de probation (les CIP) aggrave encore un peu plus leur situation.

Sadat recrache la fumée. Je me décide enfin à poser la question qui me brûle les lèvres depuis des semaines : « Et vous êtes là pour quelle raison ? » Une seconde passe. Il laisse retomber ses épaules : « Bah, l'alcool… l'alcool au volant, en récidive. » Je vérifierai peu après sur le logiciel de la Pénitentiaire que c'est bien vrai.

C'est tout à fait déplacé, mais je l'en féliciterais presque ! Je suis heureux d'apprendre que ce n'est pas un « pointeur ». J'avais fini par croire qu'il en était un, avec le temps.

« J'avais déjà été pris, mais sans condamnation, juste du sursis. Une fois seulement, dans les années 1990, j'ai été condamné à vingt jours de prison. Là, j'y suis jusqu'à début février, mais sans sursis, et c'est ça qui me fait peur : je vais prendre davantage et je n'en peux plus. Je ne vois personne de l'extérieur. Ma mère est handicapée et ne peut pas se déplacer. Cela prend des mois pour obtenir un permis de visite, et mon amie n'a pas fait la demande. Quant au téléphone, j'ai demandé hier toute la journée à votre collègue le formulaire d'inscription, et je ne l'ai pas eu. On m'a dit que la photocopieuse était en panne ! »

Après lui avoir rapporté le fameux formulaire, je tente de faire passer tant bien que mal un maximum de détenus au téléphone. La liste s'allonge, les esprits s'échauffent…

Derrière la grande verrière, le jour s'est levé sans que l'on puisse rien voir au-dehors, hormis du côté de la petite détention. Là, dans l'immense mosaïque de carreaux polis, j'ai remarqué deux petits carrés de verre, intacts mais sales, qui permettent de scruter l'extérieur de la prison. Du deuxième étage, la vue est imprenable sur le grand boulevard qui mène au centre-ville et sur les terrains de sport du lycée, juste de l'autre côté de la rue. On aperçoit même les deux flèches de la cathédrale. Les détenus s'attardent souvent là, le nez au carreau, à regarder le va-et-vient des voitures, celui des passants pressés. Moi aussi, l'absence de perspective m'oppresse, et plusieurs fois déjà je me suis réfugié contre ces carreaux dépolis pour profiter, l'espace de quelques secondes, de la vue de l'extérieur, comme pour m'assurer que tout est bien encore en place, que personne n'a fait disparaître le décor. Ce matin, je m'y colle encore quelques instants. La rue est déserte, les magasins fermés. Seules les décorations de Noël accrochées aux lampadaires donnent un peu de vie à l'ensemble.

Les détenus ne voient jamais rien du dehors. Où qu'ils aillent, la vue est limitée par des grillages ou des murs. Le sentiment d'enfermement provient d'abord de là, de ce monde tronqué. Et ce sentiment-là devient sensation. Une sourde sensation de tout le corps, qui ressemble à de l'engourdissement et instille une incroyable et irrépressible envie de courir.

Quelques minutes plus tard, j'envoie un détenu au téléphone. L'œil malicieux, il demande :

– Je pourrais avoir un café pendant que je téléphone, s'il vous plaît, surveillant ?

Moi, du même ton amusé :

– Mais bien sûr, je vous le fais bien serré ? Et je vous mets deux sucres, comme d'habitude ?

Il éclate de rire et me propose très sérieusement, cette fois, de venir en boire un vrai dans sa cellule.

– Merci, mais je préfère le thé.

– Pas de souci : on en a aussi. Venez !

– Non, je ne peux vraiment pas ! Merci tout de même…

Une rumeur enfle depuis plusieurs jours dans les rangs des surveillants : faute de budget, les heures supplémentaires d'octobre, de novembre et de décembre ne seraient pas payées avant janvier. Dans les vestiaires, un des plus anciens s'énerve : « Il faut toujours qu'on réponde présent quand il y a un désistement, on ne peut jamais rien prévoir en famille. Par contre, dès qu'il s'agit de nous payer, il n'y a plus personne ! Il va pas falloir qu'ils se foutent longtemps de nos gueules comme ça ! » Les syndiqués promettent des actions. Ils parlent de bloquer l'entrée de la taule avec des palettes et des pneus. Comme au mois de mai. Les gardiens n'ont pas le droit de faire grève. Ceux qui protestent le font en prenant sur leurs jours de repos.

À la fin du service, quatre surveillants se remettent à discuter des heures supplémentaires non payées. Tout le monde grogne : « Je te jure, si ça continue, je me mets en arrêt ! menace l'un d'eux. Je pense pas être parmi les plus fainéants ici, mais là, c'est trop ! On n'arrête pas de me rappeler à la dernière minute, je ne vois jamais mes enfants. Ça fait des mois que je n'ai pas eu un week-end complet de libre, et les VSD [vendredi, samedi, dimanche], j'en parle même pas ! Et voilà qu'en plus, faut qu'on attende pour se faire payer ? Je vais me poser quinze jours ou trois semaines d'arrêt-maladie, et ils se démerderont ! »

14

« Quand on ne sait pas, il faut faire semblant, sinon on n'est plus crédible »

Enveloppée dans une ample djellaba multicolore, une femme arabe dépose précautionneusement devant moi un sac en plastique bourré de nourriture : des boulettes de viande, des loukoums, du kebab… La période des « colis de Noël » a débuté.

Posté dans un corridor de la prison, je dois « contrôler » tous les colis afin de vérifier qu'il n'y a pas de scies à métaux cachées dans les gâteaux, et m'assurer que les règles sont bien respectées : juste de la nourriture ou de quoi écrire. CD et tabac prohibés. Le poids ne doit pas excéder cinq kilos. Tout doit être placé dans des sacs transparents pour pouvoir être inspecté. Les excitants, poivre, sel, épices, thé, café, ainsi que les bonbons contenant de l'alcool sont interdits.

J'examine rapidement les plats. Rien de suspect, si ce n'est le poulet oublié dans le four, qui a trop cuit. Mais ça, pas besoin de l'inscrire dans mon cahier. Je pèse : 1,8 kilo. La dame ne parlant pas français, je lui explique par signes qu'elle a encore le droit d'apporter 3,2 kilos de nourriture. Elle me fait des sourires et des courbettes. Elle n'a rien compris. Je le lui explique une seconde fois. Nouvelles courbettes. Impossible de savoir si le message est passé. Encore une courbette et elle part voir son fils au parloir.

Deux autres femmes, également en voile et djellaba, suivent. Je remarque de jolies spirales de henné sur leurs mains quand elles extraient de leurs sacs de l'agneau, du bœuf, des pâtisseries aux pistaches pour tout un régiment. Je pèse : 2,4 kilos. L'une d'elles est là pour la deuxième fois, mais elle a mal estimé le poids. Elle a encore droit à 400 grammes. Je lui explique, comme à l'autre, qu'elle n'a malheureusement pas le droit de repasser une troisième fois. Elle hausse les épaules. Moi aussi. Elle part en marmonnant en arabe.

Arrive une quatrième femme plus âgée que les autres, plus voûtée, le regard mélancolique, comme si elle portait toute la misère du monde sur les épaules. On devine des larmes en deçà de ses yeux. Elle non plus ne parle pas français.

Elle me tend un énorme Tupperware rempli de pâtisseries aux figues. Je lui demande son nom. Elle me regarde sans répondre. Je répète ma question. Regard triste, implorant.

– Pour qui venez-vous ? Votre nom ?

– …

– Votre nom ?

– … Nourredine.

– Nourredine comment ?

– Nourredine… Fayçal.

« Maman », me dit-elle en pointant l'index sur sa poitrine. La petite dame est la mère de Fayçal, l'auxi du premier. Je lui dis que je connais bien son fils, elle me sourit comme les autres sans que je puisse savoir si elle m'a compris. Elle émarge d'une croix le cahier et disparaît voir son garçon au parloir.

Une nouvelle femme se présente dans la même tenue que les précédentes. Elle porte un énorme sac de provisions contenant de l'agneau, des boulettes de viande, un quatre-quarts, des brioches, des petits pains au lait, des bonbons multicolores, des barres de céréales, des Twix, des paquets de gâteaux, des Pepito… et j'en oublie.

Je pèse : 5,6 kilos ! Merde, beaucoup trop lourd !

Elle non plus ne parle pratiquement pas le français, et je lui explique par gestes qu'il faut retirer quelque chose.

– Qu'est-ce que vous voulez enlever ?

– …

– Qu'est-ce que vous voulez enlever ?

Je commence à perdre patience. Forcément, elle ne veut rien retirer. Elle me regarde, les yeux humides, les mains jointes.

– Rien… S'il te plaît, s'il te plaît, s'il te plaît, s'il te plaît…

Je retire quelques paquets de gâteaux de la balance ; elle en remet deux. J'en retire encore un, elle tente de remettre un Twix. Je retire le Twix, elle remet le Twix.

Finalement, je garde 5,2 kilos et lui rends le Twix et quelques gâteaux. Elle a gagné 200 grammes.

– Merci, me dit-elle d'une toute petite voix. Tiens, c'est pour toi !

Elle me tend maintenant le Twix que je viens d'interdire à son fiston ! Je bafouille, gêné, qu'elle ferait mieux de le donner aux enfants qui attendent de voir leurs pères au parloir. Elle hoche la tête. Nous sommes enfin parvenus à nous comprendre, et à nous entendre sur quelque chose.

J'en ai fini avec les colis de Noël. On me fait signe de remballer ma balance pour aller aider la collègue préposée aux sacs de linge, à l'entrée de la détention. Après la fouille des aliments, celle des vêtements… Elle plie et déplie à une vitesse impressionnante les chaussettes, les caleçons, les pantalons empilés dans les sacs, faisant courir ses doigts experts le long des coutures. Une vraie pro !

Un sapin de Noël sans guirlandes a été installé entre les toilettes et l'entrée du rond-point, où une autre surveillante appuie sans arrêt sur des boutons pour ouvrir des portes. Le téléphone sonne. Elle répond d'une voix suave de messagerie rose : « Maison d'arrêt d'Orléans, bonjoooour ! »

Un long moment, elle écoute en silence son interlocuteur en hochant la tête : « Oui, oui… » Puis son visage se ferme. Elle raccroche, énervée.

– Salope ! Non mais, c'est qui, cette connasse ? Pour qui elle se prend, pour me parler comme à un chien ?

– C'était qui ?

– C'était pour prévenir qu'un parloir était annulé. Tiens, pour la peine, je préviens pas le voyou. Il s'y présentera pour que dalle !

17 heures. Il faut maintenant distribuer les colis. Je m'installe dans une salle avec deux autres surveillants venus me donner un coup de main et qui espèrent bien pouvoir goûter à quelques pâtisseries orientales. Les paquets sont entassés dans un coin, la pièce sent l'agneau et la pistache.

Fayçal, l'auxi, arrive avec sa veste sale de cuistot déjà sur le dos car il commence la « gamelle » dans moins de dix minutes. Sa mère lui a préparé des gâteaux à la figue, ses préférés. « Ça va pas m'aider à perdre du poids, tout ça. » Il nous tend les gâteaux ; les deux gardiens feignent la surprise en piochant dans la boîte. Effectivement, ils sont excellents. « Félicitations à votre mère ! »

Les mains dans les poches de son jogging, essayant de ressembler à Tony Montana, un autre détenu s'avance vers nous en nous regardant de haut. C'est Bouzar, un jeune trafiquant de drogue arrogant et bagarreur. J'énumère le contenu de son sac : un plat en sauce, des pâtisseries, du sucre glace, de la cannelle…

Un des matons m'arrête.

– Ah non ! La cannelle, c'est interdit. C'est une épice.

Bouzar devient agressif.

– Bien sûr que non !

– Si !

– Non ! Et puis, de toute façon, tout le monde a des épices dans sa cellule. D'où c'est interdit ?

– C'est interdit, c'est tout !

Le gardien retire la cannelle du paquet.

Bouzar griffonne une signature sur le cahier et jette son crayon sur la table.

– Je veux que vous retiriez le poids de la cannelle, alors !

Je soustrais dix grammes…

Halter, le voleur multirécidiviste, se présente à son tour, dépité : « Je suis dégoûté, surveillant ! Mon amie du parloir, elle m'a dit ce qu'elle m'avait mis dans le colis. Elle a fait ça en *speed*, et elle a fait n'importe quoi. Tout ce qu'elle a mis dedans, je pouvais le cantiner à la prison ! Moi, ce que je voulais, c'était un bon petit plat cuisiné du Maroc. »

Je vide le sac. Effectivement, tout ce qu'il contient peut être acheté en détention : des bananes, des paquets de gâteaux, un saucisson halal, du pain à toasts, un sachet de bonbons...

« Ah, je suis vert, je vous jure ! Pas moyen de changer ? De refuser le colis ? »

Le gardien à côté de moi lui dit que non. Une fois Halter reparti, mon collègue se tourne vers moi : « En fait, j'en sais rien... mais quand on ne sait pas, il faut faire semblant, sinon on n'est plus crédible ! »

15

« Si vous voulez, chef, quand je sors, je vous prends dans mon équipe ! »

La neige s'est mise à tomber. Les gens s'agglutinent devant les vitrines et se bousculent pour boucler leurs achats de Noël. L'air est à la fête et au vin chaud. Je gare ma voiture sur le parking défoncé de la prison. Je travaille aujourd'hui au poste que je déteste le plus : la fouille des détenus à la sortie du parloir. Je ne m'y habituerai jamais. En plus, le timing est serré, en ces périodes de fêtes où les familles sont plus nombreuses à venir visiter leurs proches. Je vais devoir presser tout ce petit monde.

Un premier appel au Motorola : « Parloir fantôme pour Halter et Dupuis. Tu leur diras de retourner en cellule. » Dupuis s'exécute aussitôt. Halter est plus embêté. Son frêle sourire a disparu. « Surveillant, vous pouvez pas attendre encore quelques minutes ? Ma famille vient de Gien, c'est pas à côté, et ils ont dû prendre du retard à cause de la neige. J'ai pas souvent de parloirs. Vous pouvez vous renseigner s'il y a pas eu d'accidents ? » Pas le temps. D'autres arrivent encore, je dois leur ouvrir les portes de la « salle d'attente ». Halter remonte.

Trente minutes plus tard, les premiers parloirs se terminent. Je fais entrer un détenu, Gazin, celui qui avait égaré sa paire de Nike, dans le local de fouille, une pièce vide séparée en deux box. Deux carrés de linoléum découpés ont été posés sur le sol pour que les détenus ne se salissent pas les pieds. Il fait froid et gris dans cette pièce trop exiguë.

Gazin se déshabille. Mon regard glisse furtivement sur sa peau grasse et laiteuse ; il a les flancs adipeux, les mollets glabres, un tigre tatoué entre les deux omoplates. Mes doigts gantés palpent son caleçon, je me concentre dessus. Je sens la nausée rouler au fond de mon estomac. Le silence rend la scène encore plus pénible. Je cherche quelque chose à dire, n'importe quoi :

– C'est les chaussures de la dernière fois ? Vous les avez récupérées, finalement ?

– Ouais, c'est ma famille qui les a apportées. Des Nike à 150 euros ! Ça compte beaucoup, la famille. Eux, en plus, ils savent que j'ai rien fait, que je suis innocent. Les autres trucs avant, les conneries, ouais, c'était moi. Mais ça, c'est pas moi, c'est une erreur judiciaire ! Une ERREUR JUDICIAIRE !

Le deuxième tour de parloirs vient de se terminer. Cinq détenus, dont Bouzar, sont assis sur l'unique banc de la salle d'attente. Ils se regardent en silence. Aucun ne tient à passer à la fouille. « Messieurs ? Il m'en faut un. » Nouvel échange de regards interrogateurs pour savoir lequel ira en premier. Ils se poussent du coude comme des enfants. Je suis obligé de me faire menaçant :

– Bon, les gars, il faut qu'il y en ait un qui se décide. Vous ne pouvez pas y couper. Plus vite ce sera commencé, plus vite ce sera terminé. Alors, qui ?

Toujours rien. Pas un mot.

– Je ne vais pas attendre cinq minutes comme ça. Il y a d'autres tours, et ce n'est pas parce que je suis le petit nouveau qu'il faut me la jouer comme ça.

– Revenez dans dix minutes.

– Dernier avertissement ! Après, je vais chercher le chef, et ça ne va arranger personne. Décidez-vous !

Toujours aucun mouvement. Le gradé rameute trois autres surveillants et se met à aboyer sur les détenus :

– Toi et toi, à la fouille ! Dépêchez-vous ! Non, mais c'est quoi, ces façons ? Vous vous prenez pour qui ?

À cet instant, je comprends que s'ils ne me répondaient pas, c'est qu'ils avaient la bouche pleine de nourriture. Le chef leur colle une poubelle sous le nez.

– Crache ! Crache ce que tu as dans la bouche, je te dis !

Le gars, en caleçon et chaussettes, se force à déglutir pour ne pas montrer ce qu'il a dans la bouche. Trop tard.

Un surveillant exhibe soudain deux billets de dix euros pliés en quatre qu'il vient de retirer d'une poche de jean. Le détenu en face ment comme il peut.

– C'est ma famille qui me les a prêtés au parloir, je les ai fourrés dans ma poche et j'ai oublié de leur rendre à la fin, c'est tout !

– Ouais, on va gober ça ! Ta famille te prête vingt euros le temps de ton parloir, et tu oublies de les rendre. Tu expliqueras ça en commission de discipline !

– Ah non, chef ! Vous rigolez ? Vous allez pas me passer en commission pour ça !

Nous finissons de fouiller les autres. Cinq minutes plus tard, je n'en ai plus qu'un à inspecter. Les autres gardiens disparaissent.

Le détenu :

– Pourquoi vous êtes devenu surveillant ? Pour être fonctionnaire et travailler pour l'État ?

– On ne choisit pas toujours son métier, il faut bien manger.

– Ouais, enfin, pour 1 200 euros par mois, non merci ! Moi, je préfère vendre de la drogue. Si vous voulez, chef, quand je sors, je vous prends dans mon équipe !

Attiré par le ramdam, un surveillant me demande ce qui s'est passé. Je le lui raconte. Il m'explique : « Ceux-là, leurs familles leur ramènent des kebabs au parloir, mais on n'a jamais réussi à les choper. L'un d'eux aplatit le sandwich et le cache le long de sa ceinture, et pendant qu'ils sont dans le sas, ils le dévorent en quelques minutes. Jamais on n'a pu les prendre sur le fait. Quand on ouvre la porte, ça pue l'oignon ! »

Les tours de parloirs se succèdent. Je fouille. Cinq détenus. Dix. Vingt. Quarante. Une véritable usine. Des jambes, des bras, des sexes, des poils, des odeurs... Des gros, des maigres, beaucoup de tatoués, des corps osseux, d'autres musclés, ou fripés, secs.

Pour rendre la scène moins pénible, je fais la conversation en parlant de la pluie et du beau temps, du foot, de Johnny Hallyday, de moto, de Noël... La discussion confère une petite touche d'humanité à la situation, et j'en oublierais presque que le détenu debout en face de moi est nu comme un ver.

Jaulin, un adolescent décharné, est le dernier à passer. Il se tient toujours tête baissée, comme s'il venait de faire une bêtise. Je ne sais pas pourquoi il est en prison. Sûrement une histoire de drogue, comme beaucoup de garçons de son âge. Il ôte ses vêtements.

– Le parloir s'est bien passé ?

– Oui, oui, comme d'habitude. C'est la famille qui vient, ils étaient plusieurs aujourd'hui, en plus. C'était bien, même si j'ai eu peur qu'ils viennent pas, à cause de la neige.

– Pourquoi ? Vous habitez loin ?

– Non. Les « Salmones », à Saint-Jean-de-la-Ruelle.

Les Salmoneries sont un autre quartier difficile d'Orléans, et Jaulin est le premier détenu que je rencontre à venir de ce coin-là. Jusqu'à maintenant, j'ai surtout croisé des jeunes de l'Argonne.

– Vous êtes beaucoup du même quartier à être ici ?

– Non, trois ou quatre seulement. Il y a ceux de mon affaire.

– Pourquoi ? Vous avez fait quoi ?

– Viol.

C'était la question de trop. Le temps est comme suspendu. Mes gestes n'ont pas marqué de temps d'arrêt, mais mon esprit flotte dans le vide. Le gamin n'a que trois poils au menton !

– J'ai pris sept ans, mais le pire, c'est que j'ai rien fait. On était trois et on a demandé à la fille de nous faire une fellation, mais je l'ai pas violée. C'est elle et le juge qui ont dit que c'était un viol. J'ai dix-huit ans, mais au moment des faits j'en avais que seize. J'ai fait appel, j'attends mon transfert.

À l'entendre, ce serait la faute de la fille s'il moisit en prison ! Ma nausée reprend de plus belle. Je lui rends ses vêtements. Je suis sur le point de devenir fou.

16

« Tout ce que vous pouvez négocier, c'est tout ce qui est interdit »

Par crainte du verglas matinal, j'ai préféré passer la nuit dans la petite chambre d'étudiant de mon frère, dans le centre-ville d'Orléans. Depuis mes débuts à la maison d'arrêt, je n'ai presque pas eu le temps de le voir, et je profite de la soirée pour discuter avec lui. Son examen de BTS informatique est pour la fin de l'année scolaire, et il s'inquiète de la suite de ses études : Orléans ? Tours ? Lille ? Il ne sait pas encore où il va atterrir. Nous parlons de tout sauf de la prison, et cela me fait beaucoup de bien. Pour parachever la soirée, nous nous calons devant un film avec une bonne pizza : le meilleur remède contre la fatigue.

Je me présente au greffe à 6 h 45. Le chef de la nuit émerge, les yeux cernés. Il se fige à la vue de François, un jeune surveillant arrivé quelques mois avant moi, qui est en train de prendre un café au distributeur.

– Qu'est-ce que tu fais là, toi ? Tu n'es pas absent ?

François a prévenu hier qu'il ne venait pas travailler, sans préciser la durée de son arrêt-maladie. Il baisse les yeux.

– Hier j'étais malade, mais aujourd'hui ça va !

Le chef l'engueule :

– Mais tu te fous de nous ? Hier, tu n'as même pas eu le courage d'appeler, tu as fait téléphoner ta mère pour nous dire que tu étais malade. Et aujourd'hui tu te repointes sans prévenir !

8 h 10 : je monte au deuxième étage donner un coup de main à François pour envoyer les détenus en promenade. Ils ne sont pas nombreux à vouloir sortir : la cour, gelée et toujours pas salée, est devenue une vraie patinoire. Je suis occupé dans une cellule quand on entend des coups frappés contre une porte de la coursive. « C'est Manjoul, me dit François. Il n'était pas prêt pour la promenade et je l'ai laissé enfermé à l'intérieur des douches le temps d'envoyer les autres dans la cour. »

Le jeune surveillant va ouvrir et prévient le détenu qu'il n'ira pas en promenade. Il n'avait qu'à être prêt à l'heure. Manjoul, un Marocain d'une quarantaine d'années, se met à hurler : « Quoi ? Tu te fous de ma gueule ? Tu me fais lever à 7 heures pour la douche, tu me fais chier, et après tu me dis que j'ai pas ma promenade ? Y a pas moyen, je te le dis direct ! Je te jure : arrête de te foutre de ma gueule ! » Un chef vient l'apaiser et l'envoie en promenade.

8 h 45 : le calme revient après le départ à la promenade. Toujours aucun bruit, sauf, lointain, celui du jet des douches du rez-de-chaussée. Les mineurs sont en train de se laver. Je profite du répit pour jeter un coup d'œil au-dehors à travers les deux carreaux intacts de la verrière. Le terrain de sport du lycée est recouvert de neige, et un gros monsieur rougeaud gratte énergiquement le pare-brise de sa voiture garée sur le boulevard.

Je reviens à mon bureau.

Fayçal lave à grande eau le local où s'est tenue une séance de sculpture, et tente de faire disparaître la fine couche de poussière blanche incrustée dans le sol. Discrètement, Bouziane, l'auxi de l'étage du dessus, descend pour « lui donner un coup de main ». Meyer, qui travaille d'habitude avec Fayçal, est en permission ce week-end ; il va revoir sa femme et m'a garanti que « la nuit allait être longue ». « Il y en a une qui va prendre cher ! » se marre Fayçal.

Bouziane est donc descendu à l'étage, davantage pour discuter et tuer le temps que pour travailler réellement. C'est interdit, mais je le laisse faire. Il n'y a pas meilleure façon de se mettre un détenu dans la poche. Une professeur de l'Enap avait parfaitement résumé la chose : « Tout ce que vous pouvez négocier, c'est tout ce qui est interdit. C'est comme ça qu'on gère son étage. » J'ai bien saisi le truc. Par exemple, tout échange (tabac, timbres...) entre cellules est proscrit par le Code de procédure pénale pour éviter les rackets. Chaque fois que je fais passer quelque chose, j'explique bien que je le fais à l'encontre de la loi. Les détenus deviennent mes obligés.

Comme chaque dimanche, la journée est longue, et toutes les occasions sont bonnes pour se changer les idées. Je préviens juste Bouziane de garder un balai à portée de main pour le cas où le gradé viendrait inspecter l'étage. Il m'adresse un clin d'œil en saisissant une serpillière. « Vous inquiétez pas, chef ! Je gère ! »

À dix heures, Fayçal abandonne son balai pour venir distribuer le pain avec moi dans les cellules. Presque tout le monde dort encore. Comme à chaque distribution, j'ouvre les portes et Fayçal pénètre à pas de loup à l'intérieur pour déposer les baguettes. Une par personne.

« Salut, Arthur ! Comment ça va ? » Je sursaute, stupéfait, en l'entendant prononcer mon prénom. Comment sait-il ? J'ai pourtant bien veillé à ne pas inscrire mon nom dans le cahier d'étage. Qui le lui a dit ? Dimitru, un Roumain édenté, lui répond en s'avançant sur le seuil de sa cellule : « Ça va bien, et toi ? » Nous portons simplement le même prénom.

Un prisonnier, serviette de toilette à la main, est en train de proférer quelques amabilités devant une porte : « Je vais te niquer, fils de pute ! » « Je t'attends ! » répond une voix. Je le renvoie à son étage.

La distribution se poursuit. Fayçal me fait faire le tour du propriétaire :

– Surveillant, ça fait tellement longtemps que je suis ici que je connais tout le monde, maintenant. Je sais tout ce que tout le monde a fait, mais il y a des trucs, je les dis à personne pour éviter les problèmes. Il y en a un, à l'étage, il a violé ses enfants ! Ses propres enfants ! C'est dégueulasse, vous vous rendez compte ? Trois gosses !

– Je sais, Fayçal, c'est dégueulasse, mais ce n'est pas à nous de les juger. Même si c'est horrible, ce n'est pas une raison pour les tabasser en cour de promenade. Ils sont déjà là pour purger leur peine. Vous le frapperiez, celui-là, vous ?

Il élude la question.

Nous nous arrêtons devant la cellule de Bozoul, l'adorateur de Claude François, et de son codétenu. Fayçal me met en garde :

– Le voyageur [Bozoul], il faut s'en méfier. Il fait toujours de grands sourires par-devant, mais s'il est énervé faut pas lui ouvrir. Il a pris trente ans pour actes de barbarie ou un truc comme ça, il a plus rien à perdre. Faut faire attention… Mais l'autre, ajoute-t-il, c'est peut-être pire : il est là pour tentative de meurtre. Il tapait sa femme, l'obligeait à faire des trucs échangistes. Il est fou, et en plus il parle mal aux gens.

Les toilettes bouchées d'une cellule du deuxième étage ont fui et l'eau ruisselle sur les murs de la cellule du dessous. Les posters accrochés aux murs sont foutus. Les détenus se plaignent. Je préviens le deuxième étage. Le gardien court en tous sens sans réussir à trouver de ventouse.

Quelques cellules plus loin, Fayçal pioche dans un sachet de bonbons à la menthe posé sur la table. Deux des occupants sont partis en promenade et le troisième, qui dort encore, n'a même pas vu qu'il avait pénétré dans la cellule.

– Ils s'en fichent si j'en prends quelques-uns. Tenez, vous en voulez un ?

Nous poursuivons.

– Entre nous, Fayçal, ça ne vous fait rien de vendre de la drogue, alors qu'ici vous croisez plein de toxicos et que vous voyez les effets que ça fait ?

L'air ennuyé, il réfléchit quelques secondes.

– Bah, c'est eux qui achètent. Je les oblige pas à le faire. Ils décident tout seuls.

– Oui, mais vous savez qu'il y a des gens plus faibles que d'autres. C'est comme l'alcool : ceux qui boivent ont souvent des problèmes…

Il y a quelqu'un dans la cellule suivante, et Fayçal échange aussitôt quelques mots avec lui, trop heureux de se soustraire à notre embarrassante conversation.

Une fois la distribution de pain terminée, il se penche sur la rambarde pour héler l'auxi en charge de la distribution des cantines.

– Hé, Martial ! Tu peux me remonter un bon de cantine et venir me le remplir ?

Je me retourne, interloqué.

– Pourquoi, Fayçal ? Vous ne savez pas écrire ?

– Bah non, surveillant. J'ai jamais appris. J'ai commencé un peu ici, mais c'est dur. Pour compter, je suis plus fort : ça va.

Fayçal est né en France mais est reparti presque aussitôt pour l'Algérie, le pays de ses parents, où il a grandi. Au bled, l'école n'était pas la priorité, il a traîné à droite à gauche, fait des petits boulots, et puis finalement il est revenu ici sans avoir jamais ouvert un livre.

– Je n'ai rien à faire, ce matin. Je vous le remplis, si vous voulez. On va faire ça ensemble.

C'est à son tour d'être étonné par ma proposition.

– Merci, c'est gentil.

Penché sur mon bureau, j'énumère à haute voix les produits inscrits sur le bon. Il m'arrête quand quelque chose l'intéresse et m'indique la quantité.

– Je voudrais du thon. Tiens, je crois que c'est marqué là, me dit-il en pointant l'index sur un mot.

– Non, Fayçal ; ça, c'est du thé. Vous en voulez ?

– Non, non, que du thon.

Il m'explique ensuite qu'il aimerait bien aller à l'hôpital, d'ici quelques semaines, pour se changer les idées. C'est ce qu'il essaie de faire tous les six mois.

– Je vois jamais le dehors. Alors le truc, c'est d'obtenir une petite « extraction médicale », ça permet de voir l'extérieur de la prison. Cette fois, je vais dire que j'ai un problème aux poumons. Ça fait du bien de voir les arbres, le ciel, les oiseaux, les voitures, les gens. C'est comme une petite balade.

Parfois des détenus se blessent volontairement pour bénéficier de ce genre de sortie.

Je rencontre Métayer, un autre habitué de la prison. « Ici, j'ai plus de potes qu'au-dehors, de toute façon. » Il a une conception très « morale » de sa principale activité : « Je vole, mais je vole que l'État ! Je fais plus les maisons, parce que les assurances elles remboursent pas toujours et que les gens se retrouvent niqués, alors qu'eux ils ont rien fait ! » Il m'explique encore qu'il ne volait que les pompes à essence et les tabacs, « là où l'État taxe à mort ».

Peu après 11 heures, Suliman, un toxicomane en attente de jugement pour meurtre, m'appelle. Il est surexcité. Les joues creusées, le teint blême, les yeux exorbités, il est en manque. Il s'avance vers moi et tente de me parler sans parvenir à s'exprimer correctement :

– Surveillant, surveillant ! Ça va pas, là ! Ça va pas ! Ça tourne trop dans ma tête, je vais pas bien, je vais vraiment pas bien. Je vous jure, ça va à cent à l'heure !

Il parle si vite qu'il ne réussit même pas à avaler sa salive. Il s'arrête pour reprendre son souffle et reprend :

– Je peux voir le chef ? C'est urgent, ils ont l'habitude. Quand ça va pas, ils me reçoivent, ils sont au courant. Et là, ça va vraiment pas…

– Est-ce que vous pouvez me dire ce qui ne va pas, afin que je le précise au chef ?

– C'est juste que ça va trop vite dans ma tête.

– Bon, je vais voir le chef et lui demander s'il peut vous recevoir. D'accord ?

– Pas de problème, chef. Quand il a le temps, quand il a le temps. Merci, chef.

On raconte dans la prison que Suliman est tombé à cause d'un business de cocaïne qui a mal tourné. Il faisait l'intermédiaire entre deux gars. On lui donne de l'argent, il rapporte la dope. Pour « fêter » ça, l'acheteur lui propose de se faire quelques lignes. Suliman refuse, il tente d'arrêter. L'autre flaire l'arnaque : un dealer qui ne touche pas à la came, c'est que ça doit être de la merde. Les esprits s'échauffent. Les deux hommes ont bu. Suliman saisit un couteau posé sur la table pour se défendre. Un mauvais geste, et il entaille l'autre à la jambe. Le type se met à saigner comme un goret. On le retrouve peu après raide mort.

Je préviens le gradé que Suliman est quasiment en transe. Quand je reviens le chercher, son excitation est encore montée d'un cran et, tremblant, les lèvres sèches qu'il humidifie du bout de la langue, il se lance dans un monologue décousu sur la société et la vérité. Impossible de l'arrêter.

– Vous savez, on fait confiance, on fait confiance, et après, on est déçu. On croit qu'il y a la vérité, les gens, la société, l'État, que c'est la vérité, on fait confiance. Et puis il y a les erreurs judiciaires, et après on croit plus en rien. C'est pour ça qu'après on fait des erreurs. C'est dur, après, de croire la vérité de l'État, de… de tous ceux qui vivent ensemble. On croit plus en rien.

Il marque une pause, haletant. Son codétenu s'est dressé sur son lit et lui prête une oreille attentive. J'essaie encore une fois de calmer Suliman :

– Vous savez, vous avez fait des conneries, vous êtes là, mais il n'empêche qu'on peut se comprendre.

– Exactement, surveillant ! Attendez une seconde, j'arrive, je mets juste un jean pour aller voir le chef. C'est une question de respect. Je veux dire : on peut pas aller voir le chef en survêtement.

Il change de pantalon. Un peu plus calme, il baisse la voix et me demande sur le ton de la confidence :

– Surveillant, ça vous intéresse, une fille ? Parce que la rue des Carmes [une rue populaire d'Orléans], bah, on peut dire qu'elle est à moi. Je veux dire : je suis pas un patron, mais c'est un peu pareil.

Son codétenu se redresse tout à fait.

– Moi aussi, je peux en avoir ! Bon, pas des Françaises, bien sûr. Des Bulgares. Pour 3 000 euros, elle est à toi, elle fait tout ce que tu veux

– Non, merci, les gars, c'est gentil, mais j'ai ce qu'il faut à la maison, et elle est très bien.

– Vous avez bien raison, y a rien de mieux que celle qu'on a chez soi, faut surtout pas en changer. C'est ça, le bonheur, me dit Suliman, plus détendu.

Il a fini d'enfiler son pantalon.

– Entre nous et vous, il y a que l'uniforme, le bleu, c'est tout. Sinon, on est pareils, surveillant. Bon, surtout, quand vous avez le temps, n'hésitez pas, venez nous voir pour discuter, ça fait du bien de parler un peu. Ça nous casse le quotidien, ça fait un peu sortir de la cellule.

13 heures. La relève est là et je me hâte de partir, j'ai six heures de liberté devant moi avant de revenir ce soir travailler à la prison. Je suis de plus en plus fatigué. À peine le temps de me vider la tête, de manger un morceau, de dormir un brin, de me confectionner trois sandwichs et d'avaler deux cachets d'aspirine, et me voici de nouveau au milieu de la myriade de boutons et d'écrans du rond-point.

19 heures. Je suis de garde avec François, le jeune surveillant malmené par le chef ce matin. Il ne lui reste que quelques jours à faire ici, il ira ensuite travailler à la toute nouvelle prison de Rennes. François a fait ses deux stages à Châteauroux et Argentan, des centres de détention exempts de surpopulation, axés sur la réinsertion. Il y a obtenu de bonnes notes. Puis on l'a parachuté à Orléans le temps que la construction de Rennes soit achevée. Il n'a jamais mis les pieds de sa vie dans une maison d'arrêt, son travail est devenu un enfer.

« Mon tout premier jour, après deux heures de travail, j'ai arrêté. J'ai juste arrêté : j'en pouvais plus. J'ai posé le Motorola et les clés sur le bureau, je voulais me barrer. Je courais dans tous les sens. Les détenus n'arrêtaient pas de m'appeler, j'étais tout seul, perdu. Personne ne me montrait comment il fallait travailler. »

Il s'est tout de même accroché. Juillet et août ont été pour lui un calvaire : les détenus le bouffaient, l'insultaient, jouaient avec lui. « Je faisais le porte-clés et le punching-ball en même temps. » Il ne savait pas quelle attitude adopter. Un coup trop gentil, le lendemain trop dur, il refusait de faire passer quoi que ce soit entre les cellules. Il a perdu vingt kilos, ne dormait plus, passait des nuits blanches à penser au lendemain. Un matin, il s'est évanoui sur la coursive. C'est Fayçal, l'auxi de l'étage, qui l'a relevé et a appelé à l'aide.

Lui qui pensait faire de la réinsertion, aider les gens, il est désabusé. Il avait cru au discours de l'Enap, mais il se rend compte que rien n'est simple : « Certains détenus sont des animaux. Les insultes, la violence, nous, ça nous choque : on a reçu une certaine éducation et on n'est pas habitués. Mais pour eux c'est normal. Ici, on accueille toute la misère du monde. C'est dur, de voir ça à longueur de temps. Ceux qui sont dévorés par l'alcool, la drogue… Je sais, c'est méchant à dire, mais ceux qui ne savent pas lire, maintenant ils me font rire ! »

En septembre, François songe à démissionner, mais pour quoi faire ? « J'ai un bac littéraire, c'est tout. » En plus, il s'est acheté une Mégane d'occasion avec ses premières payes. Et du coup il n'a plus d'argent pour rembourser sa formation. C'est l'impasse.

Dans la foulée, il fait une « connerie » qui le discrédite définitivement aux yeux de ses collègues : « J'en pouvais plus, et un jour j'ai planté [il ne s'est pas présenté au travail], j'ai pris une semaine d'arrêt-maladie. J'avais besoin de penser à autre chose. Un soir, je sors en boîte de nuit et je croise un autre surveillant, qui m'a balancé. » À partir de ce jour, les autres surveillants ne lui ont quasiment plus parlé. Il s'y est habitué, et c'est pour ça que le chef était si énervé ce matin.

Il est minuit, on n'a pas vu l'heure passer. Il est grand temps que j'aille effectuer mon tour de ronde. François reste au rond-point pour m'ouvrir la grille menant aux coursives. Je m'engouffre dans l'obscurité, mes clés dans la poche. Le plancher craque, les télés ronronnent, beaucoup dorment. Quelques « enveloppes » travaillent encore dans le noir. Un coup d'œil rapide à chaque œilleton : pas de pendu.

Je finis par les quartiers disciplinaire et d'isolement. Ils empestent l'urine. Sur une étagère, j'aperçois les *Mémoires d'outre-tombe*. Qui peut bien les lire ? Les deux cellules du QI sont occupées par les mêmes personnes qu'un mois auparavant. Sinistre.

François continue de me narrer sa vie. Initialement, il voulait être professeur d'histoire. Il adorait ça, l'histoire ! Il s'était inscrit à la fac après son bac : « Les études étaient longues, et les places rares. J'ai arrêté et me suis mis à faire des petits boulots. C'est comme ça que je suis devenu égoutier. » Il aimait bien cette « ambiance ouvrière », les repas pris ensemble au bistrot. Mais le travail est sans perspective, et François ne veut pas finir sa carrière à 1 600 euros par mois. « C'est le genre de métier où tu commences égoutier et où tu finis égoutier. » Il cherche alors du côté de la fonction publique. Pour la sécurité de l'emploi, forcément. Il s'engage dans la Pénitentiaire avec l'idée de gravir les échelons en interne et, pourquoi pas, de devenir un jour CIP.

Nouveau coup d'œil à nos montres : il est près de 2 heures du matin. Je pars « ronder » à nouveau. Même les « enveloppes » ont fini par se coucher. Le parquet craque toujours, le vent souffle au-dehors, je marche à pas de loup. Je ne fais que contrôler les cellules des suicidaires – une quinzaine, cette nuit.

L'histoire de François me fait réfléchir. Moi aussi, j'ai la boule au ventre en allant au travail ; moi aussi, je dors mal, j'ai perdu du poids. Mon corps est à bout, mes jambes me font mal en permanence, mes muscles sont raides et mes pieds en feu au terme de chaque service. Je fais une vingtaine de kilomètres chaque jour le long des coursives. Les prises de tête constantes me laminent le moral. Je ne soupçonnais pas la violence de la prison. Pas tant les agressions physiques que la violence des contestations et des querelles pour une douche ou un passage au téléphone.

Mes rondes de nuit sont terminées, François fera les suivantes, celles de 3 h 30 et de 5 h 45. Nous n'en avons pas le droit, mais nous allons dormir un peu. Il prend son duvet et son radio-réveil pour s'installer dans la salle de repos du premier étage.

Je reste au rond-point. Trois chaises installées le long du bureau de commande et une quatrième en guise d'oreiller me tiennent lieu de lit. Je déroule mon sac de couchage. Les armatures métalliques me labourent les côtes et la nuque. Je me retourne pour trouver une position confortable. Je commence à sombrer quand l'alarme ultrasensible du chemin de ronde se met, comme la dernière fois, à retentir. Encore un oiseau, ou une bourrasque. Elle se renouvelle toutes les dix minutes, trois heures durant. Je me lève à 5 h 35. Ces satanées chaises ont eu raison de mon dos et de mon sommeil, et de toute façon François ne devrait plus tarder.

Je sors finalement de la prison peu avant 7 heures, sous un vilain crachin matinal qui me fouette le visage. J'ai deux jours de repos.

17

« Ouvre la porte, ou je la défonce ! »

J'ai passé ces deux jours de repos à Paris, la plupart du temps penché sur mon ordinateur pour rattraper le retard pris dans mes notes. Gaëlle a dû me tirer par la manche pour que je sorte un peu. Comme mes parents, elle s'inquiète.

On vient de m'envoyer à la « surveillance parloir » en me prévenant que l'après-midi va être chargé. À deux jours de Noël, il faut faire passer 50 détenus. Ça braille, ça crie, les collègues sont tendus. Nous avons déjà vingt minutes de retard sur l'horaire prévu à la prise de service.

Dix box en enfilade, fermés par des portes vitrées, occupent le centre de la salle du parloir. Au mur, une fresque colorée représentant des bateaux et une plage égaye un peu l'endroit.

Je fais les cent pas dans le corridor en jetant de temps à autre un coup d'œil aux cabines. Un détenu aux yeux secs et inexpressifs me demande s'il peut changer de box : le sien sent la Javel et sa mère n'en supporte pas l'odeur. Je lui trouve une autre cabine.

La demi-heure réglementaire se termine. J'ouvre les portes, chacun sort à contrecœur en grappillant quelques précieuses minutes. Un surveillant m'interpelle : « Il faut que tu les presses, sinon on ne terminera jamais dans les temps. Il y en a encore plein à passer ! » Je lui dis oui tout en laissant encore un peu de temps aux prisonniers.

Les autres tours suivent. Pas de heurts. Chaque fois, ils gagnent un peu de temps supplémentaire avec leur famille, et moi j'en perds avec les tours suivants. Un vrai casse-tête.

Entre deux tours, j'avise une dame d'une cinquantaine d'années, trop maquillée, restée dans son box avec un jeune garçon. Mme Hamzaoui, une habituée, a deux fils en prison : le grand et le petit. Ils ont écopé de lourdes peines, huit et dix ans, pour avoir remonté du cannabis en voiture du Maroc en France. Elle me demande d'entrebâiller un peu la porte pour aérer. Elle étouffe. Elle est accompagnée de son petit-fils. Elle veut qu'il connaisse ses oncles qui ne devraient pas sortir, compte tenu du jeu des remises de peine, avant quatre et cinq ans.

Nouveau tour. Un détenu se colle dans un coin avec sa « visiteuse » à califourchon sur lui. Je ferme les yeux.

Avant-dernier tour. Il est aux alentours de 16 heures. Les détenus se faufilent rapidement dans les box. Comme les fois précédentes, le brouhaha des conversations s'amplifie. Je m'apprête à m'asseoir quand une voix couvre les autres et m'appelle en hurlant :

– Surveillant ! Surveillant !

– Quoi ?

Celui qui boxait dans sa cellule se tient debout devant la vitre.

– Ouvre la porte ! Ouvre la porte, je te dis !

Sa femme, prostrée, s'est réfugiée dans le coin opposé du box. Une idée traverse mon esprit : ils viennent de se disputer, elle lui a peut-être annoncé qu'elle le quittait ; cela arrive parfois… Surtout, éviter qu'il la frappe ! Les autres surveillants m'ont rapporté tellement d'histoires de ce genre…

– Ouvre la porte, ou je la défonce !

Le sang me monte à la tête, mon cœur s'accélère. Qu'est-ce que je dois faire ? J'essaie de paraître calme :

– Je ne peux pas, une fois le parloir commencé, il faut aller jusqu'au bout.

– Je te jure, je vais défoncer la porte ! menace-t-il encore une fois.

On se toise à travers la petite porte vitrée. Derrière lui, sa femme a replié les bras sur sa poitrine, pétrifiée, au bord des larmes. L'a-t-il déjà frappée ?

J'ouvre le verrou. Il sort et se rue sur un autre box, toujours en hurlant :

– Je te jure, toi, tu parles pas comme ça à ma femme, sinon je te défonce ! Ma parole, parle pas comme ça ! Je te préviens…

Il menace une jeune fille venue rendre visite à un autre prisonnier. Sa femme se met elle aussi à hurler :

– Arrête, Stéphane ! Arrête ! Ça sert à rien, putain, calme-toi !

La situation dégénère. J'appelle en catastrophe les autres surveillants sur mon Motorola. Dix secondes d'apesanteur. Des gardiens déboulent au pas de charge. Le boxeur se calme aussitôt.

– Qu'est-ce qui se passe ? Qu'est-ce qui se passe ? demande un surveillant.

Je raconte brièvement la scène.

– Il ne faut jamais rouvrir les portes des box ! S'il casse la porte, après, c'est son problème, c'est lui qui paye ! me dit le chef.

Je n'ai même pas envie d'argumenter, j'ai juste envie de disparaître sous terre.

Je recouvre mes esprits. Le parloir se termine, les détenus quittent leurs visiteurs, le boxeur part comme si de rien n'était.

À 17 h 30, je referme tous les box. Le surveillant de la fouille s'exclame : « On a presque une heure de retard sur l'horaire, c'est énorme ! » S'il savait à quel point je m'en fous ! En plus, ma journée n'est pas encore terminée. On ne finit le service qu'à 18 heures.

Un détenu efflanqué a besoin de récupérer des documents importants qu'il avait déposés au greffe à son arrivée. « Il me les faut pour monter une demande d'aide auprès de la CAF [caisse d'allocations familiales] et de l'ANPE. »

Il n'a pas l'air de savoir qu'on parle maintenant de « Pôle emploi ».

- J'ai déjà écrit trois ou quatre fois au chef pour faire sortir mes documents, j'ai jamais eu de réponse.

Un surveillant appelle le chef de service. Il raccroche :

– Il faut que tu écrives un mot.

– Mais je viens de dire que je l'ai déjà fait plein de fois !

– Tu réécris quand même.

Je vais donner un coup de main au deuxième étage pour la « gamelle ». Fayçal et Meyer ont déjà enfilé leur blouse blanche. Ils ressemblent à des apprentis de Cyril Lignac.

– Alors, Meyer… Cette permission, c'était comment ?

– C'était de la balle, chef ! Mais y a encore mieux… Je sors pour de vrai au nouvel an ! Ça va être du n'importe quoi ! T'imagines même pas !

– Tu vas faire quoi ?

– Bah, je sais pas trop. Je crois que je vais aller loin d'Orléans, pour éviter les embrouilles. Je vais pas faire une connerie pour retomber tout de suite…

Nous distribuons le repas dans quelques cellules, puis je m'esquive. Ma journée est finie.

En redescendant l'escalier, je croise Gonzales. Cela fait déjà plusieurs jours que je cherche à discuter avec lui, depuis que j'ai appris qu'il avait passé un an dans une geôle marocaine.

– C'était comment, là-bas ?

– Un peu comme ici. La vraie différence, c'était au niveau de l'hygiène : c'était le problème. On était vingt-sept dans la cellule ! Bien sûr, c'était plus grand qu'ici, comme un réfectoire. Il y en avait qui dormaient par terre. Et puis, il y avait des chats dans les cellules, parce qu'il y avait pas de portes comme ici, non, c'étaient des grilles en fer et les chats passaient entre les barreaux. Il y avait pas les médecins et tout ça…

La surveillante de son étage le rappelle ; il promet de poursuivre la conversation une autre fois.

Je rentre chez moi défait. Ma voiture glisse dans le noir de la petite route de campagne. Depuis que j'ai commencé, je n'écoute pratiquement jamais la radio en revenant de la prison ; j'ai besoin de silence et de vide après le bruit incessant de la journée.

L'empoignade avec le boxeur m'a retourné. J'ai vraiment cru, à un moment donné, qu'il allait fracasser cette porte. Je suis dépassé par cette violence, cette brutalité, et je ne m'identifie pas suffisamment à mon personnage pour aller jusqu'à prendre des coups.

L'ombre des arbres défile dans la nuit. Mes journées se ressemblent : inlassablement les mêmes gestes, les mêmes blagues, les mêmes mots… Je suis usé, et cette angoisse tapie au fond de moi ne me quitte plus. Comme François, le surveillant de l'autre nuit. Il me faut encore tenir. Je ne sais pas combien de temps, mais il le faut. Demain, c'est la veille de Noël.

18

« Il faut qu'ils nous emmerdent même le soir de Noël »

24 décembre. Quand je me lève en milieu de matinée, c'est le branle-bas de combat dans toute la maison. Ma mère est déjà aux fourneaux, mon père parti chercher des huîtres et du saumon. De la famille débarque ce soir pour le réveillon.

Les préparatifs se feront sans moi : je travaille encore à la maison d'arrêt cet après-midi. Mauvaise surprise : à mon arrivée à 13 heures, on m'a changé d'étage et envoyé au deuxième, celui des cas difficiles.

Sur la coursive, le surveillant que je remplace laisse échapper un long sifflement entre ses dents en me voyant débarquer. La matinée a été dure : tous les voyous veulent téléphoner, et comme d'habitude on manque de cabines. Il me passe les consignes : « Tu as quatre permissions de sortie en fin de journée, on te préviendra. Et puis tu verras : Mavic et Rouillot sont malades, ils se sont pris une grosse cuite cette nuit. »

Je m'étonne : l'alcool est interdit, comment ont-ils pu en faire entrer ? « Ils l'ont pas fait entrer, ils l'ont fabriqué ! Ils ont fait macérer des fruits et de la mie de pain dans du jus d'orange. C'est la levure du pain qui a servi de ferment ! »

Une autre technique pour obtenir de l'alcool consiste à en imbiber une serviette de toilette apportée par les familles. Une fois en cellule, les prisonniers l'essorent pour le boire.

Les deux détenus ont été convoqués dans le bureau du gradé ce matin. Ils y sont arrivés encore soûls, titubants, manquant plusieurs fois de tomber, mais le chef a été clément, il ne leur a pas « mis de rapport ». C'est Noël, après tout.

Je croise Sadat ; il a retrouvé le sourire depuis la dernière fois. Le moniteur de sport l'a pris avec lui pour animer les séances de musculation. « J'essaie d'organiser la chose. Il a adressé une demande au directeur pour créer un poste d'"auxi sport", et je pourrai lui donner un coup de main. » On devise quelques instants ; il a obtenu une permission de sortie pour le lendemain. J'en suis heureux pour lui. « Par contre, ajoute-t-il, figurez-vous qu'on m'a condamné à un mois supplémentaire sans que j'en sois averti ! Tout ça parce que je ne me suis pas présenté à une visite médicale. Le problème, c'est que je n'ai jamais reçu la convocation ! »

16 heures. Les permissionnaires attendent sagement dans leur cellule. Ils se sont faits beaux, se sont récurés, peignés. Ils sentent bon le savon. Il n'y a que leurs chicots noirs qu'ils n'ont pas pu faire disparaître. Le premier sort de sa cellule en levant les bras au ciel en signe de victoire. On dirait qu'il vient de remporter le Tour de France. Les autres suivent. Tous me souhaitent un joyeux Noël.

Tout le monde est détendu, c'est la trêve des confiseurs. On plaisante. On se chambre, les détenus et moi. Ils me demandent ce que je mange ce soir, qui vient pour le réveillon, si je suis du coin ou si j'ai de la route à faire. Il y a comme un parfum de fête dans l'air.

Un nouveau venu a été placé à l'étage du dessous. Les prisonniers de l'Argonne ne parlent que de ça, ils le connaissent tous. Bouziane, qui vient du même quartier, me dit que c'est le petit frère d'un parrain de la drogue de la région, et que c'est la première fois qu'il met les pieds au « hepse », c'est-à-dire à la prison. « Il sait pas encore comment ça marche. Va falloir qu'on lui explique. »

Pour un « primaire » qui vient de passer quarante-huit heures en garde à vue, je trouve le nouveau, un grand gars flasque et bedonnant, plutôt souriant. Lors de son enregistrement au greffe, il a même plaisanté avec les policiers qui l'accompagnaient : « Fallait pas vous déranger pour moi. C'est la veille de Noël, fallait rester en famille et en profiter ; j'aurais pu venir tout seul, vous savez ! »

Ses copains de quartier essaient de lui faire passer un peu de nourriture et quelques canettes de soda. Le gardien du premier étage refuse tout net : il devra se contenter du repas.

Tous les détenus cherchent à savoir ce qu'il y a au menu de ce soir. On me sonde. Je l'ignore. On insiste. « Surveillant, allez, dites-le-nous ! » Bouziane, l'auxi, se sent investi d'une mission importante. Pour l'occasion, il ne parle plus de la « gamelle » mais du « repas de Noël », et ce avec une préciosité de grand chef. La distribution du repas a été chamboulée : il faudra faire deux passages, et commencer plus tôt. Exceptionnellement on commencera par les desserts, car tous les plats ne pourront pas tenir sur le chariot.

Des gâteaux au chocolat finement décorés arrivent à 17 heures dans le monte-charge rouillé. Je les compte pour éviter les vols et les « embrouilles ».

Je me souviens des paroles d'un détenu me montrant ses mains pleines des petites rations de beurre qu'il avait récupérées un jour : « En prison, tout devient de l'argent, surveillant. Même le beurre ! »

Je compte donc les desserts : 77 pour 75 détenus. Parfait. J'ouvre les portes des cellules, Bouziane annonce bien fort : « Dessert ! » Les détenus s'étonnent de l'entorse faite à l'immuable distribution. Bouziane savoure son petit effet, explique, avec des mots choisis, que c'est Noël, que le chariot est trop petit, qu'on repassera après. Enfin, il distribue les pâtisseries au chocolat avec des gestes précautionneux.

Le premier tour terminé, Roland, le deuxième auxi, arrive pour le reste du repas. Le menu est alléchant : du saumon, des toasts, des pommes dauphine et de la viande en croûte.

Nous reprenons la tournée des cellules ; pour une fois, presque tous les détenus acceptent le dîner.

Passé quelques portes, je vois un des permissionnaires apparaître sur la coursive. Qu'est-ce qu'il peut bien faire là ? Il peste. Personne n'est encore venu le chercher et il se tourne les pouces depuis deux heures au greffe. La procédure est stricte : pas de sortie sans « prise en charge » extérieure. « C'est la putain de CIP qui n'a même pas été foutue de contacter ma famille ! C'était à elle de le faire, merde ! » Il lui reste un espoir : appeler ses proches. Comble de malchance, il n'a plus de crédit téléphonique, et pas d'argent à mettre sur son compte. Ni moi ni aucun autre gardien n'avons d'argent à lui prêter. Tant pis pour lui : il passera Noël en prison. Dépité, il refuse le repas d'un geste de la main : « Non, je mangerai rien ! Je suis trop écœuré ! »

On tambourine à la porte de la 221. D'ordinaire, les trois détenus qui l'occupent se tiennent tranquilles. J'ouvre. Duprès, un détenu maladif, pleurniche :

– Surveillant, je veux changer de cellule !

Derrière lui, un de ses codétenus se met à gueuler :

– Faut qu'il se casse ! Je le supporte plus ! Je vous jure : je le supporte plus ! Il me fait péter un câble !

Je soupire. La journée était trop belle, ça ne pouvait pas durer. L'angoisse des derniers jours remonte une fois de plus à la surface.

– Il me fait péter les plombs, poursuit le codétenu. Moi, je suis un calme. Lui, il est hyperactif, il bouge tout le temps, il arrête jamais, il se lève, se rassoit, se relève… Il peut pas tenir en place. Je te jure : si tu le fais pas sortir, il va y avoir de la casse !

L'autre, penaud :

– Je veux changer de cellule, chef.

J'appelle le gradé :

– Chef, j'en ai deux qui ne se supportent plus en cellule. Il y en a un qui menace de taper sur l'autre pendant la nuit…

Le chef soupire à son tour. Il est 18 h 15, l'heure de la fermeture des portes ; normalement, nous devrions être sur le départ ; normalement, nous devrions déjà penser à notre repas de ce soir.

– Dis-leur que je les recevrai demain matin à la première heure, mais ce soir je peux pas. Putain, il faut qu'ils nous emmerdent même le soir de Noël !

Retour à la 221. Le codétenu ne veut rien savoir.

– Je vais le taper, je vous jure. C'est vous qui prenez la responsabilité !

Je referme. Duprès me rappelle à travers la porte :

– Je suis prêt à descendre au mitard, je m'en fous ! Mettez-moi au mitard pour la nuit.

Je le ferais bien pour éviter qu'il se fasse dérouiller, mais la décision doit émaner du gradé. Il hurle :

– Bah, puisque c'est comme ça, je refuse de réintégrer !

J'étouffe un rire.

– Vous êtes déjà dans la cellule, ça va être dur de ne pas la réintégrer !

– Ah oui...

Je repars chercher le chef en insistant lourdement :

– Ils vont vraiment se taper dessus, chef ; il demande même à aller au mitard.

Le chef soupire à nouveau, exaspéré.

– Bon, je vais aller les voir. Ah, putain...

Il s'enferme dans la cellule quelques minutes avec eux, puis ressort.

– C'est bon, ils resteront la nuit ensemble, on s'est expliqués. Je verrai ça demain.

Ma famille m'attend pour passer à table. Le repas est délicieux : le foie gras succulent, le vin abondant. J'apprends à mon oncle et à ma tante ce que je fais réellement depuis un an : je suis maton. Après l'étonnement, les questions : à quoi ressemblent les détenus ? Qu'est-ce qu'ils ont fait ? Et les autres gardiens, pourquoi est-ce qu'ils ont choisi ce métier ?

Je réponds à chaque interrogation. Leur surprise me surprend ; avec le temps, le mystère des prisons m'est devenu familier. C'est devenu ma routine.

19

« Celui qui tape le premier est souvent le plus franc »

Un surveillant surexcité déboule en trombe sur ma coursive et me crie : « Vite, boucle ton étage ! Ferme tout ! Il ne faut plus personne sur la coursive, on bloque la détention, et tu me rejoins en bas dès que tu as terminé ! »

Il a déjà disparu dans l'escalier. Meyer et Fayçal, avec qui je discutais, rentrent dans leur cellule. Un autre prisonnier écourte sa conversation téléphonique. Le moniteur de sport est là ; Erika, la surveillante-starlette, aussi ; nous rejoignons le gardien. Le gradé accourt en sens inverse.

Un surveillant a donné l'alerte : il y a une bagarre en promenade. Les informations sont confuses. Impossible de savoir exactement qui se bat ni combien de détenus sont concernés. Deux ou vingt ? La voix sature dans le récepteur du Motorola : « … un avec un pull rouge… deuxième… une veste Hermès… »

Puis, silence radio. Nous sommes dans le sas qui mène à la promenade ; le gardien temporise d'un signe de la main : « On n'a qu'à les laisser se battre un peu. Tant qu'ils sont entre eux, ils ne tapent pas sur les surveillants ! »

Les émeutes démarrent souvent quand les prisonniers sont dehors à plusieurs. À cinq contre vingt, nous ne faisons pas le poids. Tant qu'ils restent dans la cour, les risques sont faibles.

Nous déboulons enfin dans la cour gelée. Une vingtaine de détenus font des allers-retours les mains au fond des poches, bonnet sur la tête, comme si de rien n'était. À notre apparition, certains jouent même les étonnés et haussent les sourcils.

Dans un coin, l'un d'eux reprend son souffle, le visage en sang, la terre maculant son jean, de la boue prise dans sa barbe rousse. Un deuxième à côté de lui a le front ouvert, la lèvre violette, tuméfiée.

Le chef s'approche :

– Ça va ?

Tous deux répondent d'un signe de tête. Un troisième :

– C'est rien, chef ! C'est rien du tout ! Vous inquiétez pas : ils ont glissé par terre, c'est tout ! Y a pas de souci, pas de problème !

On les envoie à l'infirmerie puis, l'un après l'autre, dans le bureau du chef. Le barbu est changé de cellule.

Celui au front ensanglanté a accusé le premier d'être une « balance ». Cela n'a pas plu à l'autre, qui a décidé de régler leur différend devant tout le monde. La cour fait office de tribunal populaire. Erika s'est glissée à côté de moi : « Tu apprendras avec le temps que le premier qui tape est souvent le plus franc. Le plus con, c'est qu'en général c'est lui qui se fait sanctionner. »

Ce qu'elle me dit ne m'étonne même plus. La logique, ici, n'est pas celle du dehors. Alors, une aberration de plus ou de moins…

Avec effarement, je me rends compte que l'indifférence me gagne peu à peu et que l'exceptionnel de la prison devient mon ordinaire. Je suis en train de perdre mes repères. Encore une fois, tout se mélange dans mon crâne. Mes journées se ressemblent et se confondent dans ma mémoire. Toujours les mêmes scènes, le même horizon, les mêmes cris, les mêmes portes, barreaux, odeurs, bruits, visages ; toujours le même surmenage des matons, la même misère des détenus, cette même dépendance de leur part envers moi pour la moindre cigarette, le moindre filtre à café, le plus petit timbre. Certains me prennent pour un sadique : je n'ai juste pas assez de temps. J'aimerais le leur dire, mais je suis déjà appelé autre part.

Une heure plus tard, un surveillant passe à mon étage et me tend une feuille : mon planning du mois de janvier. Je parcours les dates et mes postes d'affectation : « deuxième étage », « surveillance parloir », « fouille parloir », « deuxième étage »... Les mots dansent devant mes yeux, la peur me revient au creux de l'estomac à l'idée de travailler de nouveau à ces postes.

Tout à coup, je ne suis pas sûr de le vouloir. Et surtout je ne suis pas du tout sûr de le pouvoir. En venant ici, je me suis donné trois mois pour voir à quoi ressemblait cette prison. Au bout d'un mois et demi, j'ai l'impression d'y travailler depuis des années. Je ne peux pas continuer davantage.

Ce planning que je tiens entre mes mains est la goutte d'eau de trop, l'enfer symbolisé par une feuille de papier. À ce moment précis, je décide d'effectuer mes deux derniers jours de décembre, puis d'arrêter. Je ne retournerai pas à la prison en janvier.

20

« Deux mois, ça sera vite fait »

Mes deux derniers jours de boulot ont été semblables aux autres. La tension continue, régulière, persistante. Ce matin, en prenant mon service, j'ai trouvé Fayçal avec la lèvre en sang. Il avait pris un coup de poing pour une histoire de trafic. Les chefs ont aussi adopté une nouvelle stratégie avec Moses, le « demi-fou » : ils ont décidé de le placer avec d'autres en cellule. « Pour qu'ils le surveillent. » Il n'y a bien que Meyer qui soit heureux : il sera libéré demain.

En fin de journée, sous une pluie battante, une Clio banalisée pénètre dans la cour de la prison. Deux policiers en civil et un garçon menotté en descendent, ils courent se réfugier à l'abri.

Le chef de service nous rejoint. Les formalités habituelles commencent : photo et numéro d'écrou, liste des effets de valeur, situation familiale, adresse, numéros de téléphone à conserver… Ce jeune homme de vingt-deux ans ne semble pas vraiment inquiet de sa situation. Il en est déjà à son cinquième passage à la maison d'arrêt. Cette fois, il est là pour deux mois. Il se rassure : « Deux mois, ça sera vite fait. » Il a été prévenu suffisamment longtemps à l'avance de son incarcération pour que son amie lui prépare un sac de linge propre qu'il est passé récupérer chez lui. En recomptant ses paquets de cigarettes, il se rend compte que dans la précipitation il a oublié son briquet. Le chef le tranquillise :

– On va vous trouver des allumettes, ne vous inquiétez pas. Votre niveau d'études ?

– Quatrième. Enfin, j'allais pas à tous les cours…

– Vous avez déjà travaillé ?

– Euh, ouais, il y a un mois… J'étais cariste dans une entreprise, mais là, en ce moment, je fais rien.

Je l'escorte jusque dans le bâtiment de la détention, où un autre surveillant lui ouvre sa cellule pour la nuit. Elle sent l'urine. Deux sandwichs sont posés sur le lit.

Lui arrive, et moi je pars. C'est étrange comme les gens se croisent. Comment sera-t-il dans deux mois ?

19 heures. Je franchis pour la dernière fois la porte de la prison. Un vent glacial me fouette le visage et me transperce jusqu'aux os. La pluie a cessé. Je sens comme un grand vide au creux de mon ventre. Je croyais que j'allais sauter de joie en sortant, je ne ressens rien du tout. J'ai juste le sentiment d'abandonner tout le monde : détenus, surveillants, tous embarqués dans la même galère. Je pars en laissant derrière moi les seules personnes à savoir ce que je viens de vivre.

REMERCIEMENTS

Un grand merci à José-Alain Fralon.

Table des matières

Fleury-Mérogis
11-22 mai 2009

Agen
École nationale de l'Administration pénitentiaire
24 mai-24 juillet 2009

Châteaudun

27 juillet-18 septembre 2009

Orléans

19 novembre-30 décembre 2009

Photocomposition Nord Compo
Villeneuve-d'Ascq

Cet ouvrage a été imprimé en France par
CPI Bussière
à Saint-Amand-Montrond (Cher)
en mars 2011

Photocomposition Nord Compo
Villeneuve-d'Ascq

« Pour l'éditeur, le principe est d'utiliser des papiers composés de fibres naturelles, renouvelables, recyclables et fabriquées à partir de bois issu de forêts qui adoptent un système d'aménagement durable.

En outre, l'éditeur attend de ses fournisseurs de papier qu'ils s'inscrivent dans une démarche de certification environnementale reconnue. »

36-57-2674-4/02

Dépôt légal : février 2011.
N° d'impression : 110752/4.